György Dalos

# Das System Orbán

Die autoritäre
Verwandlung Ungarns

Deutsche Bearbeitung
von Elsbeth Zylla

C.H.Beck

Der Autor dankt der Literaturabteilung
des Bundesministeriums für Kunst, Kultur, öffentlichen Dienst
und Sport (Wien) für die Förderung dieses Projekts.

Originalausgabe
© Verlag C.H.Beck oHG, München 2022
www.chbeck.de
Umschlaggestaltung: Kunst oder Reklame, München
Umschlagabbildung: Viktor Orbán, 2020;
Photo: Antonio Masiello/Getty Images
Satz: C.H.Beck.Media.Solutions, Nördlingen
Druck und Bindung: Druckerei C.H.Beck, Nördlingen
Printed in Germany
ISBN 978 3 406 78209 1

myclimate
klimaneutral produziert
www.chbeck.de/nachhaltig

Für Reinhard «Henne» Weißhuhn in Berlin

# Inhalt

## Einleitung

Das Wort «System» (*rendszer*) und sein dem Französischen entliehenes Synonym «Regime» (*rezsim*) haben im Ungarischen einen unangenehmen Beiklang. In keiner längeren Herrschaftsausübung der neueren Geschichte wurde das staatliche Gebilde als «System» bezeichnet. Die 24-jährige Regentschaft des Reichsverwesers Miklós Horthy (1920–1944) verstand sich als «Königreich», sowohl in der Tradition der «nationalen Könige» des Mittelalters als auch des 1867 legitimierten ungarischen Teils des Habsburgerreichs. Rein formal galt damit der Staat als konstitutionelle Monarchie, allerdings ohne gekröntes Haupt und kodifiziertes Grundgesetz. Von den Kommunisten wurde Horthys Konstrukt im Rückblick pejorativ «System» oder «Regime» genannt und als «faschistisch» charakterisiert. Das knappe Vierteljahrhundert seiner Herrschaft ordnete man als «Zeitalter» (*korszak*) oder «Ära» (*éra*) ein. Eine feinere Betrachtung, die den verschiedenen Phasen des Zeitraums Rechnung trug, setzte sich erst in den 1970er und 1980er Jahren durch.

Nachdem die Kommunisten mit Unterstützung Moskaus, Wahlfälschung und Terror das Machtmonopol erlangt hatten, ließen sie sich eine ostmitteleuropäische Version des sowjetischen Modells einfallen. Dazu gehörte der tautologische Terminus «Volksdemokratie» (wörtlich «Volksmacht des Volkes») mitsamt einer neuen Konstitution. Anders als ihre Vorgänger aus der Zeit der kurzlebigen Räterepublik von 1919, in deren Verfassung die Staatsform offen als «proletarische Diktatur» bezeichnet worden war, verzichtete das kommunistische Grundgesetz von 1949 auf dieses hässliche

Wort und definierte die neue Macht als «Staat der Arbeiter und der werktätigen Bauern». 1972 versuchte man die darin enthaltene eklatante Verletzung des Prinzips der staatsbürgerlichen Rechtsgleichheit ein wenig zu modifizieren. Nunmehr verkörperte die Volksrepublik einen «sozialistischen Staat», in dem die «führende Klasse der Gesellschaft, die Arbeiterklasse, die Macht im Bündnis mit dem in Kooperativen vereinten Bauerntum und gemeinsam mit der Intelligenz und anderen werktätigen Schichten der Gesellschaft ausübt». Jedoch wurde hinzugefügt: «Die führende Kraft der Gesellschaft ist die marxistisch-leninistische Partei der Arbeiterklasse.» Theoretiker und Propagandisten gebrauchten indes den Begriff «System», entweder mit der Beifügung «sozialistisches» oder direkt im Gegensatz zum «kapitalistischen» System. Zu einer friedlichen Koexistenz der beiden «Weltsysteme» gehörte auch eine akzeptable Wortwahl.

Dennoch mied man das Substantiv «System», vor allem in der juristischen Sprache. Jede für die Partei bedrohlich erscheinende Aktivität, angefangen vom simplen Witzerzählen («Hetze») über das Schreiben von Gedichten, die Verweigerung des Wehrdienstes bis hin zum militärischen Komplott, wurde im Strafgesetzbuch als potentieller Tatbestand des Verbrechens gegen die sozialistische «Staatsordnung» und deren «Grundeinrichtungen», darunter die Partei selbst, klassifiziert. Das suspekte Wort «System» blieb in den Anklageschriften ungenannt. Es roch nach Verachtung und wurde dem Volk als Abkürzungsformel für langweilige, ideologisch besetzte Auslegungen überlassen, von der die «vox populi» auch reichlich Gebrauch machte. Prügeleien in Kneipen begannen häufig mit der provokanten Frage: «Was willst DU denn? Gefällt dir etwa das System nicht?» Und einer der bekannten Witze lautete: «Mit welchem System ist der Sozialismus am schlechtesten vereinbar? – Mit dem Nervensystem.»

Nach dem Triumph der Partei Fidesz im Frühjahr 2010, den die Sieger zur «Revolution der Wahlkabinen» deklarierten, verkündete das Parlament mit den Stimmen der Regierungsparteien, trotz des

Protestes der Opposition, ein feierliches Manifest. «Die Nationalversammlung erklärt», heißt es darin, «dass im Ergebnis der Aprilwahlen ein neuer Gesellschaftsvertrag entstanden ist, mit dem sich die Ungarn für die Gründung eines neuen Systems, des Systems der Nationalen Zusammenarbeit, entscheiden. Die ungarische Nation verpflichtet mit dieser historischen Tat die zu begründende Nationalversammlung und die in Entstehung befindliche neue Regierung dazu, entschlossen, kompromisslos und unerschütterlich die Arbeit zu lenken, mit der Ungarn das System der Nationalen Zusammenarbeit aufbauen wird.» Ein Regierungserlass schrieb vor, den Text des Manifests in allen öffentlichen Gebäuden auszuhängen, eine Aufforderung, der nicht alle Institutionen nachkamen. Ohne mich auf eine eingehende Analyse des Schriftstücks und dessen Vorgeschichte einlassen zu wollen, möchte ich darauf hinweisen, dass der Begriff «System» von da an zu einem positiv konnotierten Bestandteil des Selbstverständnisses der Fidesz-Regierung und der Ära Orbán wurde.

Alle historischen Veränderungen Ende der 1980er und Anfang der 1990er Jahre hingen mit dem Kollaps der Sowjetunion zusammen, wurden jedoch in den einzelnen Ländern des ehemaligen «sozialistischen Lagers», später der «sozialistischen Gemeinschaft», unterschiedlich reflektiert. So wird der polnische Staat seit dem Amtsantritt der ersten frei gewählten nichtkommunistischen Regierung als «Dritte Republik» bezeichnet, in Anlehnung an die Erste Republik, die adelige «Rzeczpospolita» des späten 18. Jahrhunderts, sowie an die autoritär-parlamentarische Zweite Republik der Zwischenkriegszeit. Den beim Runden Tisch ablaufenden Verhandlungsprozess selbst beschrieb der Dissident Adam Michnik als «Änderung des politischen Systems». Während im Zusammenhang mit dem Niedergang der SED-Herrschaft im Westen vorwiegend das Wort «Wende» gebraucht wurde, bevorzugten die Protagonisten in der einstigen DDR den Begriff «friedliche Revolution». Die Novemberereignisse 1989 in der ČSSR erlangten weltweit Bekanntheit als «samtene Revolution». In Rumänien trugen

der Volksaufstand und der parallel verlaufende Staatsstreich, die
zum Sturz der Diktatur von Nicolae Ceaușescu führten, den stolzen Namen «Revolution» ohne beschönigende Attribute – «friedlich» oder «samten» konnte man den blutigen Umsturz wohl auch
kaum nennen.

Obwohl in Ungarn das Wort «Revolution» durch das heroi-
sche Pathos von 1848 und 1956 eindeutig positiv konnotiert war,
etablierte sich in der Publizistik und im öffentlichen Diskurs der
Ausdruck «Systemwechsel» (*rendszerváltás*) als Sammelbegriff für
den Machtverlust der kommunistischen Partei, die Herausbildung
parlamentarischer Strukturen, die Abschaffung der Zensur und
die Wiedererlangung der staatlichen Unabhängigkeit. Erst in der
Diskussion der 1990er Jahre kam das Wort «Systemänderung»
(*rendszerváltozás*) auf als Ausdruck der Unzufriedenheit mit dem
angeblich zu langsamem Tempo der Reformen oder der vermeint-
lich schonungsvollen Behandlung der realsozialistischen Elite. Auf
solche Einwände hin, die von rechtsnationalistischen Kritikern
kamen, soll der Premier József Antall den zum geflügelten Wort
gewordenen Satz geäußert haben: «Wäre den Herrschaften eine
Revolution eher genehm gewesen?» Damals machte auch das Substantiv «Postkommunismus» Karriere, das einen Schwebezustand
zwischen Vergangenheit und Gegenwart suggerierte, während die
Adjektivform «postkommunistisch» negativ besetzt war und in
scharfen Polemiken fast als Beschimpfung galt.

Indessen erlebte Ungarn das revolutionärste, weil alle bisherigen Verhältnisse umstülpende Moment seiner Transformation: die
Umwandlung der Eigentumsverhältnisse in Gestalt der Privatisie-
rung, analog zur ursprünglichen Akkumulation des Kapitals. Die
Demokratie selbst folgte einem normal erscheinenden Rhythmus.
Jede Wahlperiode zwischen 1990 und 2006 endete mit einer Rota-
tion unter Beibehaltung der Kontinuität. Allerdings führten die
steigenden Spannungen zu einer Aufspaltung der politisierenden
Gesellschaft ins «linke» und «rechte» Lager. Die Hauptkraft der
«Linken» war die Sozialistische Partei (MSZP), der «Rechten» die

Partei Fidesz («Bürgerbund»), beide in der Wählergunst etwa gleich stark. Kleinere, sowohl liberale, konservative als auch rechtsradikale Parteien standen unter Koalitionszwang oder gerieten an die Peripherie. Bei der zunehmenden Polarisierung verfügten die Verlierer, das heißt die Sozialliberalen, über eine relativ breite Basis vor allem in der Hauptstadt sowie eine stärkere Medienpräsenz, während der Fidesz in der ungarischen Provinz seine Anhängerschaft vergrößern konnte. Noch mehr aber fiel eine Eigenart von Viktor Orbáns politischer Formation ins Gewicht: Sein Fidesz war die einzige Partei im Angebot ohne sichtbare innere Diskussionen, Fraktionsbildungen und personelle Wechsel. Gegner wurden von ihm als Feinde betrachtet und Partner als Mitläufer, deren Los nur das Abdriften in die Bedeutungslosigkeit sein konnte.

Machttechnisch operierte die Fidesz-Mannschaft mit der Spaltung sehr geschickt. Die nach dem Links-rechts-Schema erfolgende Teilung der Gesellschaft interpretierte sie als Verwandlung des Pluralismus in einen Dualismus oder, wie es Viktor Orbán nannte, als «duales Kraftfeld». Im Herbst 2006, nach der skandalösen «Lügenrede» des sozialliberalen Regierungschefs Ferenc Gyurcsány, in der dieser gestand, die Wahlen durch falsche Erfolgsberichte gewonnen zu haben, stiegen die Siegeschancen der rechten Opposition explosionsartig. Am Vorabend des Wahlkampfs 2010 beteiligte sich Orbán an dem traditionellen Picknick seiner Partei im südungarischen Dorf Kötcse. Dort präsentierte er vor etwa 500 Anwesenden, führenden Politikern, Geschäftsleuten und intellektuellen Sympathisanten, seine Sichtweise zur bevorstehenden Regierungsrolle des Fidesz. «Wenn wir also über eine Regierungszielsetzung und -verantwortung nachdenken, dann klingt die Frage folgendermaßen: Wollen wir politische Verhaltensweisen fortsetzen, die eine Wiederherstellung des dualen Systems in sich tragen? (…) Meiner Meinung nach lohnt es sich für die Rechte, die Frage zu stellen, in welchem politischen Kraftfeld sie die Interessen des Landes für die nächsten fünfzehn bis zwanzig Jahre als gesichert ansieht. Ich schlage vor, statt einer auf ständigen Kampf

ausgerichteten Politik eine zum ständigen Regieren ausgerichtete
Politik zu wählen. (...) Wir versuchen ein Regierungssystem aufzubauen, das politische Fragen langfristig in ein großes zentrales
Kraftfeld einordnet. (...) Eine große Regierungspartei (...), die
imstande sein wird, die nationalen Angelegenheiten zu formulie-
ren und diese nicht in ständigen Diskussionen, sondern durch die
eigene natürliche Art zu vertreten.» Mit einem Seitenhieb verwies
er auf die Rolle der liberalen Kulturelite während der «chaotischen
zwei Jahrzehnte» zwischen 1990 und 2010: «Es geht nicht einfach
darum, dass die Linke als Regierung heruntergekommen ist, sondern dass dieser Niedergang auch die Kultur schaffende Gemeinschaft mit ihrer sozialliberalen Werteordnung diskreditiert hat.
Mag sein, dass dies allzu streng klingt. Mag sein, dass diejenigen,
die sich davon betroffen fühlen, diese Behauptung für ungerecht
halten, da sie der Meinung sind, trotz alledem gute Romane ge-
schrieben zu haben. (...) Es ist möglich, sogar wahrscheinlich, dass
sie als Schriftsteller nicht abgewirtschaftet haben, aber als maßgebende Elite haben sie sehr wohl abgewirtschaftet.» Dieser Gedankengang deutete ohne Frage auf den Wunsch hin, parallel zur
Einführung der diskursfreien «eigenen natürlichen Art» der
Machtausübung einen kulturellen Elitenwechsel zu vollziehen.

Wichtiger als die rhetorische Tirade gegen die bereits zum Wahl-
fiasko verurteilte amtierende Regierung erscheinen die zweifache
Erwähnung des Wortes «System» und der Hinweis auf die «nächsten fünfzehn bis zwanzig Jahre», eine Zeitspanne, in der seit 1990
keine einzige politische Partei aus dem ehemaligen Ostblock –
außerhalb der ehemaligen Sowjetunion – hatte durchregieren können. Manche der Gäste bei diesem Picknick haben vielleicht
während der Rede des Parteichefs ihr zweifelndes Kopfschütteln
unterdrückt. Eine Zweidrittelmehrheit – das ja, aber zwei Dekaden
als Perspektive schienen unwahrscheinlich. Heute befinden wir
uns bereits im zwölften Jahr der Ära Orbán, eines Systems, das
mitnichten Krisenzeichen erkennen lässt und auch nicht auf nen-
nenswerten Widerstand stößt.

Rein geographisch hat der Systemwechsel an Ungarns Status nichts verändert. Die Fläche des Landes blieb bei 93 000 km², die Bevölkerungszahl mit 9,7 Millionen (2020) tendenziell seit 1989 (10,48 Millionen) absteigend, die ethnische Zusammensetzung die gleiche: 92 Prozent magyarisch mit zwei größeren Minderheiten (Roma 5 Prozent, Deutsche 2,5 Prozent). Allerdings grenzt die ehemalige Volksrepublik an fünf neue Länder, die ihre Staatlichkeit der Auflösung von größeren multiethnischen Einheiten zu verdanken haben. Im Norden verläuft die Grenze statt zur ehemaligen ČSSR entlang der Republik Slowakei sowie an der von der UdSSR abgelösten unabhängigen Ukraine. Im Süden formierten sich anstelle des zerfallenen Jugoslawiens drei Staaten: Serbien, Kroatien und Slowenien. Die meisten der politischen Neubildungen, ebenso wie die alten Nachbarn Rumänien und Österreich, teilen mit Ungarn die EU-Mitgliedschaft. Serbien steht auf der Warteliste, die Ukraine ist lediglich möglicher Beitrittskandidat. Zwei der Nachfolgestaaten des Ostblocks, die Slowakei und Slowenien, haben den Euro als Zahlungsmittel eingeführt, Serbien und Kroatien hingegen schufen eine eigene nationale Währung.

Alle aufgelisteten Länder bildeten zu Beginn der 1990er Jahre parlamentarische Demokratien, in denen die Rivalitäten der verschiedenen Machtgruppen offen und nicht selten mit Gewalt ausgetragen wurden. Jede Rotation, jeder innere Zwiespalt in diesen Republiken tangiert Ungarns Interessen allein aufgrund der dort lebenden magyarischen Minderheiten: In Rumänien sind es 1,5 Millionen, in der Slowakei 500 000, in der Ukraine 150 000, in Serbien 300 000, in Kroatien 16 000 und in Slowenien 15 000. Diese Minoritäten gehören zur Hypothek der beiden Nachkriegsordnungen (Frieden von Trianon 1920 und Pariser Frieden 1947) mit ihren großen Gebietsverlusten für Ungarn. Aktuelle Probleme der Auslandsungarn, egal ob es um Sprachregelungen oder um Bildungsinstitutionen geht, bieten automatisch auch innenpolitischen Stoff. So werden uralte Animositäten immer wieder neu belebt und entsprechend leicht instrumentalisiert. Allerdings können einer solchen Versuchung auch manche Nachbarländer nicht immer widerstehen.

Gleichzeitig hat die Wiedergewinnung der nationalen Unabhängigkeit den kleinen ostmitteleuropäischen Staaten erlaubt, auch das Augenmaß zu verändern: Die Welt wurde größer. War es ihnen, Jugoslawien ausgenommen, neben ihrer politisch und ökonomisch erzwungenen Bündnistreue zur UdSSR nur bedingt möglich, mit westlichen Partnern mittels Kreditgeschäften zu kokettieren, verfügten sie nach 1990 über gänzlich andere Perspektiven. Innerhalb der freien Welt konnten sie sich auf die USA, die EU oder auf einzelne europäische Staaten orientieren. Entscheidend waren dabei wirtschaftliche Prioritäten, vor allem die Investitionsstärke Deutschlands, aber auch die Nutzung von finanziellen Quellen der Europäischen Union. Selbst regionale Bündnisse wie die Visegrád-Gruppe (V4) konnten Teilinteressen ihrer Mitgliedstaaten einen gewissen Nachdruck verleihen. Der Integrationsprozess – die Ost- und Süderweiterung – verlief unausgewogen, wobei Risse am Gebäude bis zur Weltfinanzkrise 2007 kaum sichtbar wurden. An inneren Krisen im postkommunistischen Bereich mangelte es nicht, auch frischgebackene EU-Mitgliedstaaten waren davon betroffen. Korruption und Autoritarismus gehörten fast zu den natürlichen Begleiterscheinungen der Transformation. Dennoch stellte keine der einander abwechselnden liberalen oder konservativen Regierungen die europäischen Grundwerte in Frage, und nationalistischer Populismus entfaltete sich eher am Rand des politischen Spektrums. Der Integrationserfolg der Europäischen Union wurde 2012 mit dem Friedensnobelpreis geehrt – leider, wie wir heute wissen, zu früh.

Spätestens seit der globalen Finanzkrise 2008/09 wurde deutlich, auf welch dünnem Eis die europäische Solidarität sich befand. Die Verschuldung des Kontinents betraf am stärksten den südlichen Raum – Portugal, Spanien, Italien und, besonders dramatisch bis hin zur Staatspleite, Griechenland. Hier zeigten sich auch am schnellsten die soziale Erosion, etwa die hohe Jugendarbeitslosigkeit, und die politischen Folgen in Gestalt des linken und rechten «Populismus» – Strömungen, in denen sich berechtigte Kapitalismuskritik mit einer Überdosis Demagogie vermengte. Die gemeinsame Währung ließ in der Eurozone die tiefen Divergenzen der Einzelstaaten in Bezug auf wirtschaftliche Leistung und Wohlstandsniveau besonders sichtbar werden.

Die Europäische Union nach 2010 agierte, verglichen mit ihrer Anfangsphase vor Maastricht, in einer veränderten politischen Lage. Russlands Aufstieg, seine Expansion in Georgien 2008 und in der Ukraine 2014, die amerikanische Aufkündigung des noch mit Gorbatschow ausgehandelten Atomabrüstungsabkommens 2019 sowie Chinas Handelskrieg mit den USA schufen eine Atmosphäre, die Assoziationen zu den Jahren des Kalten Kriegs hervorrief – insgesamt brachte der Zusammenbruch des Kommunismus nicht den ersehnten Weltfrieden mit sich. Außerdem hatte Wladimir Putin einiges für die ehemaligen Sowjetrepubliken und Ostblockstaaten im Angebot. Neben Kernenergie-Kooperationen wie im Fall des südungarischen AKW Paks und nördlichen und südlichen Pipeline-Projekten bot er auch eine Orientierung, wie es anzustellen war, die EU immer mal wieder am Nasenring vorzuführen.

Eine weitaus größere Herausforderung bedeutete die sogenannte Flüchtlingskrise 2015. Anders als in den ehemaligen Ostblockstaaten, die eine Quotenregelung zur Aufnahme von Geflüchteten ablehnten, war die Migration für westliche EU-Länder eine real zu bewältigende Aufgabe – gewissermaßen die Rückkehr der zuvor ungenügend reflektierten Armutsproblematik vieler Länder des Südens. Das Erscheinen der Geflüchteten vor allem in westeuropäischen Metropolen löste einen Kulturschock aus, der unabhängig von den tatsächlichen Risiken Mehrheiten gegen die Einwanderung mobilisierte. Die Tatsache, dass parallel zum Migrationsprozess auch islamistischer Terror in Europa virulent wurde, lenkte die Aufmerksamkeit auf die Herkunft der Migranten inklusive ihrer Religion und Hautfarbe – IS-Anhänger und IS-Opfer fielen dabei in der öffentlichen Wahrnehmung häufig in dieselbe Kategorie. Hierdurch generierte Kollektivängste veränderten die politischen Kräfteverhältnisse zu Ungunsten der etablierten Parteien. So erhielten rechtsradikale Kräfte einen deutlichen Vorsprung und führten in einigen Ländern, z. B. in Frankreich und Österreich, zur Halbierung der politischen Lager, die sich durchaus mit den Vorgängen in Polen oder Ungarn vergleichen lässt.

Der härteste Schlag – Großbritanniens Ausstieg aus der EU – hing zum Teil ebenfalls mit Migration zusammen. Allerdings handelte es sich in diesem Fall um Arbeitsmigranten aus Polen, dem Baltikum, Bulgarien, Rumänien, der Slowakei und Ungarn, insgesamt 1,2 Millionen Zuwanderer, die sich im Inselstaat niedergelassen hatten. Sie waren keine politischen Flüchtlinge, sondern gewöhnliche Arbeitnehmer mit ihren Familien, und in manchen Berufen, etwa als Ärzte, waren sie sehr gefragt. Aus schwer erkennbarem Grund gerieten sie und andere, die mit EU-Reisepass in England arbeiteten, in den Mittelpunkt der sozialen Rivalitäten, obwohl die Arbeitslosenquote in Großbritannien eine der niedrigsten in der EU war. Auf der politischen Bühne zeigte sich die Stimmung am Wahlsieg der Tory-Partei 2015, die wiederum unter dem Druck der rechtspopulistischen Independence Party bereits 2013 ein Referendum in Aussicht gestellt hatte. Das Versprechen wurde im Juli 2016 eingelöst und den Wählern die Frage gestellt: «Soll das Vereinigte Königreich Mitglied der Europäischen Union bleiben oder die Europäische Union verlassen?» Bei einer Beteiligung von 72 Prozent votierte knapp mehr als die Hälfte für die zweite Variante. Darauf folgte der qualvolle Prozess der Abnabelung vom Kontinent, im politischen Jargon «Brexit» genannt. Großbritanniens Chancen und Risiken werden unterschiedlich eingeschätzt, für die EU war die Sezession eine deutliche Niederlage.

In diesem Umfeld entfaltete sich über drei Wahlperioden (ab 2010, 2014 und 2018) in Ungarn das «System der nationalen Zusammenarbeit».

## Das Zweidrittelparlament

Der seit 2010 dritte Wahlsieg von Fidesz und seinem kleinen Sputnik «Christlich-demokratische Volkspartei» (KDNP) bescherte dem Bündnis im Frühjahr 2018 stolze 66 Prozent der Mandate, das heißt 133 Sitze im Plenarsaal des 1904 vollendeten, in Europa drittgrößten Parlamentsgebäudes am Donauufer. Als zweite Kraft zog die rechtspopulistische Jobbik-Partei mit 26, als dritte die postkommunistische MSZP mit zehn, als vierte die liberale Demokratische Koalition (DK) mit neun und als fünfte die ökologisch orientierte «Politik kann anders sein» (LMP) mit acht Abgeordneten ins Parlament ein. Zur Eigenart des ungarischen Wahlsystems gehört das disproportionale Verhältnis der Mandate zur Wählergunst: Viktor Orbáns Partei erhielt bei einer relativ hohen Wahlbeteiligung 49,2 Prozent der Stimmen, während die anderen vier Parteien ungefähr die zweite Hälfte der aktiven Wählerschaft hinter sich wussten, dies allerdings nur mathematisch. Eine Zweidrittelmehrheit, das zum festen Begriff gewordene «Zweidrittel», garantiert seit Beginn der Ära Orbán einen bequemen Sieg der Regierungspartei bei jeder Abstimmung, inklusive der inzwischen zur Routine gewordenen Verfassungsänderungen.

Ohne Zweifel lässt diese Konstellation seit Jahren viele oppositionelle Abgeordnete resignieren: Während 2017 das Hohe Haus 208 Gesetzes- oder Beschlussanträge der Regierung und ihrer Parteien annahm, konnte die Opposition von ihren 132 Anträgen insgesamt lediglich einen einzigen durchbringen – ein Gesetz zur Verlängerung der Verjährungsfrist von Korruptionsdelikten. Angesichts dieses Trends sehen die Oppositionspolitiker wenig Sinn darin, ganztägige ermüdende Debatten vor ihrem Laptop auszusitzen, auf deren Ausgang sie so gut wie keinen Einfluss nehmen können. Offenbar sind aber auch manche Volksvertreter auf der Regierungsseite der ellenlangen Reden überdrüssig. Jedenfalls war die sinkende Beteiligung an den zweiwöchentlichen Plenarsitzungen schon immer ein offenes Geheimnis. Obwohl Fotojournalisten während der Sitzung nicht zugelassen sind, machen einige Abgeordnete mit ihren Smartphones manchmal aus purer Langeweile Fotos vom leeren Sitzungssaal und stellen diese auf ihre Webseiten. So stellte sich heraus, dass an einem Nachmittag Ende November 2017 der Oberste Staatsanwalt seinen Jahresbericht – eine der bedeutendsten Rechenschaftslegungen für die parlamentarische Arbeit – in Anwesenheit von zehn Deputierten vortrug, während die übrigen 189 durch Abwesenheit glänzten.

Diese tragikomische Situation erinnert verblüffend an selige Vorkriegszeiten. So schildert Zsigmond Móricz in seinem Roman «Verwandte» das Gespräch von zwei Provinzbeamten im Jahr 1930 auf ihrer Rückreise von Budapest in die Kleinstadt Zsarátnok. Einer der beiden hatte im Gebäude am Donauufer etwas zu erledigen gehabt.

«Du warst im Parlament?»

«Ja, Euer Hochwohlgeboren.»

«Waren auch Abgeordnete da?»

«Ich wage es kaum zu sagen. Ich habe die Anwesenden gezählt, als der Minister sprach. Siebzehn waren es, alles in allem.»

«Ich weiß nicht genau, wie viele Abgeordnete es gibt.»

«244. Der 245ste wird jetzt neu gewählt, nachdem einer gestorben ist.»

«Dann fehlten also 227. Anwesend waren 17, abwesend 227. Und wie viele Oppositionelle waren anwesend?»

«Drei oder vier.»

«Na siehst du. Es gibt ja auch keine Opposition.»

Dabei sind Parlamentarier durch das Reglement unter Androhung von Abzügen bei ihren Diäten dazu verpflichtet, auf Sitzungen zu erscheinen, zumindest zu Abstimmungen, bei denen zur Gewährleistung der Beschlussfähigkeit mehr als die Hälfte der Abgeordneten anwesend sein muss. Nichts aber wird so heiß gegessen, wie es gekocht wird: Die Fraktionschefs können ihre Kollegen freistellen, wenn diese im Rahmen des Mandats Aufgaben außerhalb des Hauses nachgehen, etwa Verpflichtungen im Wahlkreis oder Tätigkeiten, die «Gemeinschaftsinteressen» dienen. Wichtig sind einzig und allein die Kampfabstimmungen. Die Analysten der in Budapest tätigen Organisation «PolicySolutions», die es sich zur Aufgabe gemacht hat, die Aktivität der Abgeordneten zu beobachten, fassen dies so zusammen: «Kann sein, dass während der Debatten der Sitzungssaal des Parlaments leer ist – wenn es um Stimmen geht, dann drücken die Fraktionen von Fidesz und der KDNP mit der Disziplin einer halbmilitärischen Organisation auf den Alarmknopf (…). Sie lassen kaum eine Abstimmung aus.» Dennoch braucht man die Opposition, die mit ihren Gegenstimmen die gesicherte Mehrheit der Regierungsseite quasi demokratisch legitimiert. Im typischen Fall zeigt die elektronische Anzeigetafel folgendes Bild einer Abstimmung: «Für: 131 Stimmen. Gegen: 68 Stimmen». Enthaltungen oder Abwesenheiten ändern wenig am Ergebnis.

Nur in Ausnahmefällen wurde bislang Konsens erreicht: Anfang 2017 etwa nahmen 170 Abgeordnete einen Antikorruptionsantrag einstimmig an. Ein andermal waren sich 181 Parlamentarier darin einig, dass 2017 als «Gedenkjahr des heiligen Ladislaus» gefeiert werden sollte, und zwar aus Anlass des 940. Jahrestags der Inthronisierung des Ritterkönigs László I. (1077–1091), der gleichzeitig auch kroatischer und polnischer Herrscher war. Mit ähnlicher Begeisterung beschloss das Parlament die Einführung der «Tage des Sports, Parasports und Studentensports». Schließlich äußerte das Hohe Haus ungeteilte Empörung über das ukrainische Sprachengesetz von 2018, das sich gegen alle ethnischen Minoritäten, vor allem gegen die der Russen, richtete und auch die ungarische Minderheit in Transkarpatien diskriminierte. Auch verschiedene Anträge zur Erhöhung der Abgeordnetendiäten stießen auf Einhelligkeit.

Im Lichte solcher Momente zeigt sich die Funktionsunfähigkeit sowohl der Plenarsitzungen als auch der parlamentarischen Ausschüsse besonders eklatant. Obwohl die Hälfte der Ausschüsse verfassungskonform von oppositionellen Abgeordneten geleitet wird, wirkt die erdrückende Mehrheit der Regierungsparteien auch auf deren Arbeit lähmend. Besonders extremer Ausdruck der parlamentarischen Ohnmacht ist es, wenn Abgeordnete unter Protest ganzen Sitzungen nicht beiwohnen oder einzelnen Tagesordnungspunkten fernbleiben, über die sie ungern verhandeln würden. Tut dies die Regierungsfraktion, wird dadurch die Beschlussfähigkeit gefährdet, während oppositionelle Aktionen dieser Art rein symbolisch bleiben.

Als Paradebeispiel von oppositionellem Boykott bietet sich die skandalöse Verhandlung einer Modifizierung des Arbeitsgesetzbuches vom Dezember 2018 an. Unter anderem sah diese vor, die Anzahl der vom Arbeitgeber im Bedarfsfall einforderbaren Überstunden von jährlich 250 auf 400 zu erhöhen, was zunächst bei den Gewerkschaften auf Protest stieß. Die Opposition reichte mehr als zweitausend Änderungsanträge ein mit dem Wunsch, diese einzeln zu besprechen, um somit die Verabschiedung des «Sklavengesetzes» bis zum Sankt Nimmerleinstag verschieben zu können. Aber die Regierungsmehrheit ließ sich auf diesen Trick nicht ein. Daraufhin verstellten während der Plenarsitzung oppositionelle Abgeordnete dem Parlamentsvorsitzenden László Kövér den Weg zum Rednerpult, so dass dieser die Sitzung von seinem Abgeordnetensitzplatz aus leiten musste, was der Hausordnung widersprach. Die Opposition protestierte mit Pfeifen, Sirenen, Plakaten und Flugblättern, und Rufe wie «Kommunisten!», «Diktatoren!», «Nordkorea!» füllten den Saal. Mitten im Stimmenchaos und unter Tumultszenen, die an Kiew, Rom oder Tel Aviv erinnerten, drohte der Präsident den Protestlern mit Disziplinarmaßnahmen und ordnete die Abstimmung an. Die Abgeordneten der Oppositionsparteien sangen daraufhin stehend die Nationalhymne und verweigerten das Votum. So gelang es der Regierung, das Gesetz mit 130 Ja-Stimmen der eigenen Parteien ohne Beteiligung der Opposition durchzusetzen – formal ein hundertprozentiges Ergebnis, dessen sich nicht einmal János Kádár hätte schämen müssen. Die Störungen hörten erst auf, als die Oppositionellen gemeinsam den Saal verließen. Nun konnte die Gesetzesfabrik ungestört weiterarbeiten.

Weniger spektakulär, dafür erfolgreicher verlief die Sabotage – diesmal ausgehend von den Regierungsparteien – anlässlich einer geschlossenen Sitzung des Sozialausschusses im Dezember 2019. Unter TOP 2 ging es um das Thema «Kinderzentrum von Fót». Diese Einrichtung, 40 Kilometer von der Hauptstadt entfernt und in einem schönen Park gelegen, der das Schloss der Grafenfamilie Károlyi umgibt, dient seit 1957 der Betreuung von körperlich und geistig behinderten Kindern. Im Schloss selbst wohnen in einem Flügel die aus dem Exil heimgekehrten Károlyi-Erben, außerdem befindet sich in dem Gebäude eine Waldorfschule. Die zu betreuenden Kinder sind außerhalb des Schlosses in kleinen Wohnhäusern untergebracht. Vor einigen Jahren hatte das «Ministerium für Humanressourcen» (sic!), abgekürzt EMMI, ein Auge auf das Ensemble geworfen und plante dessen Renovierung und eine Verwendung in einer nicht näher bezeichneten «neuen Funktion». Zu diesem Zweck sollten die Kinder in andere, von Fót weit entfernte Heime umziehen. Als die unabhängige Abgeordnete Bernadett Szél daraufhin die Affäre in der Sitzung des Sozialausschusses thematisieren wollte, erschienen die Vertreter von Fidesz und KDNP zum entsprechenden Tagesordnungspunkt nicht, womit das Gremium beschlussunfähig war. Bis heute ist das Schicksal des Kinderzentrums von Fót unentschieden.

Offenbar sahen die Oppositionsparteien ihr Protestpotential mit dem ersten Auszug vom Dezember 2018 bei weitem nicht als erschöpft an, und auch die Angelegenheit mit den erzwungenen Überstunden wollten sie nicht vergessen. Im Februar 2019 entfernten sich die Abgeordneten einer nach dem anderen aus dem Plenarsaal, diesmal ohne Lärm und symbolische Gesten. Sie hatten sich zuvor verabredet und fuhren in einem Konvoi mit ungarischen und EU-Fahnen nach Esztergom in die Suzuki-Werke, um deren Verwaltung zur Verantwortung zu ziehen. Der Grund hierfür lag in der Entlassung eines Arbeiters, der aus Protest gegen das neue Überstundengesetz die Gründung eines lokalen Komitees der traditionsreichen Metallergewerkschaft «Vasas» initiiert hatte. Nachdem den Abgeordneten der Zugang verwehrt worden war, kehrten sie in die Hauptstadt zurück und hielten dort eine Pressekonferenz ab. Im März suchten sie, ebenfalls nach sichtbarem Verlassen des Parlaments, die Staatliche Rentenversicherung auf, um dort die geplante Verlängerung der Arbeitszeit auf neun Stunden zu verhindern. So lobenswert die Fühlungnahme der Gewählten mit ihren Wählern auch war, so brachten solche Aktionen doch keine greifbaren Erfolge, und die Nachrichten darüber erreichten nur einen relativ engen Kreis der Sympathisanten. Dasselbe lässt sich auch in Bezug auf Performance ähnliche Szenen in der Nationalversammlung feststellen. So hatte zum Beispiel ein sichtlich aufgebrachter Abgeordneter während einer Rede Viktor Orbáns ein Schild vor sich aufgestellt mit dem Text: «Er muss lügen, weil er zu viel gestohlen hat!» Es gab noch weitere provozierende Plakate, und manche Verlautbarungen schöpften aus dem Vokabular der an Obszönitäten reichen ungarischen Sprache. Jedenfalls stand der Medienerfolg solcher Auftritte in keinem Verhältnis zu den Konsequenzen, die diese nach sich zogen.

Der gestrenge Parlamentspräsident Kövér ahndet Äußerungen, die in seinen Augen «Würde und Ansehen» des Hohen Hauses beschädigen, mit beachtlichen Bußgeldern, die direkt von den Diäten abgezogen werden. So ereilte den oben erwähnten Parlamentarier eine Geldstrafe von insgesamt acht Millionen Forint (22 000 €), während eine unabhängige Abgeordnete mit zwei Millionen und eine andere mit einer Million Forint sanktioniert wurden. Sicherlich wäre es eine Übertreibung zu behaupten, dass die Bußgelder, mit denen gelegentliche Frechheiten geahndet werden, die Abgeordneten finanziell ruinieren. Dennoch hängt das Phänomen Geld wie ein Damoklesschwert über den Köpfen vieler oppositioneller Parlamentarier. Nicht in den Beträgen selbst liegt die Gefahr, sondern in der Möglichkeit, bei den nächsten Wahlen kein Mandat zu erhalten. Parlamentsarbeit in Ungarn wird gut dotiert. Ein Fraktionschef verdiente 2019 monatlich brutto 1 979 000 Forint, der Vorsitzende eines Ständigen Ausschusses 1 682 000, einfache Abgeordnete 998 700. Wir können uns die Umrechnung sparen, indem wir darauf hinweisen, dass diese Beträge das Mehrfache dessen ausmachen, was in Ungarn durchschnittlich brutto im Monat verdient wird: 367 000 Forint (ca. 1000 Euro). Diese Diäten werden ergänzt um Spesen, verschiedene Teilfinanzierungen und Rückerstattungen. Deshalb können verlorene Mandate leicht gleichbedeutend sein mit einer verlorenen Existenzgrundlage, und zwar nicht nur für Einzelne, sondern auch für ganze Parteien im Kontext der Parteienfinanzierung. Im Vorfeld von Wahlkämpfen geht regelmäßig das Phantom des Rechnungshofs im Parlament um. Diese Institution untersucht die Finanzen, und wer sucht, der findet in der Regel auch etwas. Manchmal sind es die angeblich zu teuer angemieteten Parteibüros in Provinzstädten, ein anderes Mal die unter Marktpreis verfertigten Wahlplakate, und das Bedrohlichste aller Ärgernisse ist die «verbotene Inanspruchnahme staatlicher Unterstützung». Alle fünf Oppositionsparteien wurden Ende 2017 von diesem Phantom heimgesucht, und alle wurden von der Finanzbehörde mit Geldstrafen belegt, so dass den Wahlkassen gähnende Leere drohte. Einzig bei den Regierungsparteien stießen die Fahnder auf keinerlei Ordnungswidrigkeiten.

Trotz dieser Schwierigkeiten und Handlungseinschränkungen verfügt die Opposition über einen geringen Spielraum: Sie darf Interpellationen und Anfragen schriftlich einreichen oder im Rahmen der sogenannten «Stunde der dringenden Fragen und Antworten» mit den Regierenden kommunizieren. Alle vier Wochen steht der Regierungschef persönlich zur Verfügung für Fragen der Abgeordneten, deren Themen vorher nicht festgelegt sind. An diesem Wortduell kann von jeder Partei ein Abgeordneter teilnehmen. Dazu zwei Beispiele:

*29. Juni 2020*

Péter JAKAB (Fraktionschef Jobbik): Herr Ministerpräsident, wollen Sie uns etwas zu Soros sagen? *(Aufschrei in den Reihen der Regierungsparteien.)* (…) Leider sieht es so aus, dass Sie wirklich an einer Soros-Phobie leiden. Seit Jahren hören wir von Ihnen, dass Soros einen gefährlichen Plan hat. Dann hat sich herausgestellt, dass er gleich zwei Pläne hat. Plan 1, Plan 2, und vor den Wahlen wird er auch einen Plan 3 haben. Spüren Sie nicht, dass dies unendlich peinlich ist? Wann hat das Ganze bei Ihnen angefangen? Damals, als Sie mit Soros' Geld Soros' Anhänger wurden? [*Anspielung auf Orbáns Soros-Studienstipendium in den späten 1980er Jahren*] Oder als Sie Ihrer Macht zuliebe zum Soros-Gegner wurden? Was ist mit Ihnen geschehen, Herr Ministerpräsident? Vom Vizepräsidenten der Liberalen Internationale sind Sie zum Freund von westfeindlichen östlichen Diktatoren geworden. (…) Ich wünsche Ihnen, dass Sie endlich den Weg zur Normalität finden, damit wir feststellen können, ob Sie die Ungarn für dumm verkaufen oder ob Sie selber dumm sind.

László KÖVÉR (Parlamentspräsident): Herr Abgeordneter, bitte achten Sie auf Ihre Worte, sonst entziehe ich Ihnen das Wort!

JAKAB: Wenn Hunderttausende Ungarn ihre Lebensgrundlagen verlieren, dann halten Sie bitte keine Konsultationen ab [*gemeint ist die «nationale Konsultation» zum sogenannten Soros-Plan im Dezember 2017*], sondern regieren Sie endlich! Was ist Ihnen wichtiger – das Land oder die Macht? (*Zwischenrufe aus den Reihen der Regierungsparteien: «Schäm dich! Hinsetzen!»*)

KÖVÉR: Bevor ich das Wort dem Herrn Ministerpräsidenten überlasse, merke ich an, Herr Abgeordneter, dass Sie jede Regel der Moral und guten Erziehung verletzen. Aber es gibt Grenzen, die ich nicht erlaube in diesem Haus zu überschreiten (...), denn Sie befinden sich nicht in einer Kneipe mit ihren Kumpeln von der Jobbik, sondern im Parlament. Nur für den Fall, dass Sie es nicht gemerkt haben (*Zwischenruf aus den Reihen des Fidesz: «Ihr alle seid Trottel!»*). Ich überlasse das Wort dem Herrn Ministerpräsidenten.

Viktor ORBÁN: Was heute im Hause des Landes geschah, ist nichts anderes, als dass der Führer der Jobbik einen Eid auf George Soros abgelegt hat (*Applaus in den Reihen der Regierungsparteien, Heiterkeit in den Reihen der Jobbik*). Was die Frage angeht, verehrter Herr Abgeordneter, ich habe bemerkt, dass, obwohl man nur eine Frage zu stellen pflegt, Sie gleich ein Dutzend gestellt haben. Mir fiel auf, dass Sie systematisch Unwahrheiten behaupten, über unwahre Tatsachen reden oder wahre Tatsachen in falscher Färbung darstellen. All dies tun Sie in einer äußerst ungehobelten Redeweise (*Applaus in den Reihen der Regierungsparteien*).

JAKAB: Wie leicht zu beleidigen sind doch heutzutage die Diebe, Herr Ministerpräsident!

*(Der Parlamentspräsident schaltet das Mikrophon des Abgeordneten aus.)*

### 25. März 2021

Dr. Ágnes VADAI (Demokratische Koalition): Herr Ministerpräsident, Sie haben gelogen, Sie haben die Ungarn einfach belogen (*Zwischenrufe aus den Reihen der Regierungsparteien*), und jetzt haben Sie nicht den Mut, hier im Parlament aufzustehen und den Ungarn zu sagen, dass Sie ein halbes Jahr lang so gut wie nichts getan haben [*Hinweis auf die Tätigkeit der Regierung während der Pandemie*]. Sie haben weder das Gesundheitswesen noch die Schulen auf die Lage vorbereitet, Sie haben das Land nicht vorbereitet.

Sie haben nichts getan, außer Ihre eigenen Pfründe abzusichern. Schämen Sie sich, Herr Ministerpräsident, schämen Sie sich dafür! (*Applaus in den Reihen der Opposition, Zwischenrufe in den Reihen der Regierungsparteien*) Präsident KÖVÉR: Das Wort hat der Herr Ministerpräsident.

ORBÁN: Ich sehe, Sie sind böse auf uns (*Heiterkeit in den Reihen der Regierungsparteien*). Aber Sie müssen nicht auf uns böse sein, sondern auf sich selbst. Denn Sie vertreten in der ungarischen Politik die politische Gemeinschaft, die während ihrer Regierungszeit das ungarische Gesundheitswesen zugrunde gerichtet hat (*Zwischenruf von Dr. Ágnes Vadai, Präsident klingelt*). Nicht wir sind schuld daran, dass Sie, als Sie an der Regierung waren, 6000 Ärzte entlassen haben. Sie, die Sie davon reden, dass das Gesundheitswesen angeblich nicht auf die Lage vorbereitet wurde, (…) saßen hier jahrelang, und als Sie regierten, nahmen Sie den Ärzten und Krankenschwestern ein Monatsgehalt weg, und Sie haben dem zugestimmt (*Zwischenruf von Dr. Ágnes Vadai: «Du lügst kreuzweise!»*). Nicht wir sind schuld daran, dass während Ihrer Regierungszeit die Arbeitslosigkeit bei zwölf Prozent lag. Sie alle sind daran schuld, auch Sie persönlich (*fortwährende Zwischenrufe von Ágnes Vadai, langer Applaus in den Reihen der Regierungsparteien*).

Präsident KÖVÉR: Danke für Ihre Antwort, Herr Ministerpräsident (*fortwährende Zwischenrufe von Dr. Ágnes Vadai*). Frau Abgeordnete, seien Sie so nett, kommen Sie zum Ende. Das hier ist kein Dialog. Der Herr Ministerpräsident hat Sie angehört, bitte kommen Sie zum Ende …

VADAI: Ich komme nicht zum Ende! (*Zwischenrufe aus den Reihen der Regierungsparteien: «Rufen Sie einen Arzt!»*)

KÖVÉR: Frau Abgeordnete, ich ermahne Sie …

VADAI: Ermahnen Sie ruhig, das interessiert mich nicht, ich komme nicht zum Ende. (*Dr. Ágnes Vadai verlässt den Sitzungssaal, der Präsident klingelt. Zwischenrufe aus den Reihen der Regierungsparteien: «Ági, wo gehst du hin: Geh nicht weg!» Heiterkeit in den Reihen der Regierungsparteien*)

Die zwei Repliken unterscheiden sich erheblich. Während es dem politischen Draufgänger und Populisten Jakab (Jahrgang 1982) sichtlich um den Anlass ging, seine Muskeln spielen zu lassen und den Ministerpräsidenten als chronischen Wendehals bloßzustellen, ohne ihn mit einer konkreten Frage zu belästigen, versucht Ágnes Vadai (Jahrgang 1974, eine von 23 weiblichen Abgeordneten) verzweifelt, wenigstens ein echtes Problem aufzuwerfen. Den ersten Vorstoß erledigt Viktor Orbán mit einer müden Handbewegung, auf den zweiten reagiert er mit einem überheblichen, persönlichen Gegenangriff, ohne die Einwände der Abgeordneten direkt zu widerlegen. Präsident Kövér sekundiert ihm dabei mit ultimativen Drohungen und die Regierungsseite, je nachdem, mit kollektivem Applaus, Herumschreien, Heiterkeit, empörten oder höhnischen Zwischenrufen. Eine wirkliche Auseinandersetzung findet im Zweidrittelparlament nicht statt.

# 3

## Der Nationale Tabakladen

In diesem Kapitel wird viel geraucht. Der Autor, selbst ehemaliger Raucher, ist sich «der Schädlichkeit des Tabaks», wie Anton Tschechow das Phänomen in seinem genialen Einakter bezeichnet hat, völlig bewusst. Bedenkenswert indes ist die Tatsache, dass laut Umfragen 30 Prozent der Erwachsenen in Ungarn Raucher sind. Solcherart Bedürfnisse von 2,5 Millionen Menschen kann man kritisieren, sogar verurteilen, aber verbieten lassen sie sich ebenso wenig wie Alkoholmissbrauch oder Glücksspiel. Überhaupt: Jede staatliche Einmischung in die Konsumgewohnheiten der Bevölkerung birgt in sich die Gefahr, dass diese auf das Terrain der Schattenwirtschaft umgeleitet werden – es entsteht zum Beispiel ein Schwarzmarkt für Tabakwaren, oder es wird privat Schnaps gebrannt. Das Maximum des staatlicherseits Erreichbaren ist eine gewisse Kontrolle über den Konsum.

Als Mitte Dezember 2011 der Fidesz-Fraktionschef und ehemalige Bürgermeister der südungarischen Stadt Hódmezővásárhely[1], János Lázár, den Gesetzesentwurf «Über die Zurückdrängung des Rauchens von Jugendlichen und des Kleinhandels mit Tabakprodukten» im Budapester Parlament einreichte, ahnte er wohl kaum, dass er damit ein weites Feld betreten und einen langwierigen Prozess einleiten würde. Angesichts der überwältigenden Mehrheit seiner Fraktion verursachte ihm die zu erwartende Abstimmung keine Kopfschmerzen, zumal sich sogar oppositionelle Abgeordnete von der formalen Zielsetzung des Entwurfs in Verlegenheit gebracht sahen: Den Schutz Jugendlicher vor schädlichen Lastern konnten sie nicht guten Gewissens ablehnen. Offenbar ließ sich auch die Europäische Kommission von der edlen Absicht beeindrucken, denn sie erhob keine Einwände gegen Lázárs Antrag. So wurde die Bestimmung CXXXIV/2012 im Handumdrehen für rechtsgültig erklärt – in der Umgangssprache erhielt sie den Namen «Trafikgesetz».

Ein staatliches Tabakmonopol sowie die Erteilung von Lizenzen für Trafiken (Kioske) waren kein Novum in Ungarn. Nach dem Ersten Weltkrieg folgte die staatliche Kontrolle über das Tabakgeschäft – außerhalb der Eintreibung von Steuern – auch einem sozialen Zweck: Genehmigungen wurden bevorzugt an Kriegsversehrte oder Soldatenwitwen vergeben. Wegen der starken Nachfrage konnten bei weitem nicht alle Anträge berücksichtigt werden, weshalb sich viele Antragsteller ungerecht behandelt fühlten. Besonders zu Krisenzeiten wurde darüber heftig lamentiert, wie etwa 1932 in einer Provinzzeitung: «Trafikgenehmigungen werden heutzutage immer mehr von denjenigen erworben, die den Krieg zu Hause und möglicherweise wohlhabend überlebt haben und nichts von den Schrecken des Schlachtfelds wissen. Heute verfestigt sich im allgemeinen Verständnis die Überzeugung, dass es eine größere, mächtigere Kraft gibt, die imstande ist, Existenzen zu sichern, und sie heißt Vetternwirtschaft.» Nebenbei gesagt, gibt es im ungarischen Slang fast fünfzig Synonyme für den Begriff «Geld» oder «Kohle», darunter bis heute das Wort «Tabak» (*dohány*).

Nun enthielt das Gesetz CXXXIV/2012 in Bezug auf den Kleinhandel wichtige Neuerungen. Der Kleinhandel mit Tabakprodukten wurde als staatliche Tätigkeit deklariert, und dementsprechend sollten die staatlichen Anforderungen des Jugend- und Gesundheitsschutzes garantiert werden. Die neu einzurichtenden Tabakshops sollten ein einheitliches Outfit erhalten: ein Logo mit dem Buchstaben «T» in den Farben der ungarischen Trikolore, ein Verbotsschild mit der Zahl «18». Das Schaufenster sollte mit brauner Folie beklebt werden, damit die verpönte Ware unsichtbar blieb. Die solcherart vereinheitlichten Verkaufsstellen konnten von natürlichen Personen übernommen werden, auch in Vertretung von Firmen, doch zuvor musste ein Konzessionsvertrag mit der zu diesem Zweck kreierten «Nationalen GmbH für Tabakhandel» abgeschlossen werden. Diese Firma erteilte die Lizenzen auf Grundlage öffentlicher Ausschreibungen, und eine natürliche Person war berechtigt, bis zu fünf Konzessionen zu beantragen, die auf zwanzig Jahre vergeben wurden.

Selbst Unbedarften war klar, dass es hier um etwas mehr ging als um das Fernhalten der Schulkinder vom Tabak. Vor der Schaffung des Gesetzes hatte es im Land 42 000 bis 44 000 Verkaufsstellen gegeben, die Tabakwaren im Angebot hatten – Lebensmittelläden, Tankstellen, Spätis und Gemischtwarenhandlungen. Namentlich die letzten beiden Kategorien waren durch die Neuregelung vor fast unlösbare Probleme gestellt. Die mehrheitlich kleinen Familienunternehmen sahen sich häufig nicht imstande, die Kosten der Ausschreibung aufzubringen: Hierzu gehörte die Bewerbungsgebühr, die Entlohnung von professionellen Bewerbungsschreibern und der Erwerb obligatorischer, an die GmbH und das Finanzamt angeschlossener elektronischer Kassen. Damit blieben viele Klein- und Kleinstunternehmer ohne Berechtigung, als «nationale Tabakhändler» tätig zu werden. Diese Notlage führte dazu, dass an der ersten Ausschreibung lediglich 15 000 Bewerber teilnahmen und nur 5400 Anträge positiv beschieden wurden. Das aber war das eigentliche Ziel – die radikale Beschränkung und Zentrierung des Tabakhandels. Der Ökonom Mihály Laki bezeichnete das Verfahren als Veränderung und Umgestaltung des Trafikmarktes – eine Verstaatlichung der Verkaufsstellen.

Das Projekt «Trafikgesetz» war in der großen Eile, mit der die Regelung parlamentarisch durchgepeitscht worden war, nicht bis zu Ende gedacht. Anfangs sollten die Tabakshops nichts außer Tabak anbieten, die «gewöhnlichen» Geschäfte hingegen alles außer Tabak. Das begrenzte Sortiment reichte jedoch nicht aus, um die neuen staatlichen Trafiken am Leben zu erhalten. Zwei Gesetzesänderungen (2013, 2015) ermöglichten den Verkauf von Süßigkeiten, Spielzeug, Zeitungen, Lottoscheinen, später auch Alkoholika, Kaffee und Erfrischungsgetränken. Nicht vorgesehen und erst relativ spät reflektiert wurde die Tatsache, dass aus kleinen Dörfern und abgelegenen Siedlungen mit weniger als 2000 Einwohnern keine Anträge die GmbH erreichten – dort hatte niemand Lust, eine neuartige Trafik zu eröffnen. Für diese mehr als 1400 «unversorgten» Gemeinden wurde die Ausnahmeregelung getroffen, dass eine dazu von der GmbH berechtigte Person dort provisorisch drei Jahre lang Tabakwaren veräußern konnte – zugegeben in einer für Pubertierende unzugänglichen und unsichtbar gemachten Räumlichkeit. In anderen winzigen Dörfern erhielt das Bürgermeisteramt die Chance, im Rahmen einer «GmbH» Tabakwaren ans Publikum zu bringen.

Was man in der tiefen Provinz wusste, war auch in größeren Gemeinden kein Geheimnis – dass eine Konzession allein kaum ausreichte, um die Existenz der Begünstigten abzusichern. Ganze Familien arbeiteten in einer gemieteten oder vor längerer Zeit erworbenen Verkaufsbude, und wenn es ihnen gelang, die staatliche Genehmigung zu bekommen, war ihr Schicksal ungewiss. Eine einzige Mieterhöhung oder die Eröffnung einer konkurrierenden «nationalen» Trafik am anderen Ende der Ortschaft konnte ihr Etablissement in ein Kartenhaus verwandeln. Rentabel waren ungefähr vier bis fünf Tabakläden in einer Hand, profitabel acht bis zehn. Die größten Gewinner waren Strohmänner, die Dutzenden von kleinen Geschäften, bevorzugt solchen in der Ortsmitte, gegen ein Almosen ihre Lizenzen abkauften.

So wurde der Kleinunternehmer J. durch die Privatisierung der 1990er Jahre Besitzer eines Gemischtwarenladens, den er vor der Wende geleitet hatte. Der Laden war im vielbesuchten Burgviertel günstig gelegen und verfügte über ein breites Angebot von Lebensmitteln und Zigaretten. Der Betreiber schuftete samt Familie vom Morgengrauen bis zum späten Abend, gemeinsame freie Wochenenden gab es nicht. Mit dem Entzug der Tabakwaren schrumpfte sein Umsatz auf ein Viertel des vorherigen Volumens. Er versuchte es noch mit Backwaren, Bouletten und ähnlichen Imbissangeboten, gab dann aber 2016 den Laden auf. Eine Geschäftsfrau, die über zwei hölzerne Budiken verfügte, handelte mit Süßigkeiten und Spirituosen. Als in der Nähe gleich zwei Tabakläden mit bereits erweitertem Sortiment eröffnet wurden, fiel ihr Umsatz auf fast null. Danach arbeitete sie nur noch in einem Callcenter als Verkaufspropagandistin.

Das Trafikgesetz geriet zunehmend ins Kreuzfeuer der Kritik und löste auch Proteste aus. Besonders 2015, nach der Veröffentlichung der «Gewinnerliste» auf der Webseite der «Nationalen GmbH für Tabakhandel», bemängelten unabhängige Medien die niedrige Anzahl, rund 800, der im Kleinhandel bekannten und respektierten Trafikanten. Für zu groß hielt man dagegen die Menge der Beteiligten ohne vorherige Handelserfahrung, aber mit guten Kontakten zum Großhandel sowie die Anzahl derjenigen, die man dem Dunstkreis der Regierungspartei zurechnete – etwa 1400 von 5300 Aspiranten. Insgesamt wurde den Entscheidungsträgern, sowohl in der Zentrale als auch in einzelnen Selbstverwaltungen, Bevorzugung aus politischen Gründen nachgesagt. Wie bereits während der Diskussion im Parlament kamen erneut Zweifel über die angebliche Zielsetzung auf. Die Besorgten glaubten nicht so sehr an den Jugendschutz und sahen mögliche Teuerungen bei Tabakwaren und eine Ausweitung des Schwarzhandels voraus – beide Weissagungen erfüllten sich. Kritisiert wurde, ebenfalls zu Recht, die Verdunkelung der Läden, welche die Gefahr von Einbruchdiebstählen um ein Vielfaches erhöhte.

Auch die Entstehungsgeschichte des Gesetzesentwurfs warf im Nachhinein prekäre Fragen auf. Eine Version des Entwurfs geriet zur Begutachtung an die Europäische Kommission – die Kopie stammte angeblich von János Sánta aus Hódmezővásárhely. Der Großunternehmer Sánta war und ist Besitzer der «Continental Autoindustrie GmbH» sowie der Tabakfabrik von Sátoraljaújhely und zudem beteiligt an der «Tabán Trafik GmbH» (Tabakfabrik Pécs). Im Eröffnungsjahr der ersten nationalen Tabakshops war er in den

Club der reichsten Männer des Landes aufgestiegen. Nun wurde behauptet, die Rohfassung des von Lázár eingereichten Gesetzes sei auf seinem Computer entstanden. Doch Sánta leugnete strikt, Mitverfasser des Projekts zu sein: Mit Lázár verbinde ihn keine Freundschaft, sondern sie begegneten sich lediglich ein paarmal im Jahr. Das Interesse des ehemaligen Bürgermeisters für das Wirtschaftsleben der Stadt sei ebenso verständlich wie die Tatsache, dass man sich über geschäftliche Themen austausche: «Es stimmt, dass er in bestimmten Fragen nach meiner Meinung fragt, aber ich sage ihm nicht, was er zu tun hat.»

Politische Einflussnahme bei der Verteilung von Konzessionen vermutete man eher bei den lokalen Selbstverwaltungen. Im Komitatssitz Szekszárd gab es eine undichte Stelle, der Mitschnitt eines informellen Gesprächs im Bürgermeisteramt sickerte durch. Demnach befragte der Bürgermeister die Fidesz-Fraktion des Rates, wer von ihnen welchen Kandidaten für eine Konzession unterstützen würde. «Hauptsache, dass nicht die Sozis den Sieg davontragen», sagte er. «Hast du einen Kandidaten?», wandte er sich an einen Gesprächspartner. Der sagte, er wisse jemanden, doch nicht in der Stadt, sondern in einer stadtnahen Siedlung, und fragte: «Kannst du das regeln?» Darauf entgegnete der Bürgermeister: «Ich kann alles.» Im weiteren Verlauf des Gesprächs stellte sich heraus, dass sich auch seine Schwester um eine Konzession beworben hatte. Ein anderer Ratsherr empfahl jemanden aus einer kleineren Gemeinde und dessen Bruder. «Richtig, richtig, wenn nur nicht die Sozis siegen!», wiederholte der Bürgermeister. Und so ging es im Plauderton weiter.

Die Veröffentlichung dieser Affäre löste eine Protestwelle der Oppositionsparteien, der unabhängigen Medien und der in ihrer Existenz bedrohten Trafikanten aus. Diese erstellten eine Facebook-Seite mit dem Titel «Community der Trafikgeschädigten», eines der virtuellen Foren, die der Soziologe und frühere Bildungsminister Bálint Magyar sehr präzise als «Kommunikationswutraum» charakterisiert. Bald darauf organisierte die Opposition

eine Solidaritätskundgebung zugunsten der Verlierer des «Trafik-
gesetzes». Weder das Protestportal noch die Demonstration vor
dem Sitz der Regierungspartei mit Slogans wie «Trafikregierung!»
oder «Mafia GmbH!» konnten die Eröffnung der protegierten Verkaufsstellen stoppen; trotzdem war die Regierung beunruhigt, wie
immer, wenn sie es mit potentieller sozialer Unzufriedenheit zu
tun hat. Der Verdacht der Benachteiligung linker Aspiranten bei
der Beurteilung der Anträge konnte statistisch nicht belegt werden, aber Benachteiligte gab es zu Tausenden, darunter die früheren bewährten Ladenbesitzer, deren Unzufriedenheit nicht einfach
als Intrige «der Linken» abgetan werden konnte.

In seinem traditionellen Freitagsinterview für den Regierungs-
sender versuchte Viktor Orbán den Argwohn der politischen Ein-
seitigkeit in puncto Neuverteilung der Läden zu zerstreuen. «Linke
Bewerber haben in der Größenordnung von Hunderten den Zuschlag bekommen», behauptete er, ohne zu erklären, auf welchem
Wege er die Gesinnung der Trafikanten festgestellt habe. Dann
fügte er ein echtes Orbán'sches Bonmot hinzu: «Ich bin ein sanfter
Mensch, also sage ich es nicht als Drohung, aber hätten wir jemals
bei einer öffentlichen Ausschreibung politische Gesichtspunkte
geltend gemacht, dann hätte keiner, kein einziger Linker gewinnen
können.» Vielleicht merkte er selbst, dass dieser provokante Ton
zu vielen Verlierern das Blut ins Gesicht schießen ließ, denn er
beruhigte sofort die von ihm auf eine Anzahl von 200 geschätzten
«Veteranen-Trafikanten» mit dem Versprechen, dass diese, obwohl
sie nicht gewonnen hätten, «ihre Arbeit fortsetzen können». Dies
blieben keine leeren Worte: Per zusätzlicher Ausschreibung, unter
Umgehung des üblichen Verfahrens, wurden Zulassungen gewährt – der Ministerpräsident hatte so entschieden, und basta! Es
war, als ob der Lehnherr Parzellen verschenkt.

In den darauffolgenden Jahren stabilisierte sich die Neuregelung
weitgehend. Der monopolisierte Markt brauchte nur noch einen
konkurrenzlosen Lieferanten: 2015 wurde eine «GmbH zur landesweiten Versorgung der Tabakläden» ins Leben gerufen. Sitz des

neuen Großunternehmens war die südungarische Stadt Hódmezővásárhely, registrierte Adresse Erzsébeti út 5/b, dasselbe Gebäude,
das auch die Continental GmbH des Unternehmers János Sánta beherbergte. Die neue Firma schloss unter Einbeziehung der größten
Tabakfabriken des Landes einen Konzessionsvertrag mit dem Staat
ab, der ihr das alleinige Recht der Belieferung von mehr als 5000
nationalen Tabakshops überließ. Die Bestellung von Kaugummi,
Schnaps, Rätselzeitungen etc. verblieb in der souveränen Entscheidung der Shopbetreiber. Insgesamt wurde das Projekt «Trafikgesetz» als Erfolgsgeschichte verbucht. Die Verdienste seines Initi-
ators János Lázár blieben unvergessen. Im August 2018 ernannte
ihn der Regierungschef zum «Sonderbeauftragten für den Schutz
der Nichtraucher». In dieser Position kam ihm lediglich ein Büro
mit einem Assistenten zu, die Arbeit selbst leistete er unentgeltlich.

Tatsächlich wäre es ein Irrtum, János Lázár sein echtes Engagement für Nichtraucher abzuerkennen oder ihm gar heimlichen
Rauchgenuss zu unterstellen. Die Jahre seit 2015 haben bewiesen,
dass er ein beinahe fanatischer Tabakverächter und Anhänger einer hundertprozentigen Abstinenz ist. Seine Vision von einem
«rauchfreien Ungarn» nahm er ernst, ohne sich Vorstellungen über
den utopischen Charakter dieser Forderung gemacht zu haben.
Kurz vor seinem Amtsantritt hielt er eine Eröffnungsrede auf der
Konferenz der «Nationalen GmbH für Tabakhandel» und der Fach-
zeitschrift «Tobacco Magazin»[2] in Siófok und erörterte den visio-
nären Plan: «Ich werde dem Ministerpräsidenten empfehlen, dass
alle, die nach 2020 geboren werden, in Ungarn keinen Zugang zu
Tabakprodukten mehr erhalten.» Gleichzeitig trat Lázár auch für
realistischer erscheinende Maßnahmen wie etwa Preiserhöhungen
ein: «Die sind wie eine Schutzimpfung – unangenehm, können
aber Leben retten.» Groteskerweise erörtert der Sonderbeauftragte
seine Ansichten nur vor Publikum, das primär an der Aufrechter-
haltung und nicht an der Abschaffung des Rauchens interessiert
ist – ein Paradebeispiel für kognitive Dissonanz.

In erneuten Kampagnen bekämpfte Lázár die Menthol-Zigaretten und machte sich auch über E-Zigaretten her. Bei einer Debatte im Parlament verfeinerte er die Argumentation in nationaler Richtung, wohl auch auf die starke Jobbik-Fraktion schielend: «Solange wir das Rauchen nicht verbieten können, muss der Staat den Markt unter vollständiger Kontrolle halten. (…) Ein Shop kann auch in einer mittelgroßen oder kleinen Gemeinde eine Familie mit vier Mitgliedern versorgen. (…) So bringt nicht der Tesco oder der Spar das Geld, welches unsere Wahlbürger für das Rauchen ausgeben, aus dem Lande.» Offensichtlich konnte der Redner wenig Eindruck damit machen, dass er den Teufel der Multis an die Wand malte. Ein Abgeordneter von Jobbik wies auf die von János Sánta mitgetragene Firma hin: «Da schon Herr Lázár den Tesco erwähnt hat: Seine GmbH zur Landesversorgung der Tabakläden besetzt direkt hinter dem Tesco und der Ungarischen Telekom Platz 14.» Auch ein Abgeordneter der Demokratischen Koalition spielte den Ball zurück: «Teurer Herr Abgeordneter Lázár, seien Sie nicht beleidigt, aber uns beruhigt nicht besonders, dass der Tabakgroßhandel nicht von den Multis, sondern von Ihren Kumpels erledigt wird.» Trotz dieser kritischen Worte entschied das Parlament mit der üblichen Mehrheit das Schicksal der E-Zigaretten zugunsten des staatlichen Monopols.

Nachdem ihre Petitionen sang- und klanglos abgeschmettert worden waren und auch Rechtsanwälte für sie nichts erreichen konnten, ließen die «Trafikgeschädigten» auf ihrer Facebook-Seite mit 7539 Abonnenten ihrer ohnmächtigen Wut freien Lauf. Es ist begreiflich, dass sie János Lázár nicht besonders schonten: «Soll der Himmel auf dich herabstürzen. Wegen dir und deines Busenfreunds János Sánta, Leiter der Tabakfabrik Continental (…), haben wir unser 22 Jahre lang bestehendes Unternehmen verloren.» Ein anderer Geschädigter spottet: «Es wird noch ein Sonderbeauftragter für Streichhölzer und Feuerzeuge ernannt.» Zu Lázárs Vision des Tabakverbots für die nach 2020 Geborenen hieß es: «Wie bescheiden – er könnte eigentlich gleich jedem verbieten, nach 2020 geboren zu werden …»

# 4

## Kádár-Nostalgie

Zwei Sprüche von János Kádár (1912–1989), dem Generalsekretär der ungarischen Sozialistischen Arbeiterpartei, haben ihren Urheber überlebt, beide in verkürzter folkloristischer Version. Der erste 1961 hieß: «Wer nicht gegen uns ist, ist für uns», ein Signal zur Aussöhnung zwischen Macht und Gesellschaft fünf Jahre nach der brutalen Unterdrückung des Volksaufstands 1956. Fast als Doktrin zog der Satz in das Vokabular der internationalen Medien ein. Die andere Aussage erlangte keine weltweite Bekanntheit, sie verblieb unter den Landsleuten: «*Kartoffelsuppe soll Kartoffelsuppe bleiben*» («A krumplileves legyen krumplileves»). Mit diesen Worten zielte Kádár in seiner Abschlussrede auf dem XII. Parteitag der Ungarischen Sozialistischen Arbeiterpartei (USAP) im März 1980 darauf, dass jeder Funktionär im Partei- und Staatsapparat die ihm zugeteilte Rolle erfüllen solle: Der Parteisekretär solle kein Bürokrat, sondern eben Parteiarbeiter sein, der Fabrikdirektor solle seinen Betrieb verwalten, der wissenschaftliche Mitarbeiter den Akademikerjob machen. Konkret sagte er: «Ich bin kein gieriger Mensch, aber gutes Essen mag ich. Wenn man mich fragt, was ich gerne esse, sage ich immer, ich esse gerne das, was so ist, wie es heißt: Heißt es Kartoffelsuppe, dann eben Kartoffelsuppe.» Der Leitartikler des KP-Organs «Népszabadság» zeigte sich in seinem Kommentar begeistert: «Nur ein paar Tage trennen uns von dem Parteikongress, aber die Leute bei der Arbeit oder im Freundeskreis fragen sich vielerorts: Hast du den Vergleich mit der Kartoffelsuppe gehört?» Und der Journalist lobte den aus dem Kontext herausgerissenen Satz als eine für Kádár «typische, direkte, unendlich einfache und doch zutiefst wahre Behauptung».

Vierzig Jahre danach erinnert sich niemand mehr an den XII. Parteitag, auch die USAP als Begriff ist nur noch älteren Leuten oder Historikern geläufig, aber die Kartoffelsuppe bleibt nach wie vor zweifelsohne, was sie ist: Kartoffelsuppe. Bezeichnungen müssen dem Inhalt entsprechen. Die Redensart lebt unabhängig vom Autor weiter, und wenn sie auf den längst Verstorbenen bezogen wird, dann als eines der zahlreichen Beispiele von dessen legendärer Einfachheit, Direktheit und Puritanismus. Biographen und Zeitzeugen bestätigen Kádárs genügsame Essgewohnheiten, wie überhaupt dessen schlichte Lebensart und – sieht man von seiner Jagdleidenschaft ab – eine Haltung ohne Herrenallüren. Nicht zuletzt war er als einziger Führer eines Ostblocklandes gern gesehener Gesprächspartner von westlichen politischen Größen wie François Mitterrand, Margaret Thatcher, Willy Brandt, Helmut Schmidt, Helmut Kohl und Bruno Kreisky. Als Höhepunkt seiner internationalen Akzeptanz galt auch die Audienz, die ihm und seiner Ehefrau Mária Tamáska im Sommer 1977 von Papst Paul VI. im Vatikan gewährt wurde.

Im Jahre 2020 veröffentlichten das Institut Policy Solutions und das Budapester Büro der Friedrich-Ebert-Stiftung eine gemeinsame Studie zum 30. Jahrestag des Systemwechsels, in der eine Umfrage mit 1000 Beteiligten über die Vor- und Nachteile der 32 Jahre währenden Ära Kádár enthalten war. 54 Prozent der Befragten behaupteten, dass sie damals besser gelebt hätten, und 30 Prozent meinten, dass es ihnen seit der Wende besser gehe. Die erste Meinung war charakteristisch eher für Befragte, die sich in Opposition zu Viktor Orbán sahen, ähnlich dachten jedoch auch 30 Prozent der erklärten Fidesz-Anhänger – je älter sie waren und je niedriger ihr Ausbildungsniveau war. Zu den Vorteilen des Regimes Kádár rechneten die Befragten bessere Wohlstandschancen, die Berechenbarkeit des Systems und den sozialen Frieden. 45 Prozent der Kritiker betonten die ökonomische Unhaltbarkeit des Systems, während 54 Prozent die Auffassung teilten, dass ohne Mitgliedschaft in der KP keine echte Karriere möglich war.

Die Streuung der Ansichten in Bezug auf die Person Kádárs zeigte ein ähnliches Bild. In der ersten diesbezüglichen Umfrage des Meinungsforschungsinstituts Median 1999 erreichte Kádár unter den populären ungarischen Politikern des 20. Jahrhunderts den ersten Platz. Im Dezember 2007, zum Zeitpunkt einer schweren innenpolitischen Krise, stellte Median 1200 Umfrage-Teilnehmern die seltsame Frage: «Welcher unter den berühmten Staatsmännern unserer Vergangenheit wäre am besten geeignet, unsere gegenwärtigen Sorgen zu lösen?» In dieser Konkurrenz von historischen Gestalten trug István Graf Széchenyi die Siegespalme davon, «der größte Ungar», der als gemäßigter liberaler Politiker und an Adam Smith und Friedrich List geschulter Wirtschaftsreformer bekannt geworden war. Den zweiten Platz nahm Széchenyis Rivale Lajos Kossuth ein, Revolutionsidol von 1848, nach dem in jeder ungarischen Gemeinde eine Straße oder ein Platz benannt ist, von seinen zahllosen Denkmälern gar nicht zu reden. Mit ihm huldigten die Befragten offensichtlich der nationalen Integrationsfigur. Als Dritter im Wettbewerb entpuppte sich kein anderer als János Kádár, Kommunist proletarischer Abstammung und langjähriger Führer einer unter sowjetischer Dominanz stehenden Diktatur. Wie war er zu diesem Ruhm gelangt?

Meinungsforschung, hauptsächlich vor Parlamentswahlen, wo sie nolens volens zum Teil des Wahlkampfs wird, unterliegt gewissen Begrenztheiten. Geht es um die Beurteilung von nicht mehr wählbaren, weil längst verstorbenen Persönlichkeiten, so hängen die Präferenzen sowohl vom Wissensstand der Befragten als auch von ihrer emotionalen Einstellung ab. Merkwürdig erscheint auf der Median-Skala die relativ bescheidene Platzierung von Ferenc Deák, dem «Weisen der Heimat» und größten Kompromisspolitiker des Landes, Vater des 1867 mit dem Hause Habsburg vereinbarten «Ausgleichs», der fast fünfzig Jahre lang Bestand haben sollte. Was Kádár betraf, so lag das Problem darin, dass seine Person zur

Zeit der Befragung noch nicht ganz der Vergangenheit angehörte, selbst 2020 war dies noch keineswegs der Fall. Mehr als die Hälfte der heutigen Bevölkerung der Republik ist in der Ära Kádár geboren, und neben fast zwei Millionen Rentnern und Rentnerinnen stehen noch ebenso viele im aktiven Berufsleben, nicht zuletzt in der Politik. Das durchschnittliche Lebensalter der Parlamentsabgeordneten liegt bei 50 Jahren, sie waren Kinder und Jugendliche des «real existierenden Sozialismus» und erlebten dessen erfolgreichste Phase ebenso wie den langsamen Untergang. Die Generation der 1950er und 1960er Jahre denkt gern an die Ära zurück, rezipiert entsprechende Bücher und Filme und gibt ihre Erinnerungen an die Kinder weiter.

Der 50-jährige «Chico»[3] vertraute im Januar 2020 seine Kindheitserinnerungen einem ungarischen Internetportal an und ermunterte seine Generationsgenossen, diese zu kommentieren. Ausdrücklich bat er darum, einen größtmöglichen Bogen um Politik zu machen und auf jeden exakten wissenschaftlichen Anspruch zu verzichten. «Der wichtigste Grund hierfür», erklärte er, «ist die Tatsache, dass ich keine Ahnung hatte. Was konnte ich als Sechsjähriger über Bespitzelung oder über die Verschlechterung der Wechselkurse wissen?» «Chico» präsentierte sich als Dorfjunge, der Vater leitete eine LPG, die Mutter arbeitete als epidemiologische Inspektorin in der Gemeinde.

CHICO: Wir hatten einen «Zsiga» [*Kosename der Marke Schiguli*], also keinen Lada, der war zu dieser Zeit elitär. Auf den Straßen konnte man noch fahren, es gab nicht so viel Verkehr wie heutzutage. Eine Klimaanlage hatten wir nicht, wir öffneten einfach das Seitenfenster, und von dort kam die Luft. Unser beliebtes Reiseziel war Balatonboglár, wir nahmen jahrelang jeden Sommer dieselbe private Unterkunft. Ich wusste nicht, in welcher Bredouille sich das Land befand, alles strahlte die Stimmung von seligen Friedenszeiten aus. Dass darunter alles faulte, sollte der Gegenstand einer anderen Diskussion bleiben. (…) Als ich bereits fünf oder sechs Jahre alt war, hatten wir mit der Versorgung keine besonders großen Probleme. Es gab keine Extras, kein riesengroßes Sortiment, aber auch keinen Mangel an grundlegenden Lebensmitteln. Zum Beispiel Milch. (…) Milch gab es, keine 20 Sorten, keine laktosefreie, keine Gott-weiß-wovon-freie, sondern zwei Sorten: ein Liter oder ein halber Liter. Punkt. Das war das Sortiment, in Plastiktüten (…), es war ratsam, einen Milchtütenbehälter zu kaufen, damit das nicht zerplatzte, und es gab noch Kakao, einen halber Liter, ebenfalls in der Plastiktüte.

KOGA: Früher war alles besser. Ich war damals ein Kind. Es gab keine Prasserei und keine Verschwendung wie heute. Das Fleisch war noch Fleisch und kein Soja oder ähnlicher Mist. Nicht diese vielen Ersatzstoffe oder eben weniger. Nicht diese Differenz im Lebensniveau. Klar, es wurde auch damals gestohlen, aber nicht so unverschämt wie heute. Man achtete die Arbeit, Ärzte, Lehrer usw. Die Menschen haben noch nicht obszön geschimpft, es gab wahre Freundschaften.

DSCHINGIS KHAN: Nanu, meinst du es ernst, dass man heute schlechter lebt als vor dreißig Jahren? Noch nie ging es dem Ungarn und im Allgemeinen dem Menschen so gut wie jetzt.

FRED: Das Einzige, was ich jetzt vermisse, ist die Disziplin, vor allem in der Schule. Was die Kinder sich heutzutage ungestraft erlauben können, das ist empörend. Ich weiß noch, wenn ich damals etwas anstellte, rannte mein Vater nicht zum Lehrer, sondern bestrafte mich selbst.

LISA: Einmal im Jahr, zu Weihnachten, hatten wir immer Bananen und Orangen, aber wir kauten auch Äpfel, Kirschen, Aprikosen und Trauben mit vollen Backen, denn fast alle hatten ihren eigenen Obstgarten.

WEISSNICHTWER: Nach meinen Erinnerungen aus den 1980er Jahren hatten wir keine Sorgen wegen Lebensmitteln, Kleidern und Schuhen, das Problem begann erst, als der Chinese den Markt kaputtmachte mit seinem Mist. Da verschwanden die guten ungarischen Schuhe, die man volle vier Jahre lang tragen konnte. Die in den Bankrott getriebene ungarische Textilindustrie produzierte bessere Qualität als jede von den Chinesen, die sie der westlichen Technologie abgekupfert hatten.

FERENC: Ich habe bei der Eisenbahn malocht, der Betrieb hat für uns eine Wohnsiedlung in Kőbánya [*10. Bezirk in Budapest*] gebaut. In dem Haus wohnten nur Kollegen mit Familie. Viele klauten Werkzeug aus dem Betrieb oder sonst was. Zum Wochenende fuhr man auf das Grundstück, irgendein Gebüsch am Rande der Agglomeration. Dann im Sommer das Urlaubsheim der Gewerkschaft in Balatonszemes, eigentlich erscheint es im Vergleich zu heute ein bisschen miserabel, aber ein ruhiges Leben und für ein Kind auch glücklich.

LIMONADEN-JOE: In den Sommerferien jobbte ich zwei Monate lang mit Klassenkameraden in einem Kühlhaus in Miskolc. Dann fuhr ich per Anhalter nach Budapest, wo auf der Váci-utca das einzige Adidas-Fachgeschäft war. Hier kaufte ich mir die seit Monaten ersehnten Schuhe und fuhr per Anhalter nach Miskolc zurück.

FRED: Ein bisschen Ordnung und Disziplin wäre für die jetzige Jugend schon nützlich. Ich will keineswegs den damaligen Armeedienst idealisieren, er hatte seine Mängel. Aber er entwickelte bei der Mehrheit Charakter und Selbstständigkeit.

GILICZE: Armeedienst und Charakter? Ich glaube, du hast keine Ahnung von der ungarischen Volksarmee.

FRED: Doch, doch! Er hatte durchaus eine positive Seite. Er brachte System in das Leben der Kids. Die Freundinnen (später Ehefrauen) wussten das zu schätzen.

GILICZE: Ich kann es nicht ausstehen, wenn man darüber spricht, was für die jetzige Jugend nützlich wäre. Beim Armeedienst konnte man höchstens eine Sache lernen: das Rauchen. Und nach der Entlassung das Saufen.

FRED: Beim Heer konnte man Führungsqualitäten erwerben. (…) Versteh mich richtig, ich will die damalige Armee keineswegs verherrlichen, sie hatte eine Menge Fehler. Aber auch heute gibt es Institutionen, welche die Subordination brauchen, weil sie auf demokratischer Basis nicht funktionieren können. Sobald man von den Befehlen abkehrt, mündet das Ganze in eine Tragödie.

CHICO: Die LPG war das Zentrum des Dorfes, der größte Arbeitgeber. Die meisten arbeiteten in der LPG. Arbeit und Gewinn befanden sich an demselben Ort. Die Mitglieder besprachen, wie viele Plätze im Kindergarten gebraucht wurden, und der LPG-Vorsitzende konnte das rechtzeitig einplanen.

LIMONADEN-JOE: Ich erlaube mir eine sexistische Bemerkung, hol's der Teufel: Am meisten vermisse ich vom alten Regime die Mädchen im Turnerdress.

JANI: Offensichtlich besuchst du keine Fitnessstudios.

SANYIKA; Ab und zu kam ich vom Dorf in die Stadt und bewunderte dort den Dollarladen [*gemeint sind die ungarischen Intershops der Firma «Konsumtourist»*]. Kaufen konnte ich nichts, aber bewundern.

SUSSY: Ach, Konsumtourist! Da gab es wunderbare Sachen. Einmal bekam ich zum Geburtstag Bonbons, mit Likör gefüllt. Mhmmmm!

JANI: Einmal kamen wir irgendwie zu ein paar kanadischen Dollars. Ich rannte gleich zum Dollarladen, um Toblerone zu kaufen.

WEISSNICHTWER: Selbst am Ende der 1980er Jahre gab es noch verdammt viel Schnee und lange Winter. Heute sind beide zur Seltenheit geworden. Und das alles in vierzig Jahren. In einer so kurzen Zeit sollte sich das Klima nicht dermaßen verändern.

ONKEL R.: Ich bin auch 50, aber ich habe das Ganze gehasst. Ich wollte nie Pionier werden. Selbst als Kind fühlte man den unermesslichen Zwang, den die Genossen ausübten. Zwar war das Leben ruhiger, die zensurierten Medien strahlten lauter Schönheit aus, alles funktionierte perfekt, wunderbar, der Sozialismus wird aufgebaut. Ein bedeutender Teil der Menschen glaubte das und lebte ruhig. Es gehört auf ein anderes Blatt, dass für einen zufälligen Provinzler die Welt aus den 20 Kilometern Umkreis seines Dorfes bestand, und dementsprechend hatte er keine blasse Ahnung davon, was ihm abging und wie elend er lebte, denn er hatte auch keine Vergleichsbasis.

KRISZTA: Politik interessierte uns als Kinder nicht so sehr, und in der Schule erhielten wir bereits kaum ideologische Erziehung. Aber ich erinnere mich, dass Anfang 1989, als wir in der achten Klasse bis zum Ende des Zweiten Weltkriegs gelangt waren, die Lehrerin erklärte, dass sie den Lehrstoff nicht mehr weitererzähle, denn es würde sowieso bald alles anders, und deshalb wäre das sinnlos.

DR. GÁBOR: Die 1980er und 1990er Jahre waren nicht schlecht, aber ich möchte nicht zurück in die Zeit. Ich würde Smartphone, MP3-Player und Tablet sehr vermissen. Ich fühle mich mit dieser technischen Ausstattung wohl. Hier muss man das Gleichgewicht finden.

FRÜHRENTNER: Das Motto der Kommunistischen Partei hieß: Unter dem Kádár-Regime war es besser, Kind zu sein. Und wie recht sie hatten! Das war besser, als heute alt zu sein.

Den typischen Teilnehmer dieser für ungarische Verhältnisse erstaunlich friedlichen Diskussion kann man als einfachen Menschen und Normalbürger betrachten oder, wie es manche Publizisten tun, schulterklopfend bis herablassend als «Kádár'schen kleinen Mann» («homo kadaricus»). Die Nostalgie bezieht sich nicht auf das politische System als Ganzes, sondern auf ihren Platz als Jugendliche unter der Sonne, auf manche von ihnen bejahten Werte sowie auf wahre oder vermeintliche Vorteile. Ferner ist die Sehnsucht nach der eigenen Jugend ambivalent und reflektiert indirekt das Verhältnis zur recht oder schlecht bewältigten Gegenwart. Die Tatsache, dass sich das Gespräch um das Gefühl «Nostalgie» dreht, erklärt, warum sich relativ wenige offene Regimegegner zu Wort gemeldet haben. Auffällig ist, dass in den mehr als 800 Chatbeiträgen Kirchgang, Glaube und Konfession keine Erwähnung finden –

eine Spätfolge der Verdrängung der Religiosität im atheistischen Umfeld. Der chronische Wohnungsmangel in den Städten bleibt ebenfalls ausgeklammert.

Als besonders positive Eigenschaft der Ära Kádár wird von allen deren ruhige, stabile Grundstimmung hervorgehoben. In der Tat schuf das System ein besonderes Zeitgefühl, den Eindruck einer ewigen Gegenwart, wofür auch die bereits erwähnte sowjetische Dominanz verantwortlich war – in den Chats einzig in Bezug auf Russisch als Pflichtfach reflektiert. Kommunismus als Zukunftsbild war nur einzelnen, besonders rechtgläubigen, also den letzten Mohikanern der älteren Generation eigen und wurde sogar von der Partei zunehmend in den defensiven Begriff «real existierender Sozialismus» umgesetzt. Kinder und Jugendliche dieser Zeit lernten bei ihren Eltern, dass private Strategien im Rahmen des Bestehenden möglich waren. Der fürsorgliche Staat schwebte über einer atomisierten oder in kleine Kollektive gespaltenen Gesellschaft. Kostenloses Schul- und Gesundheitswesen, annähernde Vollbeschäftigung und zentrale Garantien für Kulturschaffende, die sogenannten sozialistischen Errungenschaften, besaßen eine viel stärkere Integrationskraft als der rigid-bürokratische Kommandogeist des früheren stalinistischen Modells.

«Weniger Ideologie und mehr Konsum wagen!» hätte der Wahlslogan der Ära gewesen sein können, wenn Wahlen mehr als eine jedes fünfte Jahr wiederholte Formalität gewesen wären – wenn man überhaupt irgendeine Wahl zwischen etwas und etwas anderem gehabt hätte. Aber es herrschte Diktatur mit der obligatorischen führenden Rolle der Partei, mit Zensur, Selbstzensur, Ausreiseverbot, Bespitzelung und Bestrafung von Andersdenkenden. Die Gangart war allerdings viel lockerer als in anderen «Bruderstaaten», und Vergleiche wurden eben mit diesen gezogen. Es gab mehr Fleisch als in Polen, mehr Westtourismus als in der DDR, bessere Popmusik als in Bulgarien, mutigere Kabaretts als in der Tschechoslowakei – und das Negativbeispiel, Ceaușescus Rumänien, ließ die ungarischen Verhältnisse geradezu paradiesisch erscheinen. Nur wenige ahnten, wie wackelig die Architektur dieses Systems war, wie abhängig von Kreditspritzen und politischer Großwetterlage. Als am Ende der 1980er Jahre das Ganze wie ein Kartenhaus zusammenbrach und auf die kurzlebige Euphorie der Freiheit der Schock der Marktwirtschaft und Jahrzehnte zermürbender Machtkämpfe folgten, erschien für viele der Vor-Wende-Generation die Ära Kádár im Rückblick schöner, als sie von ihnen seinerzeit wahrgenommen worden war.

Es sei erlaubt, diesem Gedankengang eine persönliche Note hinzuzufügen. Ich war zu Beginn der Ära Kádár dreizehn, an ihrem Ende fünfundvierzig Jahre alt. Meine Laufbahn wurde weitgehend von diesen drei Jahrzehnten geprägt – zuerst als geförderter überzeugter Jungkommunist, auch Parteimitglied, später als linksradikaler Regimegegner und noch später als Teil der demokratischen Opposition. Mein Engagement kostete mich zunächst einen politischen Prozess mit einem milden Urteil auf Bewährung, eine sehr kurze Haftzeit und danach unvergleichlich viel länger andauernde Publikationshindernisse – zwischen dem ersten und dem zweiten Buch vergingen neunzehn Jahre. Dieses Verbot war am schwierigsten für mich. Als Schriftsteller musste ich zuschauen, wie die ungarische Kultur auch ohne mich ganz gut zurechtkam, mehr noch: wie sie bei einer minimal gelockerten staatlichen Kontrolle eine Blütezeit erlebte, deren Produktion sich selbst vierzig Jahre nach der Wende noch sehen lassen kann. Mit der Zeit gab es für mich leichtere Momente – erste Reisemöglichkeiten in den Westen sowie eine etwas späte literarische Anerkennung, und in meiner materiellen Existenz war ich niemals bedroht, solange schlechte sowjetische Bücher in meiner Übersetzung erscheinen durften. Ein einziges Ziel konnte ich jedoch niemals erreichen, was mich mit der Budapester Version des «Kádár'schen kleinen Mannes» verwandt sein lässt. Es gelang mir niemals, die aus zwei Zimmern bestehende Mietwohnung meiner Familie in eine etwas größere mit besserem Komfort zu tauschen – die Warteschlange war zu lang. Privatkauf blieb bei meinem Einkommen eine Utopie. Ansonsten konnte ich als Freiberufler mein Geld verdienen – mal viel, mal wenig, aber nie ausreichend für eine gesicherte Existenz.

Wenn ich eine gewisse politische Nostalgie gegenüber der Ära Kádár verspüre, so hängt diese mit meiner Zeit als Dissident zusammen. Es war begeisternd, einer kleinen Gruppe anzugehören, die Menschenrechte, kulturelle Freiheiten, ökonomische Reformen und soziale Verbesserungen forderte und die Vision eines demokratischen Ungarns hatte. Stark übertrieben wäre es allerdings zu behaupten, dass dieses Engagement maßgeblich Einfluss auf den Gang der Weltgeschichte genommen hätte. Ich betrachte mich vielmehr als einen Glücksspieler, der mit einigen Chips an dem damals noch riskanten Roulette der Systemänderung beteiligt war. Und angesichts der realen Entwicklungen seit dem Jahr 1989 überkommen mich häufig Zweifel, ob mein Einsatz gewinnbringend war.

# 5

## Recycling der Geschichte

Kaum jemand wird bezweifeln, dass Mátyás Hunyadi alias Matthias Corvinus (1443–1490) eine der wichtigsten Persönlichkeiten der ungarischen Geschichte war. Nach dem Aussterben der Árpád-Dynastie wurde das Königreich von importierten Monarchen aus den Häusern Anjou, Luxemburg und Habsburg sowie den Jagiellonen beherrscht. Erst nach wütenden feudalen Fehden gelang es dem ungarischen Adel, den damals fünfzehnjährigen siebenbürgischen Grafen auf den Thron zu heben – laut der Überlieferung des italienischen Chronisten Bonfini wurde er «direkt auf der eingefrorenen Donau» zum König gewählt. Mátyás entledigte sich nach und nach seiner mächtigen Vormünder und führte an der Spitze seines als «Schwarze Armee» berühmt gewordenen Söldnerheeres erfolgreiche Eroberungskriege, in deren Folge das Land seine größte territoriale Ausdehnung erreichte. Demgemäß nannten ihn die in den Provinzen lebenden Untertanen rumänisch Matia, kroatisch und serbisch Matija, slowakisch Matej, tschechisch Matyáš, slowenisch Matjaž und, nachdem er kurz vor seinem Tode noch Wien eingenommen hatte, deutsch Matthias. Sein Hof in Visegrád am Donauknie galt als Mittelpunkt der humanistischen Kultur. Besonders während seiner zweiten Ehe mit Beatrix von Aragón, der Königstochter aus Neapel, verkehrten bei ihm zahlreiche Chronisten, Bildhauer, Musiker, Astronomen, Mediziner, Mathematiker und Juristen – alle aus Italien. Unter seiner Herrschaft entstand eine der ersten europäischen Druckereien in Buda. Zur Wahrheit gehört leider auch die Tatsache, dass der Renaissancekönig infolge seiner unaufhörlichen Feldzüge nach seinem Tod ein verarmtes, zerrüttetes Land hinterließ, das nicht viel später zur leichten Beute der Osmanen wurde.

Keine Frage, eine solche Gestalt verdient Huldigung, und diese ist ihm jederzeit auch reichlich zuteil geworden. Dennoch befanden 2019 einige Historiker des Budapester «Instituts zur Erforschung des Ungartums», einer staatlich geförderten Einrichtung, dass Mátyás' Ruhm ungenügend gefeiert würde, und suchten eine neue, dem technischen Zeitalter angemessene Form der Verehrung. Sie hatten die Idee, Mátyás' sterbliche Überreste aus der Krypta von Székesfehérvár zu holen, zu rekonstruieren und in einer neuen Gedenkstätte zu beerdigen. Da sich unterhalb der Basilika der Krönungsstadt die Gebeine vieler ungarischer Könige in einem Konglomerat befinden, wollte man unter den Skeletten der fünfzehn dort ruhenden Herrscher die Knochen von Mátyás mit Hilfe einer DNA-Analyse identifizieren. Aber auf welcher Vergleichsbasis? Sein Vater, der in Ungarn als «Türkenbezwinger» bewunderte Feldherr János Hunyadi, war seinerzeit in Siebenbürgens Hauptstadt Gyulafehérvár (Alba Iulia, heute Rumänien) in der Kathedrale St. Michael, die während der Osmanenzeit zum Opfer von Vandalismus geworden war, beerdigt worden. Deshalb hofften die Forscher auf Kroatien, wo in dem ehemaligen Paulinenkloster Lapoglava Matthias' uneheliches Kind János Corvin (Johannes Corvinus) und dessen Sohn Christoph angeblich die ewige Ruhe gefunden hatten. Die Archäologen des ungarischen Instituts und Miklós Kásler, der Minister für Humanressourcen, unternahmen daraufhin eine Reise – zu Corona-Zeiten! – nach Lapoglava und wurden dort fündig. Die von Kroatien nach Ungarn gebrachten Gebeine sollten mit denen von Székesfehérvár verglichen und im Erfolgsfall eine Zeremonie der Neubestattung «unter entsprechenden Bedingungen und respektvoll» veranlasst werden.

Bevor wir die Verbindung zwischen der historisierenden Nostalgie und dem Einsatz der Archäogenetik mit einem ironischen Lächeln abtun, sollten die dazugehörigen kollektiven Bedürfnisse betrachtet werden. Die Gegenwart träumt mangels sicherer Zukunftsbilder von der Vergangenheit. In dem weit verbreiteten ungarischen Narrativ verkörpern die Hunyadis das Erfolgreich-Heroische, die Glanzzeit, deren Ende das zeitgleiche Sprichwort abbildet: «Matthias ist tot, die Gerechtigkeit dahin.» Tatsächlich hatte Ungarn mit dem ausgehenden 15. Jahrhundert seine souveräne Staatlichkeit verloren. Es folgten Zeiten der Fremdbestimmung und traumatische Erfahrungen durch gescheiterte Versuche, diese Staatlichkeit zurückzugewinnen. Daraus entstand die Legende, dass sich unser Land für das christliche Europa aufgeopfert habe und dabei von diesem im Stich gelassen worden sei – ein Produkt des nationalen Selbstmitleids, das sich aufgrund späterer historischer Ereignisse immer wieder berechtigt anfühlte und sich von populistischer Politik bis heute funktionalisieren lässt.

Fünfhundert Jahre nach der Hunyadi-Ära hatte das Land Sorgen mit seiner jüngeren Vergangenheit. Die ersten Änderungen von Straßennamen nach der ungarischen Wende waren relativ spontan und inkonsequent erfolgt. Verschont von der Umbenennung blieben immer noch ungefähr 50 Lenin-Straßen oder Lenin-Plätze im ganzen Land sowie einige Straßen der Räterepublik und der Roten Armee. Gleichzeitig landeten viele Denkmäler der Ära Kádár in dem nahe Budapest gelegenen Lapidarium, dem musealen «Mementopark», so auch das kubistische Standbild von Marx und Engels, das ursprünglich vor dem Sitz des Zentralkomitees gestanden hatte. Erst nach dem zweiten Wahlsieg des Fidesz 2010 verabschiedete das Parlament ein Gesetz über das Verbot der Verwendung von Namensbezeichnungen, die «mit den politischen Willkürsystemen des 20. Jahrhunderts in Verbindung gebracht werden könnten». Diesmal ging es nicht nur um die Verbannung von bekannten Kommunisten oder Sowjetmenschen aus dem Stadtbild, sondern um eine tiefere, nicht so eindeutige Symbolik. Um den Gemeinden behilflich zu sein, beauftragte die Regierung eine Historikerkommission. Das von diesem Gremium erarbeitete Gutachten listete rund 130 Beispiele auf und teilte die fraglichen Bezeichnungen in drei Kategorien ein: «nicht empfohlen», «benutzbar» und «benutzbar, aber bedenklich». Zur ersten Gruppe gehörten politisch besetzte Begriffe wie «Befreiung» (1945), «Jungarbeiter», «Volksfront», «Rat» (als Anlehnung an das Wort «Sowjet»), «Pionier», «Partisan», «Volksarmee» – diese seien weder als Platz- noch als Straßennamen zu verantworten. Umso interessanter waren Begriffe, die zwar durch die kommunistische Willkürherrschaft kompromittiert waren, aber dennoch im neuen demokratischen Zeitalter ihre Gültigkeit behielten, so das Wort «Freiheit», das in der Frühphase der Diktatur sogar Teil einer obligatorischen und deshalb äußerst unpopulären Grußformel war («Freiheit, Genosse!», sagte man statt «Guten Tag!»). Das Fazit lautete: «Der Ausdruck enthält keinen direkten Hinweis auf ein diktatorisches politisches System, weshalb er als Bezeichnung von öffentlichen Orten benutzbar ist.» Dasselbe traf auf das Wort «Frieden» zu, eine völlig abgedroschene Floskel des Sozialismus. Benutzbar blieb auch der «Erste Mai», zu dessen Unbescholtenheit sowohl der sozialdemokratische Ursprung als auch die Tatsache beitrug, dass es sich um den religiösen «Tag des heiligen Josef des Arbeiters» handelt. Gnade fanden ebenso Termini wie «Fortschritt» und nicht zuletzt das Wort «Märtyrer», obwohl dieses zweifellos von den Kommunisten zur Propagierung der eigenen Helden verwendet wurde, sich jedoch gleichzeitig auf die urchristliche Tradition stützt.

Was die antifaschistischen Märtyrer konkret betraf, urteilte die Kommission hier mit zweierlei Maß: Der Name des auch von den Kommunisten respektierten Nichtkommunisten Endre Bajcsy-Zsilinszky, der als Widerstandskämpfer von den faschistischen Pfeilkreuzlern hingerichtet worden war, erwies sich als durchaus «benutzbar». Dagegen fiel die kommunistische Kultfigur Endre Ságvári, gestorben 1944 im Feuergefecht mit Gendarmen, eindeutig in Ungnade, denn sein Name, so die Kommission, könne «mit der kommunistischen Willkürherrschaft in Verbindung gebracht werden». Ein anderer Genosse wiederum, Zoltán Schönherz, der 1942 wegen seiner Antikriegstätigkeit zum Tode verurteilt worden

war, wurde in die Kategorie «benutzbar, aber bedenklich» eingeordnet: bedenklich, weil er als kommunistischer Märtyrer galt,
aber benutzbar, da er nach 1945 am Aufbau der Diktatur nicht
beteiligt war. Der Tod als perfektes Alibi rettete auch den guten
Namen von Ervin Szabó, dem Historiker und Direktor der Budapester Hauptstädtischen Bibliothek. Er war zwar ein linksradikaler
Intellektueller der k. u. k.-Zeit, in der Empfehlung der Kommission
hieß es jedoch: «Ihm lag der Gedanke des revolutionären Terrors
nicht fern, da er aber im September 1918 starb, spielte er deswegen
keine Rolle bei terroristischen Tätigkeiten.» Dank Szabós frühen
Ablebens durfte also die von ihm einst geleitete Bibliothek weiterhin seinen Namen tragen.

Interessant waren die Ausflüge der Experten in internationale
Gefilde. Hier erteilten sie dem russischen Dichter Majakowski eine
eindeutige Abfuhr. Bei aller Anerkennung der «weltliterarischen
Bedeutung seines Œuvres» sowie seiner Kritik an den Missständen
in der Sowjetunion wurde er als Unterstützer des Sowjetsystems
«nicht empfohlen». Beim Namen Karl Marx gerieten die Fachleute
merklich in Verlegenheit. Einerseits gehörte Marx im Sinne des
Gesetzes zu den Begründern eines Systems der Willkürherrschaft,
andererseits jedoch durfte er «auf keinen Fall zu den direkten Bau-
meistern und Bewahrern des Systems gezählt werden, denn er
starb mehr als dreißig Jahre vor dem Beginn der Entstehung der
kommunistischen Diktatur». Doch konnte ihn diese Entschuldigung nicht retten – für Ungarn wurde sein Name als «nicht empfohlen» eingestuft. Ohnehin konstatierte die Kommission erleichtert, dass bereits in den 1990er Jahren fast alle nach ihm benannten
öffentlichen Räume «bereinigt» worden waren. Die Kommission
formulierte nur Empfehlungen, die Entscheidung lag bei den Gemeinden, die auch die Zeche für die Namenstafeln der Straßen
und Häuser bezahlen mussten. Insgesamt wurde das Plansoll über-
erfüllt: Auch sehr leidenschaftliche Feinde der Linken konnten
sich nun höchstens noch über eine «kommunistische» Salvador-
Allende- bzw. Nelson-Mandela-Straße beschweren oder gar eine

Georg-Lukács-Gasse, die man in einer entlegenen Gegend vergessen hatte.

Nach der Zurückweisung des Kommunismus und Sozialismus blieben für den Fidesz und seine Anhänger nun noch zwei andere Denksysteme übrig: westlicher Liberalismus und christlich-national gefärbter Konservatismus. Das Erste wurde von Vertretern der Opposition besetzt, als Erben des 2009 aufgelösten Bundes Freier Demokraten (SZDSZ), den Fidesz als Erzfeind betrachtete. Orbáns «Jungdemokraten» hatten sich bereits 2002 von der Liberalen Internationale getrennt und der Familie der Volksparteien angeschlossen. Diese Entscheidung kann man als Reaktion auf den konservativen Habitus der ungarischen Gesellschaft verstehen – Traditionalismus war eher gefragt und hatte viel mehr Erfolgschancen als freiheitlich ausgerichtete Ideologien.

Das Schicksal der Freien Demokraten hingegen mutet im Nachhinein fast wie eine sich selbst erfüllende Prophezeiung an. In ihrem Gründungsprogramm 1988 beriefen sich die ungarischen Liberalen auf historische Gestalten wie Lajos Kossuth, István Széchenyi und József Eötvös. Was das 20. Jahrhundert betraf, fiel ihre Wahl auf die Sozialdemokraten Anna Kéthly und Illés Mónus, den Sozialwissenschaftler Oszkár Jászi, den Publizisten István Bibó und die Reformkommunisten Imre Nagy und Ferenc Donáth. Aus heutiger Perspektive erscheinen diese Präferenzen ausdrücklich als böses Omen. Nur einem von den aufgelisteten Vorbildern, dem freisinnigen Kulturminister Eötvös, war es gelungen, sein Amt immerhin vier Jahre lang (1867–1871) auszuüben. Die Laufbahn der anderen Idole hingegen gestaltete sich tragisch: Selbstmord, Ermordung, Hinrichtung, lange Gefängnishaft und bestenfalls Exil prägten den Weg von Frauen und Männern, die zu verschiedenen Zeiten die Vision eines freien und demokratischen Ungarn verkörpert hatten.

Hinzu kam noch das Scheitern der beiden Versuche, eine parlamentarische Demokratie zu etablieren. Graf Károlyis friedliche Revolution vom Oktober 1918 hing mit dem militärischen Kollaps der Monarchie zusammen und mündete nach einigen chaotischen Monaten in die ebenfalls kurzlebige kommunistische Rätediktatur. Die Zweite Republik schaffte 1946 das Königreich ab und brachte es zu zwei halbwegs freien Wahlen, vegetierte jedoch dahin unter sowjetischer Besatzung und dem zunehmenden Druck der Kommunisten, denen es schon bald gelungen war, die Opposition aufzureiben. Die 1949 gegründete Volksrepublik blieb bis 1989 eine offene Diktatur mit einem Einparteiensystem. Da reichten die dreizehn Tage des Aufstands 1956 nicht aus, um eine neue demokratische Staatsform in Erwägung ziehen zu können. Die am 23. Oktober 1989 schließlich ausgerufene Dritte Republik griff durch den Zeitpunkt ihrer Bekanntgabe symbolisch auf den Volksaufstand zurück, sah sich jedoch nicht in Kontinuität mit ihren Vorgängerinnen von 1918 und 1946. Sinnbildlich zeigte sich die Distanzierung darin, dass die Nationalversammlung im Mai 1990 mit großer Mehrheit nicht das kronenlose Wappenschild von 1918 und 1946, sondern das mit der Stephanskrone geschmückte ältere Staatswappen wählte.

Der Volksaufstand 1956 schien sich zunächst als referentielles Ereignis und Vorläufer für die Dritte Republik zu eignen, vor allem weil einer der Höhepunkte des Jahres 1989 in der Wiederbestattung von Imre Nagy, seiner Kampfgefährten und der anonymen Aufständischen bestand. Seine fulminante Trauerrede machte den jungen Viktor Orbán damals landesweit bekannt. Die Erinnerung an «Revolution und Freiheitskampf» wurde zum Gesetz erhoben und der jeweilige Jahrestag für arbeitsfrei erklärt. 1996 erhielt Imre Nagy als «Märtyrer-Ministerpräsident» ein Denkmal in der Nähe des Parlaments. Das Monument enthüllte der damalige Präsident der Republik, Árpád Göncz, der wegen Beteiligung am Volksaufstand sieben Jahre im Gefängnis verbracht hatte. Dennoch sollte sich der Konsens um 1956 als zerbrechlich erweisen. Dies hing mit dem Doppelcharakter des Ereignisses zusammen: Zum einen hatten nationalistische Antikommunisten, spontan rebellierende Jugendliche, Soldaten und Fabrikarbeiter an den Kämpfen

teilgenommen, zum anderen, auf Führungsebene, kommunistische Funktionäre und Intellektuelle, die häufig ihren früheren Sta-
linismus wiedergutmachen wollten. Die merkwürdige Koalition
dieser unterschiedlichen Strömungen kam in der gemeinsamen
Ablehnung der sowjetischen Intervention zusammen. Auch Imre
Nagy war keineswegs Anführer des Aufstands, sondern ein von
dessen Dynamik getriebener Zögernder, ein ehemals hartgesotte-
ner Bolschewik, der sich schließlich zur Proklamierung des Aus-
tritts aus dem Warschauer Vertrag und zur Neutralität des Landes
nach österreichischem Muster durchrang und dafür den Tod durch
den Strang in Kauf nahm. Von späteren Generationen kann man
nicht erwarten, dass sie die paradoxe Tragik solcher Gestalten in
ihrer ganzen Tragweite begreifen.

Als 2011 das ungarische Parlament mit überwiegender Mehrheit
den Beschluss fasste, den Lajos-Kossuth-Platz und dessen unmittelbare Umgebung «nach dem Stand vor 1944» zu rekonstruieren,
tappten die Abgeordneten in ein historisches Wespennest. Die
Zeitangabe «vor 1944» hing mit der Doktrin der Regierung zusammen, nach der Ungarn seine nationale Selbstbestimmung mit der
deutschen Besetzung am 19. März 1944 verloren und erst am 2. Mai
1990 mit der Eröffnung des frei gewählten Parlaments zurückge-
wonnen hatte. In die Sprache der Symbole übersetzt, bedeutete
dies, dass sämtliche Denkmäler der damaligen Zeit wieder errichtet und alle anderen, später aufgestellten Statuen wieder entfernt
werden sollten. Das Projekt wurde einer «Gemeinnützigen GmbH»
übertragen, die nach Imre Steindl, dem Erbauer des Parlaments,
benannt worden war.

Als die Panzer der Wehrmacht am 19. März 1944 gegen Mittag
das Zentrum von Budapest erreichten, standen auf dem Parlamentsplatz vier Denkmäler: ein Reiterstandbild des Fürsten Ferenc
Rákóczi II., Führer des Freiheitskriegs gegen die Habsburger im
18. Jahrhundert mit der Aufschrift «cum Deo pro patria et liber-
tate» (Mit Gott für Vaterland und Freiheit), eine Standbildgruppe
des Revolutionsführers Lajos Kossuth, des Weiteren ein Monu-

ment des mehrfachen Ministerpräsidenten István Graf Tisza sowie
eine Statue des österreich-ungarischen Außenministers Gyula
Graf Andrássy, ebenfalls auf einem Pferd. Alle diese Ehrenmale
waren in den 1920er und 1930er Jahren entstanden, zeittypisch im
quasi offiziellen Stil des Neobarocks. Es war klar, dass die Kommunisten und andere Linke nach 1945 die Grafen Andrássy und Tisza
vor dem Gebäude der Nationalversammlung nicht dulden konnten: Die starken Männer der blühenden und untergehenden Dop-
pelmonarchie galten als Verkörperung der Reaktion schlechthin.
Tisza wurde durch Unbekannte vom Sockel gestürzt, während
Andrássy offiziell abgebaut wurde – die Bronze verschwand im
großen Stalindenkmal, das wiederum von den empörten Volks-
massen am 23. Oktober 1956 gestürzt werden sollte.

Die pathetisch-traurige Kossuth-Statue der Zwischenkriegszeit
ersetzte das Rákosi-Regime 1952 durch eine optimistische Variante
im Stil des «sozialistischen Realismus»: Die Nebengestalten um
den Revolutionsführer, Männer und Frauen des einfachen Volkes,
schauten mit Bewunderung auf dessen erhobenen, wegweisenden
Zeigefinger. Fürst Rákóczi hingegen blieb verschont, allein den
lieben Gott («cum Deo») ließ der atheistische Staat entfernen.
Während der Ära Kádár füllte man die auf dem Platz entstandenen
Lücken mit zwei neuen Skulpturen. Tiszas Stelle übernahm 1975
sein Intimfeind Mihály Károlyi, «der rote Graf», Präsident der
Ersten Republik, während dort, wo Andrássy von seinem hohen
Ross heruntergeschaut hatte, von 1980 an der sozialistische Lyriker
Attila József (1905–1937) saß und auf die Donau blickte, die er in
einem seiner schönsten Gedichte besungen hat.

Als schwierigste Aufgabe nach der Wende erschien die Wiederherstellung der Standbilder von Tisza und Andrássy, die in dieser
Form nicht mehr auffindbar waren und lediglich als Kopien der
Originale rekonstruiert werden konnten. Das ehemals entfernte
traurige Kossuth-Denkmal befand sich in einer südungarischen
Kleinstadt und wurde nun wieder nach Budapest gebracht, während der 1952 aufgestellte optimistische Kossuth auf den Campus

einer Budapester Hochschule umziehen musste. Während man Károlyis Standbild in den musealen Mementopark hinauskomplimentierte, verschoben die Stadtarchitekten den vielgeliebten Attila József ungefähr zwanzig Meter weiter, immerhin noch näher ans Ufer «seiner» Donau.

Bei der großangelegten Rekonstruktion des Kossuth-Platzes wurden nicht nur historische Gesichtspunkte beachtet: Das schöne Gelände vor dem Parlament ist jetzt autofrei, und ein Besucherzentrum führt nun unterirdisch zu den Ausstellungsräumen. Im Grunde ging es bei dem jahrelang währenden Projekt um landschaftsarchitektonische und städtebauliche Belange. Trotzdem fällt es dem Team von bekannten Architekten bis heute schwer, das Unternehmen außerhalb des politischen Kontextes zu interpretieren. Hierfür hat die Politik selbst gesorgt, die der Öffentlichkeit den Umbau des Platzes als Neuschreibung der Geschichte vermittelte. An einem Punkt jedoch war die Konfrontation unvermeidlich. Der südliche Rand des Kossuth-Platzes schließt an einen kleinen quadratischen Platz an, der vor dem Krieg und nach 1990 «Platz der Blutzeugen» hieß. Hier stand einmal das 1934 eingeweihte Denkmal der Opfer des Kommunismus oder, wie die Inschrift andeutete, der Jahre 1918–1919, also der Zeit der Räterepublik, aber auch der Károlyi-Revolution. Nach 1945 wurde das Ehrenmal als Symbol der Ära Horthy zerstört, und seinen alten Namen erhielt der Platz erst wieder 1990. Wie bereits erwähnt, hatte man hier 1996 ein Denkmal für Imre Nagy aufgestellt. Nun passte der «Märtyrer-Ministerpräsident» in die Rekonstruktion nicht hinein – schließlich gehörte er nicht zum Stadtbild vor 1944. Trotz zahlreicher Proteste musste Nagy den Standort wechseln. Um kein Aufsehen zu erregen, wurde die Statue im September 2018 mitten in der Nacht abtransportiert und auf dem nahe gelegenen Jászai-Mari-Platz wieder aufgestellt, direkt vor dem früheren Sitz des ehemaligen Zentralkomitees, heute Amtsgebäude der im Parlament vertretenen Parteien. Er schaut ähnlich wie Attila József auf die Donau, besser gesagt, über den Fluss hinweg auf Buda – dorthin, wo das

Haus des Militärgerichts steht, in dem er Mitte Juni 1958 zum Tode
verurteilt worden war. Ein Jahr nach diesem höchst pietätlosen Akt
wurde auf dem leeren Square das wiedergefundene «Denkmal der
nationalen Blutzeugen» durch den Parlamentspräsidenten László
Kövér eingeweiht. Es fand, wie der Kunsthistoriker József Mélyi
feststellt, «eine historische Raumbesetzung statt, die schon immer
zu den Mitteln der politischen Machtausübung gehört hat».

Gekrönt wurde das Vorhaben aber vollends im Juni 2020. Entlang der zum Kossuth-Platz führenden breiten Alkotmány-Straße
wurde ein «Denkmal der nationalen Zusammengehörigkeit» errichtet. «Es besteht», so lesen wir in der distanzierten Schilderung
einer ausländischen Zeitung «aus einer hundert Meter langen
Steinrampe (…) An den Seitenwänden der abwärts führenden,
vier Meter breiten Rampe sind die Namen aller 12 537 Ortschaften
und Städte des einstigen Königreichs Ungarn, Stand von 1913,
aufgeführt. Am Ende brennt eine ewige Flamme inmitten einer
Darstellung des Königreichs, die die heutigen Grenzen markiert.»
Ursprünglich sollte mit diesem monumentalen Bauwerk dem Zen-
tenarium des Friedens von Trianon gedacht werden. Allerdings
wird, so lesen wir weiter, «die für den 4. Juni geplante Enthüllung
coronabedingt verzögert stattfinden».

Die Geschichtspolitik des Systems zielte auf die Abnabelung von
früheren Demokratie-Versuchen – weder 1918 noch 1946 und 1956
konnten als Vorbild dienen, schon allein aufgrund des jeweils
damit verbundenen Fiaskos. Aus dieser Sicht wird Graf Károlyi
nicht nur als hoffnungsloser Verlierer abgetan, sondern es wird
ihm auch noch vorgeworfen, durch seine «Operettenrevolution»
den «sogenannten» (Viktor Orbán) Frieden von Trianon mit verursacht zu haben. Károlyis Schwächen sind nicht zu leugnen, aber
ihm das Ende Großungarns anzukreiden, ist nichts als eine dema-
gogische Dolchstoßlegende.

Interessanter ist, wie diese geographische und ethnische Katastrophe dem aufstrebenden System als Element der historischen
Rechtfertigung dienen konnte. Als idealer Vermittler zwischen

dem 20. und 21. Jahrhundert erwies sich in dieser Frage kein anderer als Miklós Horthy, der Reichsverweser, der im Unterschied zu Károlyi und Nagy eine Zeitlang als erfolgreicher Politiker galt. Zweifelsohne verfügte er in der ersten Hälfte seiner Herrschaft über hochbegabte Mitstreiter wie den Regierungschef István Bethlen und den Kulturminister Kunó Klebelsberg, zwei konservative Aristokraten. Während der Name Bethlen mit der Konsolidierung des Systems nach der Phase des Weißen Terrors assoziiert wurde, erwarb sich Klebelsberg besondere Verdienste um den Ausbau des Volksschulnetzes, der Volksbibliotheken sowie der ungarischen Kulturinstitute in Wien, Berlin und Rom. Zu seiner Würdigung wurde das ehemalige Klebelsberg-Schloss auf Staatskosten rekonstruiert und im Juni 2017 seiner Bestimmung als Gedenkstätte und Gasthaus übergeben. Zu diesem Anlass hielt Viktor Orbán die Eröffnungsrede und erinnerte an die Situation des Landes nach dem Friedensdiktat vom Juni 1920: «Die Geschichte hat uns nicht unter sich begraben, weil damals der Nation einige Ausnahme-Staatsmänner dienten und sie führten, so der Reichsverweser Miklós Horthy, der Ministerpräsident István Bethlen sowie der Minister Kuno Klebelsberg.» Hierauf folgte die eigentliche Laudatio auf den Letztgenannten.

Trotz der vorsichtigen Verpackung konnte diese Äußerung nur als historische Rehabilitierung Horthys wahrgenommen werden, und das aus dem Munde des Regierungschefs. Die Reaktion ließ sich leicht vorhersehen: Die Ära Horthy hatte nicht nur einen siegreichen Beginn, sondern auch ein katastrophales Ende. Ungarns Teilnahme an Hitlers Krieg mit Hunderttausenden Gefallenen und Gefangenen gehörte ebenso zur Laufbahn des «Ausnahmestaatsmannes» wie die Deportation einer halben Million Juden, die, obwohl durch die deutsche Okkupation veranlasst, mit Wissen und Beteiligung von Horthys Gendarmerie und Beamtenapparat durchgeführt wurde. Jedes noch so behutsame Lob des Reichsverwesers stand im eklatanten Widerspruch zu Orbáns früheren und auch späteren Äußerungen im Zusammenhang mit jüdischen Belangen. Auch der Zeitpunkt war heikel: Im Juli 2017 besuchte der israelische Premier Benjamin Netanjahu Budapest, und zu diesem Anlass versuchte sein ungarischer Kollege in Anwesenheit des Vorsitzenden der Israelitischen Gemeinde eine Selbstkorrektur vorzunehmen, indem er erklärte: «Ungarn hat Schuld auf sich geladen, als es während des Zweiten Weltkriegs seine jüdischen Mitbürger nicht verteidigte.» Wer zu dieser Zeit Staatschef des Landes war, blieb taktvoll unerwähnt.

Wozu aber musste das System der Nationalen Zusammenarbeit überhaupt den unmodernen Politiker einer anderen Epoche aus dem Panoptikum hervorholen? Was verbindet das EU-Mitglied, die Republik Ungarn, mit der parlamentarisch verzierten, feudal ausgerichteten Autokratie der Vorkriegs- und Kriegszeit? Doch nicht viel mehr als die Rückbesinnung auf noch frühere Zeiten, auf Urgestalten, deren Knochen mit DNA-Tests identifiziert und zur Schau gestellt werden. Während jedoch die Erinnerung an Mátyás Hunyadi die Zugehörigkeit eines mittelgroßen Landes zu Europa betont, deutet die Pflege von Horthys Gedenken eher auf die Abwendung von Europa hin. So oder so: Jeder staatlich geförderte Anachronismus wirkt wie eine Investition in die Vergangenheit, die keine Lebensversicherung und kein Versprechen für die Zukunft ist.

# 6

## Das Zeitungssterben

Der Name der Zeitung «Népszabadság» (Volksfreiheit) war eine Umkehrung der Bezeichnung ihres Vorgängers «Szabad Nép» (Freies Volk). Zur Gründungszeit im November 1956 wollten sich die mit Hilfe sowjetischer Panzer an die Macht gekommenen Funktionäre um János Kádár vom Regime des Diktators Rákosi distanzieren. Auch die «Avantgarde der Arbeiterklasse» veränderte ihren Namen. Statt «Partei der ungarischen Werktätigen» (MDP) hieß sie nun «Ungarische Sozialistische Arbeiterpartei» (MSZMP). Allerdings vollzogen die Genossen den Bruch mit der nahen Vergangenheit nicht konsequent. Zuerst ließen sie im Kopf des Blattes den Slogan «Proletarier aller Länder, vereinigt euch!» wiedererstehen, dann übernahmen sie ab 1958 auch den «Jahrgang XVI.», ein Hinweis auf das Gründungsjahr des damals noch illegalen Parteiblatts, als Zeichen der Kontinuität mit dem früheren kommunistischen Zentralorgan. Nach der Auflösung der MSZMP bezeichnete sich das Blatt bis 1994 nur noch als «Sozialistische Tageszeitung», und auch die «Proletarier aller Länder» wurden von der Titelseite verbannt. Nun meldete sich das Schweizer Medienunternehmen Ringier und erwarb 70 Prozent der Eigentumsrechte, während die «Ungarische Sozialistische Partei» (MSZP), gegründet 1989, nur noch 30 Prozent der Anteile hielt.

Zu dieser Zeit konnte das Blatt immer noch täglich 300 000 Exemplare verkaufen und war mit Abstand die bedeutendste Tageszeitung des Landes. Es verfügte über eine professionelle Redaktion und übte Kritik an rechten Parteien, erst zwischen 1998 und 2002

und danach ab Mai 2012 an Fidesz. Alles in allem war es eine gut
lesbare und gern gelesene Zeitung mit vielen Informationen etwa
zu Wirtschaft und Sport sowie mit einem von namhaften Autoren
betriebenen Feuilleton. Allerdings gelang es nicht, die Treue der
Leserschaft auf Dauer zu halten. Die Auflage schrumpfte bis 2015
dramatisch auf 40 000. Daraufhin verkaufte Ringier das verlust-
reiche Blatt an die Mediaworks Hungary AG des österreichischen
Unternehmers Heinrich Pecina, der in seiner Produktpalette bereits acht ungarische Regionalblätter und auch die Sportzeitung
«Nemzeti Sport» aufweisen konnte. Schnell betrachtete der Österreicher «Népszabadság» als Last und versuchte, das marode ehemalige ZK-Organ wieder loszuwerden. Zuerst bot er seine Anteile
von 70 Prozent angeblich zum Billigpreis der MSZP an, aber die
Sozialisten schreckten vor dem Risiko zurück. Dann entschloss sich
Pecina zu einem radikalen Schritt – «Suspendierung» der Zeitung
«für unbestimmte Zeit». Als Begründung hieß es, «Népszabadság»
sei chronisch unrentabel. In einem Interview, das die Wiener Stadt-
zeitung «Profil» mit ihm führte, behauptete er sogar: «Diese Zeitung will niemand» – aus dem Munde des Eigentümers ein seltsam
klingender Satz.

Auf den ersten Blick wirkten in dieser Geschichte die Wolfsge-
setze des Kapitalismus. Schließlich ist eine Zeitung eine Ware, und
wenn die Nachfrage so rapide sinkt, hilft kein Lamento. Warum
aber Pecina, ein geübter Investor in weltweiten Öl- und Gasge-
schäften, das Blatt neben anderen ungarischen Zeitungen aufge-
kauft hatte, um es postwendend als wertlos zu deklarieren, bleibt
sein Geschäftsgeheimnis.

Tatsache ist, dass «Népszabadság» selbst mit 40 000 verkauften
Exemplaren die führende Tageszeitung Ungarns blieb und wegen
ihrer oppositionellen Inhalte keine Regierungsinserate – indirekte
staatliche Förderung – erhielt, also fast allein vom Markt lebte.
Auffällig war außerdem die Methode der «Suspendierung». Vordergründig verfügte der Zeitungsbetreiber lediglich den Umzug
der Redaktion vom Hauptquartier der Mediaworks in ein anderes

Gebäude. Die 40 Mitarbeiter packten ihre Sachen und wurden haarklein über ihre zukünftigen Räumlichkeiten inklusive Parkplätze am neuen Ort informiert. Gleichzeitig arbeiteten die Journalisten an der Wochenendausgabe vom 8. Oktober 2016, ohne zu ahnen, dass diese die letzte Nummer der Zeitung sein würde. Am Samstagvormittag erschien bei jedem Mitarbeiter zu Hause ein Mofakurier der Firma Mediaworks und händigte ein Kündigungsschreiben aus. Als sie daraufhin am Sonntag in der Redaktion erschienen, um wenigstens die Montagsausgabe zu retten, blieb ihnen der Zugang zu den elektronischen Dateien verwehrt. Der in Aussicht gestellte Umzug erwies sich als reines Betrugsmanöver. Fast zeitgleich verkaufte Pecina seine Mediaworks an das Konsortium von Lőrinc Mészáros, den reichsten Mann Ungarns, Großunternehmer und persönlicher Freund Viktor Orbáns. Demonstrationen und Solidaritätsbekundungen konnten «Népszabadság» nicht mehr retten – die Belegschaft landete in der Arbeitslosigkeit.

Aber noch ein weiteres Opfer forderte das simple und hinterhältige Ballspiel der Oligarchen. Das andere Flaggschiff der ungarischen Presse war die 1938 gegründete Zeitung «Magyar Nemzet» (Ungarische Nation), damals ein liberal-konservatives Blatt, das sich allerdings eindeutig gegen Nazis positionierte. Nach dem Krieg wurde die Zeitung verstaatlicht und unter der Ägide der Mitläuferorganisation «Patriotische Volksfront» weitergeführt. Belassen wurde das gutbürgerliche Titelblatt, und obwohl die Zeitung, wie alle anderen auch, unter Zensur stand, musste sie nicht ganz die kommunistische Stilistik übernehmen – die Reden der jeweiligen KP-Führer oder Grußtelegramme der «Bruderparteien» an die MSZMP brachte sie zum Beispiel nur in Auszügen. Die Gazette galt damit als «schichtenspezifisches» Presseprodukt mit einer normierten Auflage (1969: 110 000 gegenüber 800 000 von Népszabadság); ihr Zielpublikum war hauptsächlich die Intelligenzija.

Mit der Wende erlangte das Blatt sein altes Image wieder. Nach der Auflösung der Volksfront gehörte es zunächst der französi-

schen Hersant-Gruppe, danach der ungarischen Postabank, einem
der ersten nach der Wende gegründeten privaten Geldinstitute,
das wiederum von der österreichischen Erste Group Bank AG auf-
gekauft wurde. Im Folgenden kam Magyar Nemzet in den Besitz
der ungarischen Werbefirma «Mahir Rt.» und somit in den Eigen-
tumsbereich des Oligarchen Lajos Simicska. Dieser war ein Sand-
kastenfreund von Orbán und Finanzchef des Fidesz. In der Ära
Simicska mutierte die Zeitung immer mehr zu einem rechten Pro-
pagandablatt, zum Gegenpart von «Népszabadság». 2015 allerdings
ging die Freundschaft zwischen dem Mogul und dem Ministerpräsidenten mit lautem Getöse in die Brüche. Simicska gab der
Zeitung daraufhin, quasi aus Rache an Orbán, ein fast liberales Gesicht. Natürlich ging die politische Achterbahn mit dem häufigen
Wechsel von Chefredakteuren und Mitarbeitern einher.

Indessen erwies sich auch Magyar Nemzet als unrentabel, weshalb sich der Oligarch von dem Blatt wie ein Kind von einem lang-
weilig gewordenen Spielzeug trennte. Am 11. April 2018 erschien
die letzte Nummer mit Trauerrand und verkündete das Ableben
des Blattes in seinem 80. Jahrgang – fast ein natürlicher Tod. Damit
verschwand die letzte wichtige Oppositionszeitung des Landes von
der Bildfläche. Doch schon bald gelang es der wenig erfolgreichen
Hauspostille von Fidesz, «Magyar Idők» («Ungarische Zeiten»,
vermutete Auflage 3000 Exemplare), die altehrwürdige Marke zu
übernehmen. Nun gibt es unter der Bezeichnung «Magyar Nemzet» sowohl in der Print- als auch der Onlineversion nur noch zü-
gellose Fidesz-Agitation – kein Tag ohne Angriffe auf «die Linke»,
auf George Soros oder auf die Europäische Union bei parallelen
Lobeshymnen auf die Regierung. Die Verkaufszahl liegt bei etwa
16 000 – Inserate werden als Rettungsanker geschaltet.

Mittlerweile gehören fast alle regionalen Tageszeitungen der
19 Komitate einer «Mitteleuropäischen Presse- und Medienstif-
tung» (KESMA), die auch die einst mächtige Mediaworks ge-
schluckt hat. Die Produkte sind gespenstisch ähnlich gestaltet –
moderne, teilweise farbige 16-seitige Blätter mit sinkenden, aber

immer noch beachtlichen Auflagen zwischen 20 000 und 30 000. Nehmen wir an, jemand kauft am Morgen in Szombathely die Zeitung «Vas Népe» als Reiselektüre und fährt mit dem Zug in die nächste Kreisstadt Zalaegerszeg, um dort etwas zu erledigen. Als Lektüre für die Mittagszeit kauft er das Komitatsblatt «Zalai Hírlap» und gewinnt den Eindruck, fast dieselbe Zeitung zweimal gelesen zu haben. Internationale, aber auch innenpolitische Themen werden kaum erörtert. Die einzige eigene Leistung bildet der jeweils winzige Redaktionsartikel auf der Titelseite mit Überschriften wie «Guten Morgen, Komitat Vas» oder «Guten Morgen, Komitat Zala», in anderen Kreisstädten einfach «Guten Morgen». Das «zentrale Material» erhält die Redaktion aus der Hauptstadt, inklusive Kreuzworträtsel und Tageshoroskope. Letztere werden von Mediaworks geliefert, damit die Abonnenten oder Käufer in Szombathely und Zalaegerszeg oder auch in Kaposvár und Nyíregyháza mit gleicher Chance ihre dem Sternzeichen entsprechende unmittelbare Zukunft erfahren können. So wurde zum Beispiel jedem «Stier» in den Komitaten am 30. April 2021 Folgendes prophezeit: «Heute kannst du die Eintönigkeit nicht ertragen, du könntest mit dem Kopf gegen die Wand rennen. Es gibt aber etwas, woran du gerne teilnehmen würdest. Sei nicht zu bescheiden, wende dich an deinen Vorgesetzten – er wird sich freuen!» Der Lokalteil bringt Nachrichten aus kleineren Städten und Dörfern – Journalismus fast ohne jede Kritik –, informiert über Veranstaltungen, veröffentlicht Stellen-, Hochzeits- und Traueranzeigen. Rein geschäftlich bringt die Gleichschaltung keinen Profit, wird jedoch seitens der Regierung als ein Schritt zur «Rettung der Printmedien» gefeiert.

Von den wichtigen Boulevardblättern gehört allein die Tageszeitung «Blikk» ausländischen Investoren, namentlich Ringier und der Axel-Springer-Verlagsgruppe. Die Zeitung ähnelt ihrem schweizerischen Vorbild, wartet mit Affären von Promis, Bankräubern, Fußballlegenden, meist ausländischen Sex- und Selbstmordgeschichten, mit vielen Fotos und wenig Text auf – sie ist eindeutig für eine unpolitische Leserschaft gemacht und hält ihre Auflage dauerhaft über 150 000. Dagegen verkauft sich «Bors» (Pfeffer, «das unterhaltsame Tageblatt») nur mäßig, finanziert sich zu 80 Prozent über die Verkaufszahlen, zu 20 Prozent über Inserate. Politik wird auch hier nicht übertrieben, aber ein Orbán-Foto in großer Aufmachung und mit einfachen Erklärungen zu einem Interview des Regierungschefs findet immer Platz auf der ersten Seite. Noch engagierter erscheint «Ripost» (Motto: «Hurra Ungarn!») mit der seitenfüllenden Regierungsannonce «Stoppt Brüssel!» und mit Aufmachern wie: «Wie lange missbrauchen Obdachlose noch unsere Geduld? Ist ihnen alles erlaubt?» (9. November 2018) oder: «Orbán der Wellenreiter» (5. März 2021). Auf dem Foto sehen wir den lachenden Regierungschef, wie er die dritte Welle der Pandemie und gleichzeitig «die Linke» bekämpft. Trotz allen Eifers musste «Ripost» wegen mangelnder Nachfrage seine Printversion von einem Tag zum anderen auf den Wochenblatt-Modus umstellen.

Die Wochenzeitungen leiden sowohl an mangelndem Interesse der Printleser als auch an der Knappheit der Inserate. Einige von ihnen retten sich zu neuen Eigentümern, andere stellen die Druckversion ein. Nur wenige von ihnen können sich auf dem engen Markt behaupten: Paradebeispiel ist das Frauenmagazin «Nők Lapja» (Zeitung der Frauen), eine 1949 gegründete Wochenschrift der damaligen kommunistischen Frontorganisation «Demokratischer Verband Ungarischer Frauen», nach 1956 «Landesrat Ungarischer Frauen». Offensichtlich enthielt «Nők Lapja» trotz der ideologischen Indoktrinierung seitens der Staatsmacht immer noch in ihrer Spezifik etwas Verlockendes für die Leserinnen. So sorgten «seelische Beratung», eine gastronomische Sparte sowie beigelegte Stickmuster, aber auch feuilletonistische Texte namhafter Autorinnen und Autoren für die Beliebtheit des Blattes. Nach der Wende erlebte das Magazin eine Privatisierung durch den «linken Oligarchen» Zoltán Varga und landete bei dessen «Central Mediagruppe». Trotz Konkurrenz werden wöchentlich 210 000 Exemplare verkauft. Schauspielerinnen erscheinen gerne im Kreise der Familie auf dem Titelblatt, und Beilagen wie «Hochzeit» oder «Küche» erreichen Auflagen bis 90 000. Auf viel bescheidenerem Niveau behauptet die Kulturzeitschrift «Élet és Irodalom» (Leben und Literatur) ihren Platz. Die in ironischer Abkürzung als «És» bekannte Zeitschrift veröffentlicht nicht nur Gedichte, Kurzprosa, Essays und Rezensionen, sondern pflegt eine scharfe Publizistik, die konsequent Herrschaftsmethoden und Ideologie des Systems kritisiert. Dabei versuchen die Redakteure, die knappe Auflage von etwa 8000 Exemplaren durch eine Onlineversion aufzubessern. Außer einigen frei zugänglichen Probetexten sind hier einzelne Publikationen abrufbar, indem man auf sie klickt und den erwünschten Text im Anschluss an die Werbung finden kann.

Nach diesen positiven Beispielen sollen zwei Lücken im ehemals dichten Blätterwald erwähnt werden. Heute erscheint in Ungarn keine Abendzeitung mehr und, was vielleicht noch mehr fehlt: auch kein Witzeblatt, das man sich wirklich nur gedruckt vorstellen kann.

Trotzdem führt für Autoren und Leser in Ungarn, wie überall sonst auch, kein Weg am Internet vorbei. Zeitungskioske verschwinden aus dem Stadtbild, und Menschen, die jünger als 50 sind, kennen das Wort «Zeitungsjunge» nur noch aus der Literatur.

Unter den raren Straßenblättern ist vor allem die Zweiwochenschrift «Fedél nélkül» (Obdachlos) zu erwähnen, eine seit 1993 erscheinende Publikation der Stiftung Asyl. Die Zeitung wird von Obdachlosen verbreitet und ist kostenlos, aber Spenden für die Verkäufer, die die kleinen Beträge selbst behalten dürfen, sind ausdrücklich erwünscht. Auf zwölf Seiten bringen die Redakteure Nachrichten über das Milieu und auch literarische Texte von Betroffenen. Die durchschnittliche Auflage beträgt 4000 Exemplare. Nur einmal erhöhte sich die Auflagenzahl sprunghaft: als die gefeuerten Redakteure der «für unbestimmte Zeit suspendierten» Népszabadság der Zeitung «Fedél nélkül» eine literarische Beilage «Arbeitslose für Obdachlose» spendierten. Diese legendäre «Nummer 581» kam auf 37 000 verteilte Exemplare.

## Links und rechts auf Ungarisch

### Die Parteienlandschaft

Ernst Jandls 1966 verfasstes Gedicht «Lichtung» reflektiert in der Sprache der «konkreten Poesie» die Beliebigkeit der Schlüsselbegriffe der parlamentarischen Demokratie: «manche meinen / lechts und rinks / kann man nicht velwechsern / werch ein illtum». Man fragt sich, was der bedeutende österreichische Lyriker und unvergleichliche literarische Provokateur mit der politischen Landschaft des heutigen Ungarns hätte anfangen können. Die beiden Lager, auf die sich der ungarische Pluralismus der Ära Orbán reduziert, bezeichnen sich gegenseitig mit Vorliebe als «Linke» und «Rechte», indem sie diese Worte in Bezug auf den Gegner eindeutig pejorativ benutzen. Gleichzeitig sind die einzelnen Parteien bestrebt, den eigenen Standort nicht allein nach dem Links-rechts-Schema zu bestimmen. Die regierende Bürgerliche Partei Fidesz definiert sich als «christlich, konservativ und national, Mitte-rechts», die Sozialisten sich selbst als «Mitte-links, sozialdemokratisch». Die von den Sozialisten abgespaltene «Demokratische Koalition» behauptet, sie sei «westorientiert, Mitte-links», die Ökopartei LMP sieht sich als «liberal», zugleich «konservativ», aber unbedingt «Mitte-links», und die 2018 in das Parlament eingezogene «Bewegung Momentum» behauptet von sich, sie sei «zentralistisch», «national-liberal» und «konservativ». Selbst die vormals als «nationalradikal» geltende «Jobbik» versteht (oder verstellt) sich heutzutage als «konservativ» und «Mitte-rechts». Offenbar bevorzugen die meisten maßgebenden Kräfte die Mitte oder das Zentrum als Weg nach oben, zur Volkspartei.

Nur periphere Gruppen leisten sich den Luxus, das Kind beim Namen zu nennen. Als links im althergebrachten Sinne sieht sich die «Ungarische Arbeiterpartei», laut Statut «marxistisch-leninistisch». Sie betrachtet die Überwindung des Kapitalismus und Errichtung des Sozialismus als Programm und János Kádárs USAP als ihre Vorgängerin. Am rechten Rand der Skala stehen die aus der «Jobbik» ausgetretenen Nationalradikalen mit ihrem Verein «Unsere Heimat», der sich damit rühmt, «irredentistisch» und «euroskeptisch» zu sein. Beide Formationen sind marginal. Während jedoch die Kommunisten trotzig immer wieder versuchen, das Unwort «kommunistisch» in ihre Rhetorik einzuschmuggeln, vermeidet Ungarns radikale Rechte eine direkte Anknüpfung an ihre Vorkriegstradition. Ihre Vertreter wollen keine Faschisten sein und operieren mit Worthülsen wie «Kameradschaftlichkeit», «Patriotismus», «Glaubwürdigkeit» und sogar «goldener Mittelweg» – niemand möchte in Ungarn als Extremist missverstanden werden.

Parteien in Ungarn sind heutzutage keine straffen Einrichtungen mit fester Mitgliedschaft, regelmäßigen Kongressen und Grundorganisationen. Vielmehr handelt es sich bei diesen Organisationen um einen engen Kreis von Funktionären, zentralem und lokalem Apparat, Abstimmungsgemeinschaften im Zweidrittelparlament und Orientierungshilfen für die Wählerschaft. Erbitterte Kämpfe zwischen den beiden Lagern werden hauptsächlich im virtuellen Raum ausgefochten, kleine Bürgerkriege finden auf dem kaum kontrollierbaren Schlachtfeld Facebook und in den Chats der Portale und Webseiten der Onlinepresse statt. Die Konfrontation beschränkt sich nicht auf die konkreten Themen des ungarischen Lebens, sondern umfasst auch aktuelle Ereignisse auf fernen Kontinenten, bei denen jeder seinem politischen Standort entsprechend Stellung bezieht. So ist anzunehmen, dass die Linke gegen Trump und für Biden votiert hat, während die Rechte ebenso leidenschaftlich das Gegenteil vertreten haben dürfte. Worte wie «Russland» oder «China» sind bei den Liberalen negativ, bei den Konservativen positiv besetzt, und diese Wahrnehmung wird fast automatisch auf die Vakzine Sputnik bzw. Sinopharm übertragen. Alexej Nawalny ist in den Augen der Linken ein Held der Demokratie, für die Rechten hingegen ein Agent des Westens.

Der ursprüngliche Konsens zwischen den Protagonisten des Systemwechsels bestand in der Distanzierung vom Ancien Régime. Sozialisten (MSZP), früher Apologeten des Einparteiensystems, vollzogen diese verschämt und vorsichtig, Liberale (SZDSZ) traten vehement antikommunistisch auf, Konservative (MDF) plädierten zunächst für eine gemäßigte Haltung gegenüber den Vorwendeeliten. Die Wahlergebnisse von 1994 ketteten die Liberalen an die Postkommunisten – eine schwierige Koalition, der die ehemalige Bürgerbewegung, die Partei der Dissidenten, letzten Endes zum Opfer fiel. Nun schlug die Stunde des Fidesz: 1995 ergänzte Orbáns Mannschaft ihren Namen um die Bezeichnung «Ungarische Bürgerliche Partei» (MPP) und war bereit, den Raum der verlustreichen konservativen Parteien zu besetzen bzw. deren Wähler zu absorbieren. Auf diesem Wege gelang es Fidesz 1998, mit 26 Prozent der Stimmen die Regierungsmacht zu übernehmen. Allerdings war man zunächst auf Partner (MDF, Kleine Landwirte) angewiesen, deren Schicksal, ähnlich wie das Los der Liberalen, durch das Bündnis besiegelt war: Fidesz hat sie förmlich aufgerieben.

Allerdings gehörte Fidesz damals noch der Liberalen Internationale an und teilte die Mitgliedschaft mit dem Rivalen SZDSZ. Abgesehen davon, dass zwei Dudelsackspieler nicht in ein Gasthaus passen, wie das ungarische Sprichwort sagt, hatte der Fidesz, die Jungdemokraten von 1988, nun den Wunsch, sich angesichts der zu gewinnenden konservativen Wähler von allen liberalen Jugendsünden zu verabschieden. Dieser Schritt wurde schnell und unsentimental vollzogen. Selbst der Mentor des Fidesz, Otto Graf Lambsdorff, erfuhr im Juli 2000 zu seinem Entsetzen erst aus der Presse, dass die von ihm protegierte politische Gemeinschaft über Nacht an die Tür der CDU bzw. der Europäischen Volksparteien geklopft hatte. Viktor Orbán erwachte am nächsten Morgen als europäischer Christdemokrat, und dies sollte noch nicht die letzte Station seiner politischen Evolution gewesen sein.

In einer Hinsicht unterscheidet sich Fidesz von allen anderen Parteien der Nachwendezeit: Er ist eine homogene Organisation mit Führerprinzip. Interne Diskussionen, soweit sie überhaupt stattfinden, sickern kaum an die Öffentlichkeit durch. Potentielle Gegenspieler werden taktvoll aus dem Zentrum der Macht entfernt – als Verbannungsort gilt im günstigen Fall Brüssel, er kann aber auch Debrecen oder Hódmezővásárhely heißen. Zu den Stärken der «Bürgerlichen Partei», nach einer neuen Namensänderung 2003 «Bürgerbund» genannt, gehört die Verweigerung des Gesprächs mit anderen Parteien – nicht einmal eine Tasse Kaffee wird mit deren Vertretern getrunken. Wichtig ist außerdem die unstrittige Autorität des Chefs, die auch im Statut festgelegt ist: Personalentscheidungen, Ernennungen und Ablösungen auf zentraler Ebene werden ausschließlich vom Vorsitzenden, also von Viktor Orbán selbst, initiiert. Informell umgibt ihn die Aura staatsmännischer Größe, die er mit seinem zweifellos souveränen und mediengerechten Auftritt zu unterstreichen scheint. Allerdings datiert seine letzte öffentliche Diskussion, die diesen Namen verdient, auf das Jahr 2006, als er sich während des Wahlkampfs dem sozialliberalen Regierungschef Ferenc Gyurcsány stellte. Wüste Beschimpfungen seiner zahlreichen Gegner nimmt er mit einem Gestus der Überlegenheit hin, und vor Kritik in der Sache muss er keine Angst haben.

Im Vergleich zu dem sich als «rechts» definierenden monolithischen Block zeigt die «Linke» das Bild einer schwer überwindbaren Uneinigkeit. Konflikte zwischen den einzelnen Fraktionen oder innerhalb derselben Partei äußerten sich in den letzten Jahren in Form von Gerichtsverfahren, larmoyanten Debatten und in einem Fall sogar in Tätlichkeiten. Der legitime Wettbewerb um die Wählergunst führt dazu, dass die Parteien nicht so sehr auf Kosten von Fidesz, sondern eher zuungunsten ihrer Nebenbuhler Pluspunkte sammeln. Im Wahlkampf stellt sich des Öfteren die Frage, welche Partei auf ihre Kandidatur zugunsten aussichtsreicher Protagonisten verzichten sollte. Die Harmonie wird auch durch die Tatsache erschwert, dass zum Beispiel die «Demokratische Koalition» nichts anderes als eine Absplitterung von den Sozialisten ist, während der «Dialog für Ungarn» von den Abtrünnigen der Ökopartei LMP gegründet wurde. Inhaltliche Vorbehalte spielen keine entscheidende Rolle bei der Frage, wer mit wem um jeden Preis oder auf keinen Fall kooperieren will. Jedenfalls sorgt der Erfolgsdruck dafür, dass der «Zusammenschluss» (*összefogás*) kurz vor dem Urnengang auf Landes- bzw. kommunaler Ebene dann doch passiert, und die Erfahrung zeigt, dass er rein mathematisch den Durchbruch gegenüber der Regierungspartei erzielen kann. Wenn noch dazu eine beliebte und überzeugende Person ihre Kandidatur anmeldet, kann der Auftritt ein Wunder herbeiführen – so geschehen bei den Kommunalwahlen 2019, als Gergely Karácsony mit knapp 51 Prozent der Stimmen zum Oberbürgermeister von Budapest gewählt wurde, wodurch die «Linke» die zehnjährige Fidesz-Herrschaft über die Hauptstadt brechen konnte.

Freilich war dieser Triumph, wie auch andere Erfolge, einem zutiefst ungarischen Phänomen zu verdanken: der Kehrtwendung der «nationalradikalen» Jobbik. Die vom Lehrer und früheren Fidesz-Anhänger Gábor Vona gegründete Partei (vollständiger Name: «Für ein besseres Ungarn») vertrat offen rassistische, antisemitische und antiziganistische Positionen, war in der Bewegung «Ungarische Garde» verwurzelt und galt im Spektrum als Rechtsaußen. Für Fidesz war Vonnás Partei ein gefundenes Fressen, weil damit Fidesz beinahe automatisch als «Mitte-rechts» legitimiert wurde, als «ruhige Kraft», die sozusagen einen Zweitfrontenkampf gegen «linke» und «rechte» Extreme führte. Dabei war Jobbik eine nicht zu vernachlässigende Größe, die bereits 2014 mehr als 20 Prozent der abgegebenen Stimmen auf sich vereinte und damit die zweitstärkste Fraktion im Parlament stellte. Unterdessen übernahm Orbáns Braintrust die Themen der Rechtsradikalen – die na-

tionalen Traumata, die offene EU-Gegnerschaft, die abgeschwächte
Globalisierungskritik, die Idealisierung der Ära Horthy – und inte-
grierte sie in die eigenen Narrative.

Die auf diese Weise in die Ecke getriebene Jobbik wollte keine
Nazisekte bleiben, sondern übte sich in der Rolle der «Volkspartei»
à la «Front National» oder FPÖ, strebte nach kommunalen Erfolgen, nach Bürgermeisterposten und Geld. Je näher die Wahlen
2018 heranrückten, umso mehr distanzierte sich die Führungs-
etage von der eigenen Linie. Man konzentrierte sich auf sozial- und
realpolitische Themen, streichelte in einer Fernsehsendung kleine
Hunde und zeigte sich bereit zu freundlichen Gesprächen mit Juden und Roma. Offenbar dachte Vona, dass diese krasse Änderung
der Taktik seine Partei in die Nähe der Macht bringen könnte,
denn für den Fall eines Misserfolgs stellte er seine eigene Existenz
als Politiker zur Disposition. Obwohl bei den Wahlen Jobbik mit
19,6 Prozent kein schlechtes Ergebnis erzielte, löste Vona diese An-
kündigung (oder Drohung) ein. Das Erbe übernahm der junge,
flinke Péter Jakab, ehemals Lehrer wie sein amtsmüder Vorgänger.
Er ist jüdischer Abstammung und hat Holocaustopfer unter seinen
Ahnen, was er zuerst verschwieg, dann aber unter dem Druck der
Öffentlichkeit zugab. Wie er seine Herkunft mit sich selbst in Ein-
klang bringt, ist kaum nachvollziehbar.

Nun meldete sich die zu Mitte-rechts umfrisierte Jobbik erneut
bei der «Linken» mit dem Angebot der Zusammenarbeit, deren
Ziel in der Ablösung der Herrschaft Orbán bestand. Die wunder-
same Läuterung, gegen die sich nur eine winzige Minorität («Unsere Heimat») auflehnte, ging so weit, dass einige liberale Politiker
und Intellektuelle sogar eine «technische Koalition» mit Jobbik für
möglich hielten, um die Kräfteverhältnisse im Parlament und in
den Kommunen zu ändern. Einige lehnten den Annäherungsver-
such strikt ab, andere waren geneigt, ihn «naserümpfend» zu akzeptieren – ein Mehrgewinn von 20 Prozent bei den Wahlen 2022
wirkt sichtlich verlockend. Nach aktuellem Stand gehört Jobbik
zur wahltaktisch vereinten Opposition, und Jakab profiliert sich als

demokratischer Widersacher des Autokraten Orbán. Bei der für September 2021 anberaumten Vorauswahl der sechs Oppositionsparteien kandidierte er als einer der potentiellen zukünftigen Ministerpräsidenten. Einigen Meinungsforschern zufolge könnten die addierten Stimmen vielleicht eine knappe Mehrheit bei den Frühjahrswahlen 2022 ergeben. Was aber nach einem eventuellen Wahlerfolg dieser Art kommen kann, ist noch unklar. Ungarn ist jedenfalls für allerlei Überraschungen gut.

Parteien, die sich nur schwer in die Kategorie «links» oder «rechts» einordnen lassen, gibt es auch. Bei den Parlamentswahlen 2018 hatten die Bürger in der Stille der Wahlkabine die Möglichkeit, sechzehn solcher Formationen anzukreuzen, ohne über Programm oder Repräsentanten Näheres in Erfahrung gebracht zu haben. Nur die Namen konnten Neugier oder Argwohn erwecken: «Kompasspartei», «Bewegung Handeln Wollen», «Für ein Ungarn der Armen», «Partei der Unzufriedenen», «Sauerstoffpartei», «Hurra Ungarn», «Ordnungspartei», «Partei der Familien». Bei diesen Gruppierungen handelte es sich um Produkte der landesüblichen Wahlfinanzierung. Jeder Bürger, der mindestens 500 Unterstützer-Unterschriften bei der Landeswahlkommission einreichte, konnte mit einer Million Forint Fördergelder für den Wahlkampf rechnen. Eine Landeswahlliste durfte aufgestellt werden, wenn in neun Komitaten und 27 Wahlkreisen mindestens 13 000 Unterschriften gesammelt worden waren – in diesem Fall konnte die Förderung hundert Millionen Forint erreichen.

Obwohl die Förderung «im Prinzip» abgerechnet und im Fall des erfolglosen Wahlausgangs (unterhalb von einem Prozent) zurückerstattet werden soll, wurde diese Verpflichtung mehr als locker gehandhabt. Im Ergebnis entstanden sogenannte Fake- oder Business-Parteien, die wiederum als Kulisse für undurchsichtige geschäftliche Transaktionen dienten. Vielfach wurde die Förderung direkt an eine beliebige Firma überwiesen, deren leitende Mitarbeiter gleichzeitig als Kandidaten auf der Wählerliste auftauchten. Formal zielgerecht verwendete Beträge bezogen sich auf

Transport-, Druck- und Reisekosten sowie teure Propaganda-videos, ohne konkreten Hinweis auf Art und Weise, Orte und Zeitangaben zu deren Einsatz. Spektakulär waren auch Listen, auf denen längst verstorbene Personen als wählbare Kandidaten auftauchten. Auf einer Liste entdeckte die Landeswahlkommission zahlreiche Namen, die bereits zu den offiziellen Unterstützern des Fidesz gehörten.

Ging es bei der Affäre um die Fake-Parteien nur um Profitmacherei mit Milliardenverlusten für die Staatskasse oder um politische Manipulation? Offensichtlich war auch Letzteres im Spiel, denn die nicht existierenden Organisationen konnten im knappen, vor allem lokalen Wahlkampf als Zünglein an der Waage über deren Ausgang entscheiden. Insgesamt gingen etwa 45 000 Wählerstimmen an die Scheinparteien verloren. Trotzdem erscheint der Aspekt der Korruption wichtiger, die Nutzung der Wahlmaschinerie zur eigenen Bereicherung, die durch unpräzise Gesetze und deren unkorrekte Anwendung geradezu Auftrieb erfährt. Jedenfalls waren die Parteien und auch die bevorzugten Firmen, bevor noch schleppende Ermittlungen eingeleitet worden waren, längst wieder bankrott oder zwangsversteigert. Justitia hatte für sie nur noch ein mattes Abwinken übrig.

Eine Spaßpartei hat auch die triste ungarische Demokratie verdient. Die 2006 von dem Szegediner Graphiker Gergely Kovács gegründete «Ungarische Partei des Hundes mit zwei Schwänzen» (MKPP) begriff sich als Parodie der arrivierten politischen Gemeinschaften. Zu ihren Programmversprechungen gehörte «ewiges Leben, Freibier und Steuersenkungen», als Losung verkündete sie «Morgen soll gestern sein». Scheinkundgebungen wurden organisiert, eine Bushaltestelle geweiht, und zur Zeit der Plakatkampagnen des Fidesz druckte die Spaßpartei ihre eigenen Anschläge mit Texten wie «Stimme ungültig!», «Hier wird demnächst eine Raumstation gebaut!», «Einführung des Forint in Europa!», «Die Hasskampagne liebt dich!». Durch die Medien bekannt wurde eine Aktion, in deren Verlauf ein Schlagloch auf der Hauptstraße von

Felcsút (hier verbrachte Viktor Orbán seine Kindheit) mit Asphalt gefüllt wurde. Daraufhin erschienen aus Sicherheitsgründen neun Polizeiautos, und die durchaus echten Polizisten führten eine «allgemeine Ausweiskontrolle» durch. Zudem forderte der Bürgermeister die Aktivisten auf, die Straße, also das Schlagloch, wiederherzustellen.

Der Prozess der offiziellen Anerkennung des Hundes mit zwei Schwänzen dauerte lange. Zunächst wurde die Registrierung mit dem Argument verweigert, die Partei sei «unseriös», und ihre Absicht, sich zur Wahl zu stellen, könne nur «humorig» gemeint sein. Die Partei ging vor Gericht und lebte von Gelegenheitsspenden. Nachdem der Oberste Gerichtshof als höchste Instanz die Rechtmäßigkeit des Antrags festgestellt hatte, dauerte es dennoch weitere Jahre, bis der Verein des Graphikers auf den Stimmzetteln stand. Bei den Parlamentswahlen 2018 erhielt die Partei 1,73 Prozent der Stimmen, 2019 bei der Europawahl 2,6 Prozent – von 90 912 Wählern ernst genommen, hatte sie automatisch ein Anrecht auf staatliche Subventionen. Obwohl die Opposition sie nicht zu den Verhandlungen über den Zusammenschluss gegen Orbáns Regierungspartei eingeladen hatte, gab sich der Parteivorsitzende Gergely Kovács in Bezug auf die Chancen bei den bevorstehenden Parlamentswahlen zuversichtlich: «Laut unserer Umfrage stehen wir bei 126 bis 127 Prozent. Praktisch sind wir die einzige Partei, für die sich heutzutage die Stimmabgabe lohnt, denn jede andere Stimme geht eindeutig verloren.»

## Die Bewunderer

Neben Kritik und wüsten Beschimpfungen erntet das System Orbán auch Applaus und sogar empathische Zuneigung im In- und Ausland. Vor allem positive Resonanz von außen wird in Ungarn gern gesehen, da diese der empfindlichen nationalen Eitelkeit schmeichelhafter als die interne Anerkennung erscheint. Noch wirkungsvoller ist der Beifall, wenn er der emblematischen Persönlichkeit, dem Hauptakteur des Systems, gilt. Zwischen 2012 und 2019 entstanden gleich drei Bücher, die dieses Kriterium erfüllen. Gemeinsam sind ihnen der offen apologetische Zugang zum Thema sowie die direkte Kontaktaufnahme mit Viktor Orbán, der den Autoren entweder als Interviewpartner oder im privaten Gespräch zur Verfügung stand. Unterschiedlich waren Vorkenntnisse und Gründlichkeit, mit der die Verfasser das Thema behandelten.

Igor Janke, polnischer Publizist, Unternehmensberater und Vorsitzender des Warschauer Thinktanks «Instytut Wolności», publizierte sein Buch «Napastnik: opowieść o Viktorze Orbánie» (Der Stürmer: Erzählung über Viktor Orbán) im Jahr 2012. Das Buch erschien 2013 in ungarischer Übersetzung unter dem Titel «Hurrá Ungarn! Die Story Viktor Orbán mit den Augen eines polnischen Journalisten» und im Februar 2014 auf Deutsch im Passauer Schenk Verlag, «Viktor Orbán, ein Stürmer in der Politik», offensichtlich eine Übersetzung aus dem Ungarischen. Das Timing dieser Publikation hing wahrscheinlich mit den Parlamentswahlen 2014 zusammen. Darauf folgte noch eine englische Ausgabe («Forward! The Story of Hungarian Prime Minister, Viktor Orbán») bei einem nicht allzu bekannten ungarischen Verlag. Die deutsche Ausgabe war einer deutschen Zeitung zumindest noch einen Verriss wert, die englischsprachige Version fand keine Aufmerksamkeit.

Janke versucht in flottem Stil, ein hautnahes Bild von Orbán zu vermitteln: «Dieser Parteiführer mit der harten Hand, der Staatsmann mit dem Zukunftsbild und Parteimensch ist gleichzeitig ein normaler und direkter Kerl. Er macht gern Scherze, ist unglaublich intelligent, hat ein ausgezeichnetes Gedächtnis und kombinatorische und logische Fähigkeiten. In Theaterpausen stellt er sich beispielsweise diszipliniert in die Schlange und erlaubt nicht, dass man ihm den Vortritt lässt. (…) In Restaurants kommt es vor, dass er den Kellner zu sich winkt und selbst die Rechnung bezahlt, obwohl neben ihm der Pressesprecher oder Assistent sitzt, der das erledigen könnte. Zu unserem verabredeten Treffen in einem eleganten Restaurant erschien er in einem T-Shirt mit kurzen Armen, obwohl er zuvor noch einen öffentlichen Auftritt, eine Pressekonferenz, gehabt hatte. Er kam allein, ohne Leibwächter, die, wie sich später herausstellte, trotzdem anwesend waren, sich aber sehr diskret verhielten.» Das Merkwürdige an dieser Darstellung ist die Faszination von der angeblichen Einfachheit des großen Mannes.

Noch begeisterter zeigt sich Janke von den politischen Fähigkeiten seines Helden: «Als er der Sowjetunion den Fehdehandschuh hinwarf, war er in seinem Element. Wenn er sich mit dem ganzen postkommunistischen Apparat und den missmutigen linken Medien anlegt, spürt er Wind in seinen Segeln. Wenn die ganze EU gegen ihn ist, empfindet er das als Herausforderung. (…) Er kann sich wie ein verantwortungsvoller Staatsmann verhalten, aber auch wie ein Populist, der das Blaue vom Himmel verspricht. Er ist zu Kehrtwendungen fähig. Einst war er ein radikaler Kirchengegner, der an die Freiheit glaubte. Heute ist er gottesfürchtig, referiert in der Öffentlichkeit die Notwendigkeit staatlicher Einmischung und dass das neoliberale Experiment gescheitert sei.» Die größte Bewunderung hegt Janke für die manipulative Begabung Orbáns. Ausgangspunkt ist die Legende, der damals bereits schwer erkrankte József Antall, der erste Regierungschef nach der Wende, habe den noch jungen und ihm gegenüber oppositionellen Fidesz-Parteiführer zu seinem geistigen Nachfolger erkoren. «Daraus entstand dann ein weitverzweigter Mythos, wie der im Sterben liegende Ministerpräsident Ungarns sein Erbe nach einem langen, mehrstündigen Gespräch dem jungen, talentierten Politiker übergibt, der noch kurz zuvor sein Gegner war. (…) Orbán wollte den Mythos nicht zerstören, weil er ihm eine geheimnisvolle Aura verschaffte.»

Jankes verständnisvolles Schmunzeln wandelte sich bald nach dem Erscheinen seiner Apologie zu einer sauren Grimasse. «Sein» Orbán, wie er ihn in den ersten zwei Jahren der Ära sah, zeigte während des weiteren Verlaufs seiner Machtausübung ein neues Gesicht: Er flirtete nun mit Wladimir Putins Russland, segnete einen Vertrag über die gemeinsame Fortführung des AKW-Projekts in Paks ab und nahm die russische Okkupation der Halbinsel Krim seelenruhig zur Kenntnis. Daraufhin erklärte der polnische Biograph in einem Budapester Interview: «Er (Orbán) hat als erster Premier eines EU-Staates Putin innerhalb der Grenzen der EU empfangen. Das war sehr seltsam. Auch für mich persönlich. Konkret war ich schockiert. (…) Es ist Krieg. Die Russen haben ein souveränes Land angegriffen. Sie können das auch anderen Ländern antun. Sagen wir, meiner Heimat. (…) Heute steht Ungarn auf der Seite der Gegner.» Und er stellte in Aussicht, in einer Neuausgabe seines Buches Ungarns «Ostöffnung» zu kritisieren. Es war eindeutig: Der Antikommunismus in Polen ist gleichzeitig antieuropäisch und antirussisch, der in Ungarn dagegen ist antieuropäisch, aber gleichzeitig macht man mit Moskau Geschäfte. Außerdem, so hatte Janke lobend über Orbán gesagt: «Er ist zu Kehrtwendungen fähig.» Das Buch «Hurra Ungarn» erlebte keine Neuauflage mehr, das versprochene kritische Kapitel war obsolet.

«Das Phänomen Orbán» von Georgi Markov erschien 2019 gleichzeitig in Sofia und Budapest. Der Autor war bis Februar 2021 enger Mitarbeiter des damaligen bulgarischen Regierungschefs

Bojko Borissow und Parlamentsabgeordneter der rechten Regierungspartei «GERB» und ist Mitglied des Präsidiums des Olympi-
schen Komitees seines Landes. Zu Ungarn gibt es auch verwandtschaftliche Bande – seine verstorbene Ehefrau war Ungarin, und
die familiären Kontakte haben bis heute Bestand. Wie viele Bulgaren betrachtete Markov die Volksrepublik der Ära Kádár als eine
Oase des Wohlstands und der kleinen Freiheiten. Jeden Sommerurlaub, jede Jahreswende verbrachte er am Balaton und in Budapest. Er mochte Pick-Salami und Kastanienpüree mit Schlagsahne,
war ein Fan der damals angesagten Rockbands wie Omega und Lo-
comotiv GT. Seine Sympathien übertrug er nahtlos auf das Nach-
wendeland. «Ich liebe Viktor, weil ich Ungarn liebe», verkündet er
als Hauptmotiv für das Schreiben des Buches.

Anders als Igor Janke, der einen ideologischen und teilweise
politologischen Anspruch erhebt, liegt Markovs Schilderung eher
in der Nähe der Wahrnehmung Orbán-getreuer ungarischer Normalbürger. Er scheint ohne einen Funken Zynismus das «Phänomen» so anzunehmen, wie es sich zeigt – er macht Propaganda für
etwas, das ihn vollständig überzeugt hat. So hält er die von Janke
als Mythos abgetane Geschichte um József Antalls angebliches
«Vermächtnis» eins zu eins für glaubhaft. «Meine verstorbene Frau
seligen Angedenkens, Mária, erzählte mir mit Tränen in den Augen, wie Ungarns Ministerpräsident, der Vorsitzende des Ungarischen Demokratischen Forums, in den Stunden vor seinem Tod
den jungen Parteivorsitzenden zu sich rief, um ihm die politische
Rechte und ganz Ungarn anzuvertrauen.» Eine ebenso abgerun-
dete Geschichte, ein kitschverdächtiges politisches Volksmärchen
erzählt er über das Verhältnis zwischen Viktor Orbán und Bundes-
kanzler Helmut Kohl: «Man muss besonders betonen, dass Orbán
ein Schüler und Liebling von Kohl bis zu dessen Lebensende war.
Deutschlands großer Wiedervereiniger wandte sich an ihn immer
mit der Anrede: ‹Mein lieber Junge›.» Auch habe der große Kanzler gesagt: «Meine beiden Lieblinge waren Viktor und Merkel, aber
nun ist mir nur noch Viktor geblieben, denn Merkel hat mein Eu-

ropa verraten.» In Wirklichkeit hat Helmut Kohl darauf geachtet, die gute Beziehung zu Orbán in keinem Fall als Affront gegen Angela Merkel erscheinen zu lassen.

Es ist nicht erstaunlich, dass der Sportfunktionär vom «Wunder der Orbán'schen Sportpolitik» schwärmt, von der Rekonstruktion der 32 Fußballstadien, von Europas größter Sportakademie und geradezu poetisch hinzufügt: «Ganz Ungarn ist von den vielen Schwimmbecken blau.» Unter Orbáns inländischen Erfolgen gefällt Markov am meisten, dass er sich «nicht davor scheute, George Soros, der mit seinen 2000 bezahlten Aktivisten und Dutzenden NGOs einen Maidan organisieren wollte, aus dem Land zu vertreiben». Der Satz ist allerdings nur eine getreue Übernahme aus Orbáns Rundfunkinterview vom März 2018 zu diesem Thema. Vom internationalen Triumph des ungarischen Premiers zeugt laut Markov die Tatsache, dass er immer mehr Verbündete habe: den Italiener Salvini, den Österreicher Strache (das Buch erschien noch vor dem Skandal und dem Sturz des FPÖ-Klubobmanns) und den Slowenen Jansa. Zudem sei in Deutschland die AfD, in Spanien die VOX-Partei, in den Niederlanden das Forum für Demokratie entstanden. Große Wahlerfolge habe die nationalkonservative Partei der Finnen erzielt, deren Führer erklärt habe, dass vor ihnen ein einziger Weg liege – der Weg Viktor Orbáns. Dem Autor schien nicht aufzufallen, dass all diese Personen und Organisationen rechts von den europäischen Volksparteien stehen, zu deren Familie auch Fidesz gehört – oder wenigstens kurz vor der Auslieferung des Buchs «Phänomen Orbán» noch gehörte.

Was speziell Bulgarien betrifft, so werde dort Orbáns Politik «mit so viel Sympathie, Wohlgefallen und Einverständnis begegnet, dass ich mit Sicherheit behaupten würde: käme Orbán nach Bulgarien und es gäbe einen Wahlzettel mit seiner Liste, könnte er mit einem einzigen ‹Servus› sofort in das Parlament einziehen». Schließlich, nachdem Markov seitenlang die Rede Orbáns vor dem Europäischen Parlament im September 2018 zitiert hat, wagt er die Prophezeiung: «Mit dieser Rede wird Viktor Orbán nach meiner

Prognose bis 2030 regieren.» Woher kommt diese unglaubliche Emphase, grenzenlose Bewunderung und kultische Verehrung eines ausländischen Staatsmanns, die trotz der Stammtischebene der Ausdrucksweise von einer ehrlich gemeinten Auffassung zeugt? Wahrscheinlich bietet der Hinweis auf den «Maidan», die regimestürzende Protestwelle in der Ukraine, eine annähernde Erklärung dazu. Autoritäre Eliten haben eine beinahe hysterische Angst vor «bunten Revolutionen» von Georgien bis Kirgistan.

Die Balkanrepublik Bulgarien gehört zu den ärmsten EU-Staaten, mit einer extrem hohen Korruptionsrate, starken ethnischen Minderheiten (Roma, Türken und Pomaken), neuerdings mit äußeren Konflikten im Zusammenhang mit der Flüchtlingsthematik und dem Sprachstreit zwischen Bulgarien und Nordmazedonien. All dies trägt zur chronischen Instabilität des Landes bei. Neben den beiden politischen Blöcken, die sich entweder an der EU oder an Russland orientieren, existieren zahlreiche Neubildungen, die für weitere Zersplitterung sorgen. Jedenfalls mangelt es dem postkommunistischen Bulgarien an staatlicher Kohärenz, eine Konstellation, die Ähnlichkeiten mit der postsowjetischen Ukraine aufweist. Zur Verfestigung der neuen Republik waren die Eliten sogar bemüht, auf die Tradition der Vorkriegszeit zurückzugreifen, indem sie – besser Monarchie als Anarchie – 2001 den ehemaligen Thronerben Simeon von Sachsen-Coburg III. mit Mehrheit zum Präsidenten der Republik wählten. Allerdings regierte der letzte Zarewitsch nun unter dem bürgerlich klingenden Namen Saksokoburgotski. Auch ihm gelang es indes nicht, das Gleichgewicht des Landes wiederherzustellen. Andere Autoritäten der Wende 1989, mit weniger blauem Blut ausgestattet, verschlissen sich zwischen den unruhigen Wahlperioden. Von diesem Gesichtspunkt aus betrachtet, erscheint vielen Bulgaren das heutige Ungarn als Paradies von Law and Order, ebenso wie Kádárs schlampige Diktatur sie einstmals mit ihren Freiräumen und Köstlichkeiten anlockte. Dies ist eine mögliche Erklärung für Georgi Markovs Orbán-Begeisterung.

Das gescheiterte bulgarische Experiment mit einem Fürsten an der Spitze der Republik geisterte bereits früher als Idee einer Herrschaftsform in den kommunistischen Staaten herum. Nicolae Ceaușescus Despotie in Rumänien zeigte dynastische Züge, und Gleiches gilt für das Geschlecht der Kims in Nordkorea. Ähnliche Konstruktionen entstanden nach dem Zusammenbruch der UdSSR in einigen ehemaligen Sowjetrepubliken – so im Kaukasus mit dem Alijew-Klan und in Zentralasien mit der kanonisierten Herrschaft des «Turkmenbaschi». Das Feudale folgte dem Zweck, die Kluft zwischen dem sozialistischen Gestern und dem (staats-) kapitalistischen Heute zu überbrücken. All diese Staatschefs mussten ökonomische Modernisierung und zumindest zur Schau getragene parlamentarische Formen über sich ergehen lassen. Denn, so erklärt es Niccolò Machiavelli, der Begründer der modernen Politologie: «Ein neuer Fürst in einem neuen Staat muss alles verändern.»

Mit diesem Zitat beginnt der ungarische Politikwissenschaftler und «strategische Direktor» der Fidesz-nahen «Stiftung Jahrhundertende», Gábor G. Fodor, sein 2021 erschienenes Buch «Die Orbán-Regel». Der Autor, der zum engeren Team des Regierungschefs gehört, ist zwar ein offener Apologet Orbáns, im Vergleich zu Janke und Markov jedoch ein Schwergewicht. Er ist sehr belesen und tritt mit einem theoretischen Anspruch auf, indem er die zehn Jahre nach 2010 als «Ära Orbán» deklariert, eine These, die man bei allem Widerwillen schwer leugnen kann. Fodors affirmative Erklärung klingt so: «Ja, Ära Orbán. In dieser Bezeichnung gibt es nichts Hochtrabendes. Jedes Gemeinwesen braucht einen Führer, dem es vertrauen, dem es folgen kann und der ihm die Welt interpretiert. (…) Wenn es keinen Führer gibt, kann man mit niemandem gemeinsam aufbrechen. Der Mann der Politik, der politische Führer, verdichtet in sich den Wesenskern einer Ära, damit ist es begründet, von einer mit seinem Namen benannten Ära zu sprechen.»

Das 370 Seiten umfassende Werk ist so konzipiert, dass im

Grundtext des Autors Zitate von Orbán ohne Anführungszeichen
kursiv eingebettet und mit einer Nummer versehen sind, unter
der man im Anhang die Quelle finden kann. Zusätzlich enthält der
Appendix ein «Vokabular», das die wichtigsten Begriffe der Ära interpretiert. Die Verschmelzung der eigenen Texte mit den Zitaten
erweckt den Eindruck vorbehaltloser Identifizierung des Autors
mit seinem Helden und verleiht dem Buch den Brevier-Effekt eines
Lexikons des Orbánismus. Laut Fodor besteht «der Wesenskern
der Ära Orbán» darin, dass der Namensgeber tatsächlich, Machiavellis Maxime folgend, «alles verändert» habe. Selbst die Bezeichnung des Landes ist nicht mehr «Republik Ungarn», sondern nur
noch «Ungarn». Das neue Grundgesetz samt seinen zahlreichen
Novellierungen sowie etwa tausend neuen Gesetzen dient dem
Zweck, die Ära zu stabilisieren und alles, was ihr vorausging, unwi-
derruflich in die Vergangenheit zu verbannen.

Zu Viktor Orbáns wichtigsten «metaphysischen» Leistungen
zählt Fodor die Veränderung des angeblich falschen Selbstbildes
der Nation: Orbán «konnte nicht hinnehmen, dass seine Mitarbeiter über Ungarn so reden, als sei es ein kleines Land, das zur An-
passung verdammt wird, von anderen abhängt und unfähig ist,
große Ziele abzustecken. Als er einmal nach der Annahme der Einladung eines großen asiatischen Staates in dem für ihn vorberei-
ten Redeentwurf den Ausdruck ‹für uns als kleines Land› las, ließ
er den Verfassern des Entwurfs ausrichten, dass sie es niemals wieder wagen sollten, den Ausdruck ‹kleines Land› niederzuschrei-
ben.» Da fragt man sich doch, wie man ein geographisch wirklich
nicht übermäßig großes Land etwas größer erscheinen lassen
kann. Fodors Rezept zielt auf die nationale Einheit: «Man muss
nationale Anliegen schaffen. Eine Politik fortsetzen, die eine Entstehung der für die politische Gemeinschaft bedrohlichen Wertediskussionen verhindert (…). Die gemeinsame nationale Sache
folgt einem Konsens und ist deshalb nicht diskutabel. (…). Hierdurch kann auch unser Feindbild klar umrissen werden. Unsere
Feinde bilden die uns zusammenhaltende Kraft.» Wie aber schafft

man die nationale Einheit zwischen Gemeinschaften, deren soziale Interessenlage erhebliche Unterschiede aufweist? Aus Fodors Sicht schlägt Fidesz hier einen «sozialen Deal» vor, einen «Bund der Rückständigen (darunter sind Arme und, allgemein, Menschen eher am Rande der Gesellschaft zu verstehen), der Mittelschicht und der Rentner». Vor allem die erste Kategorie, die teilweise auch die dritte abdeckt, wird durch «Steuersenkungen, Verringerung der Haushaltskosten und Familienschutz» in das Konstrukt des «Klassenfriedens» mit einbezogen.

Ähnlich wie bei Orbáns polnischem und bulgarischem Bewunderer wird die Vorliebe des Regierungschefs für Sport auch von Fodor gewürdigt, doch erhält bei ihm vor allem der Fußball eine symbolhafte metaphysische Dimension. Man solle dem legendären Mittelstürmer der 1950er Jahre, Ferenc «Öcsi» (Brüderchen) Puskás, in seiner «ungarischen Denkungsart» folgen. Schließlich sei «das ganze Fußballspiel die Kunst des Betrugs. Man muss den Gegner überlisten. Dazu muss man ermessen, wie das Spiel auf der Seite des Gegners aussieht, auch mit dem Kopf des Gegners denken können. (…) Immer muss man nach vorne denken, immer das Tor treffen.» Dieser Gegner, den der Stürmer Orbán überlisten will, ist zweifelsohne die gegnerische Mannschaft namens Europäische Union. Wollen die ungarischen Jungs mit den goldenen Füßen die Attacken des Gegners abwehren, müssen sie selbst zum Angriff übergehen.

Konkret bedeutet dies, dass sich die ungarische Regierung im Kampf gegen Brüssel und Straßburg niemals in die Defensive treiben lassen darf, sondern jederzeit ihre Stoßkraft behalten muss. Es geht nicht mehr darum, sich vor Sanktionen oder Verurteilungen der EU zu schützen, sondern vielmehr darum, den Kontinent durch einen Befreiungsschlag vor sich selbst zu retten. Fodor: «Und Orbán bläst in das Horn: Wenn Europa nicht zu seinen christlichen Wurzeln zurückfindet, geht es zugrunde. Wenn wir nichts ändern, stürzen wir ab. Europa ist bedroht, und Orbán ist die Rettungsarmee. Er kommt, um Europa zu erneuern. Die christliche Kultur, die Nationen und die Familie – das sind unsere Wurzeln, und wenn wir sie austrocknen lassen, geht alles verloren.» Als großer Mann eines gar nicht kleinen Landes sei Orbán dieser historischen Mission voll gewachsen. In diesem Kontext zitiert Fodor auch Friedrich Nietzsche: «Im Gebirge ist der nächste Weg von Gipfel zu Gipfel. Aber dazu musst du lange Beine haben.»

Keine Sorge, beruhigt uns Fodor: «Orbán ist selbst ein Berggipfel, und seine Beine sind lang genug, um mit anderen Berggipfeln den Dialog zu führen. (…) Das einheitliche Ungarn kann große Sachen vollbringen, davon zeugt König Stephan, das beweist [die bürgerliche Revolution] 48, [der Volksaufstand] 56, und das beweist auch Orbán bereits damit, dass er auf diese Weise Berggipfel miteinander verbindet.» Also sprach der ungarische Zarathustra, und seine Stimme kippt dabei eindeutig ins Falsett. Dabei weiß jeder Ungar, dass das Land zu den genannten Zeiten alles andere als «einheitlich» war. Der christliche König Stephan führte einen erbarmungslosen Krieg gegen die heidnische Opposition, Kossuths Freiheitskrieg gegen die Habsburger scheiterte neben der Übermacht des Gegners auch am inneren Zwist, und selbst im Oktober 1956 standen sich Ungarn teilweise feindlich gegenüber. Ebenso vereinfachend wirkt die blutleere Sprache des angefügten Glossars. Einige Beispiele:

- Grundgesetz – was wir über das Gute und das Böse denken.
- Brüssel – das Problem.
- Demographie – «die» nationale Sache.
- Leben – Pflicht.
- Gyurcsány [früherer Regierungschef, heute Opposition] – das Böse in Person.
- Offene Gesellschaft – Soros' Hirngespinst.
- Soros – Fantomas, hinter allem steht er.
- Trumps Sieg – eine rückwirkende Rechtfertigung von all dem, was Orbán tut.

Die eigentliche Schwäche dieses Orbán-Bildes besteht hier in der ungesunden Nähe des Autors zu seinem Gegenstand. Damit riskiert er den Verlust der Perspektive: Hinter Orbán sieht er nicht das System, ein System, das seine Legitimation mit der Ausschaltung der «Wertediskussionen» verbindet, den abstrakten «Konsens» als «indiskutabel» betrachtet und damit nolens volens die Demokratie selbst und den Parlamentarismus überflüssig macht. Ein Autor, der dieses Selbstverständnis kritiklos und unreflektiert hinnimmt, ist trotz aller Belesenheit und Insiderkenntnisse lediglich Hofberichterstatter, Architekt des hart an der Grenze des guten Geschmacks blühenden Personenkults. Er hat sogar vergessen, dass auch im Fußball ein Eigentor möglich ist.

# 9

## Die liberale Systemkritik

Jenseits des tagespolitischen Geplänkels gibt es zahlreiche Versuche von liberaler Seite, das Regime einer methodischen Kritik zu unterwerfen. Das wichtigste Produkt solcher Überlegungen ist der von Bálint Magyar erstellte Sammelband «Der ungarische Polyp. Der postkommunistische Mafiastaat». Magyar war einer der führenden Köpfe der Vorwendeopposition, Vorsitzender des heute nicht mehr existierenden Bundes Freier Demokraten (SZDSZ) und von 1996 bis 1998 sowie zwischen 2002 und 2006 Minister für Kultur und Unterricht in den sozialliberalen Koalitionsregierungen. Als nicht mehr aktiver Politiker untersuchte der Soziologe in einem interdisziplinären Team die Eigenheiten der mit dem Jahr 2010 beginnenden Herrschaft des «Systems nationaler Zusammenarbeit» in der Ära Orbán. Allerdings war dieses 2013, als das Buch erschien, noch nicht voll ausgeformt – weder der Terminus «illiberale Demokratie» noch das Zauberwort «neuer Staat» waren im Umlauf. Trotzdem gelang es Magyar, bestimmte Merkmale der Herrschaftsstruktur zu erfassen.

In der von ihm als «Mafiastaat» definierten Formation geht es um die Korruption als einer «zum Rang der Staatspolitik erhobenen, zentral gesteuerten Praxis», in der nicht die Oligarchen den Staat unter ihre Kontrolle stellen, sondern dieser als politischer Unternehmer über das Recht verfügt, Oligarchen zu ernennen. Sowohl die Welt der Politik als auch die der Wirtschaft werden von dem «Polypen» gefangen gehalten, wobei die Machtbefugnisse des patriarchalischen Familienoberhaupts auf eine ganze Nation ausgeweitet werden. Man habe es mit der «privatisierten Form des parasitären Staates» zu tun, der die Neuverteilung des Vermögens mit den Mitteln des legitimierten Raubs betreibe. Also: Cosa Nostra mit Viktor Orbán als Paten an der Spitze, dessen Kapitäne und Soldaten, dem ungeschriebenen «Ehrenkodex» folgend, das Land Ungarn in eine mitteleuropäische Camorra verwandeln. Sieht man davon ab, dass jeder Vergleich immer ein wenig hinkt, erscheint der Begriff «Mafiastaat» als Hilfskonzept zur Charakterisierung des Systems vernünftig, eine Auffassung, die viele, wenn auch nicht alle Autoren des gemeinsamen Werkes teilen.

Jedenfalls galt der Diskurs «Mafiastaat» der Beschaffenheit des Systems Orbán. György Konrád, der seinerzeit gemeinsam mit Iván Szelényi an einer Theorie zur Erklärung des «real existierenden Sozialismus» arbeitete, äußerte sich zum Thema recht behutsam: «Das heutige ungarische Machtsystem ist ein selbstständiges Exemplar, keine Kopie, keine Deformation oder Krankheit der liberalen Demokratie, sondern gerade deren Gegenteil, die Verwirklichung einer anderen Idee, kein Stolpern unterwegs, sondern Weg und Ziel. Es ist eine soziale Bildhauerei, Schaffung einer Klasse.» Auch Magyar bestätigt, dass es sich in Ungarn keineswegs um eine «deformierte, amputierte oder defizitäre Demokratie» handle, «die trotzdem noch eine Demokratie wäre, wenn auch eine eingeschränkte», sondern um ein Phänomen, das «nicht in den traditionellen Definitionsrahmen von Diktatur und Demokratie hineinpasst». Begrifflich komme es weder der einen noch der anderen Herrschaftsform gleich.

Es sei keine Diktatur, denn «es laviert in einem demokratischen politischen Mehrparteiensystem, weshalb ihm wichtig ist, eine entsprechende Wählerbasis zu sichern». Außerdem sei die Meinungsäußerung frei, wobei es «der Macht gelingt, den kritischen Ton in geschlossenen Kreisen einzuengen, in denen die Opponenten der Regierung nur untereinander diskutieren können». Diese von Magyar sehr präzise als «Kommunikationswuträume» bezeichneten Medien «betreiben die Kunstgattung der säkularen Liturgie, indem sie alltäglich am Rosenkranz der Regierungskritik herumfingern». Und «der Mafiastaat ist nicht doktrinär, hat keine Angst vor Worten, erträgt Kritik, vorausgesetzt, dass diese nicht von zu vielen gehört wird». Dennoch könne man ein System kaum als Demokratie bezeichnen, in dem Grundinstitutionen wie Präsident der Republik, Verfassungsgericht, Rechnungshof, Budgetrat, Kartellamt, Währungsrat, Nationalbank und Nachrichtenagentur jeweils regierungsnah agierten.

Als keineswegs nebensächlicher Faktor erscheint die hohe Akzeptanz des Staates, die sich im Frühjahr 2010 in 68 Prozent der Mandate manifestierte. Obwohl diese bedrückende Zahl aufgrund des ungarischen Wahlsystems bei weitem nicht den Gemeinwillen repräsentiert, steht zweifellos eine Mehrheit dahinter, ein Teil der Bevölkerung, der, wie der Sozialpsychologe György Csepeli behauptet, «zwar nicht der Klientel des Staates angehört, aber gern an die Macht glauben möchte». Anziehend finden diese Wähler den im neuen Grundgesetz formulierten «nationalen und christlichen» Charakter der Macht. Im Nationalismus, sagt der Wissenschaftler, stecke trotz negativer historischer Erfahrung ein enormes sozialpsychologisches Mobilisierungspotential, eine Wiederbelebung der bis heute positiven Erinnerungen an die «nationalen Freiheitskämpfe». Diese neu belebte nationale Ideologie enthält in verdeckter Form den ursprünglichen Antisemitismus und Irredentismus der 1920er und 1940er Jahre, ergänzt um die Gekränktheit, Demokratiefeindlichkeit und Xenophobie neuer Provenienz.

Als zweiter homogenisierender Faktor erweist sich das Christentum, was auch immer man unter diesem Begriff versteht. Der Politologe András Bozóki sieht die quasi religiöse Programmatik im Kontext des Nationalismus als Staatsreligion: «Die kulturelle Politik wurde durch die symbolische Politik der Regierung abgelöst. Laut Orbán sollte auf die frühere liberale Verfassung[4] das christliche Grundgesetz folgen, dessen Wesen darin bestehe, dass die Staatsbürger bereit sind, sich in die neue Ordnung einzufügen. Die frühere, mit der [konfessionellen] Neutralität operierende li-

berale Staatsauffassung hat man durch ein konfrontatives Grundgesetz ersetzt, das auf die Dichotomie gut – böse, Freund – Feind
baute. Die Signalwörter des neuen Systems sind ‹Arbeit›, ‹Ordnung›, ‹Zuhause›, ‹Ungartum› und ‹Familie›. In dieser Auffassung
sind die Komponenten der nationalen Einheit nicht die Indivi-
duen, sondern die Familien, die mit ihrer emsigen Arbeit zum Erfolg der metaphorisch als Großfamilie oder Sippe verstandenen
Nation beitragen.» Laut Mafiaterminologie sei also das Familien-
haupt kein anderer als der Ministerpräsident, der über die Famili-
enkasse disponiere.

Die Soziologin Mária Vásárhelyi schildert die Arbeitsweise der
von ihr als «Medienpolyp» bezeichneten Maschinerie. Nach 2010
nahm die Regierung Rundfunk, Fernsehen und Printpresse zunehmend unter ihre Kontrolle. Als Vehikel hierzu dienten die Verteilung der Frequenzen und die Werbeflächen. Zwar werden die
Frequenzen öffentlich ausgeschrieben, doch werden die Entschei-
dungen von regierungsnahen Juroren getroffen und dadurch vor-
herbestimmt. Dabei fließen die staatlichen Gelder für Werbung
den als förderungswürdig erachteten Sendern zu. Präferiert werden kirchliche Sender wie das katholische «Sankt-Stephans-Radio»
oder das Gottesdienste ausstrahlende protestantische «Európa
Rádió». Besondere Unterstützung erhielt der 2012 gegründete Sender Music FM, der allerdings auch eine breite Hörerschaft hatte.
Unter seinen wichtigsten Inserenten befanden sich die Glücksspiel
GmbH, die Ungarischen Elektrizitätswerke, die Ungarische Post
oder die Nationale Mauterhebung GmbH – allesamt in staatlichem
Eigentum.[5] Besonders trist gestaltete sich dagegen das Schicksal
des «Klubrádió», eines politisch engagierten regierungskritischen
Senders, der keine staatlichen und nur sehr wenige private Inserate
erhielt. Ihm wurde 2011 die Teilnahme an der Bewerbung um die
Frequenz zunächst verwehrt, dann jedoch nach langem Prozes-
sieren genehmigt. Allerdings konnte Klubrádió auf den neu gewonnenen Wellenlängen nur noch die Hörer in der Hauptstadt erreichen. «Der einzige oppositionelle Rundfunksender», resümiert

Frau Vásárhelyi, «wird von den Spenden seiner in bescheidenen
Verhältnissen lebenden Hörer, armen Rentnern und Angestellten
unterstützt – eine Lage, die man angesichts mangelnder Einnahmen
und wachsender Schulden kaum lange aufrechterhalten kann.»[6]
Der Ökonom Mihály Laki macht darauf aufmerksam, dass das
autoritäre Klima bei der Bevölkerung ein Gefühl der Stabilität erweckt und daher auf ein gewisses Verständnis stößt. Gleichzeitig
fühlen sich auch manche Multis von dem ruhigen Umfeld ermun-
tert: «Die Großunternehmen mit mehrheitlich ausländischem Eigentum schließen reihenweise langfristige strategische Vereinbarungen mit der ungarischen Regierung ab. Wir wissen nicht, was
in diesen Vereinbarungen steht, ob sie nur nichtssagende, zu nichts
verpflichtende Texte einer Lächel-Diplomatie sind oder auch Vorteile und Versprechen beinhalten, welche die Lage der Unternehmer
verbessern. Dennoch ist allein die Existenz der Vereinbarungen
ein Zeichen der Loyalität, da sie den von der Regierung genährten
Glauben bestärken, dass diese Unternehmen der staatlich verkün-
deten Wirtschaftspolitik Vertrauen schenken.» Ein Scheitern des
Systems durch wirtschaftliche Schwierigkeiten sei damit wenig
wahrscheinlich.

Was hier Mihály Laki taktvoll erahnen ließ, war die bereits
damals spürbare Befürchtung, mit der zweiten Orbán-Regierung
könne eine Zeit anbrechen, in der man schwerlich würde «über-
wintern» können, bis die Rahmenbedingungen wieder liberaler
würden. Unter anderem schwand auch die Hoffnung, dass die
Europäische Union im Zweifelsfall imstande sein könnte, den
Populismus des Fidesz im Zaum zu halten. Diese Besorgnis arti-
kulierte der Völkerrechtler Tamás Lattmann in einem Aufsatz mit
dem bedeutungsschweren, beinahe prophetischen Titel «Die
Machtlosigkeit der EU gegenüber den postkommunistischen Staaten». Aufgrund seiner Analyse kam Lattmann zu der trostlosen
Schlussfolgerung: «Das Instrumentarium der EU ist begrenzt. Die
grundlegende Natur der Souveränität der Mitgliedstaaten lässt es
nicht zu, gegen einen Mitgliedstaat nach Belieben Verfahren ein-

zuleiten, selbst wenn das Verhalten des Letzteren die Gründungs-
verträge verletzt. (…) Der Ausschluss aus der Union ist eine nicht
einmal theoretisch existierende Möglichkeit, weil die Gründungs-
verträge darüber keine Aussage enthalten.» Aber selbst wenn eine
derartige Sanktionsmöglichkeit gegeben wäre, betont Lattmann,
könne sie das Problem nur nach außen verlagern und dem Ausge-
schlossenen den Anlass liefern, die Öffentlichkeit gegen die EU
aufzuhetzen. Es bleibe noch das Mittel übrig, durch ein komplexes
Verfahren den Mitgliedstaat aus dem Entscheidungsmechanismus
der Union auszusperren. Dazu wäre jedoch ein Konsens erforder-
lich, zu dem wohl kaum alle 26 Staaten mit ihrer unterschiedlichen
Interessenlage fähig wären. Die Konsequenz aus alledem formuliert der skeptische Völkerrechtler wie folgt: «Wir haben keinen
Grund zum Optimismus. Selbst wenn Europa helfen wollte, ist
nicht sicher, ob es das auch kann.»

Indem er den Generations- und Elitenwechsel als Paradigmen-
wechsel deutete, erfasste Iván Szelényi die historische Dimension
des Fidesz-Wahlsiegs von 2010 am genauesten. Konráds Mitstreiter stellte eine recht melancholische These auf: «In der mitteleuropäischen Transformation spielte das kulturelle Kapital eine Schlüs-
selrolle: József Antall, Árpád Göncz, János Kis, Václav Havel und
Adam Michnik waren in starkem Maße Repräsentanten kultureller
Kompetenz. Sie spielten eine entscheidende Rolle bei der Transformation des politischen Systems, obwohl fast niemand von ihnen
als Neureicher einen Platz in der Wirtschaftselite fand. Den Platz
der moralisierenden Politiker-Philosophen übernehmen die Politi-
ker-Unternehmer und Bankiers-Manager. Ironisch formuliert: Die
Zeit der Philosophen ist vorbei, die Zeit der ‹Macher› ist gekommen. In die Spuren eines János Kis oder einer Ágnes Heller treten
nun die Viktor Orbáns.» Bedenkt man, dass Szelényi und Konrád
in den späten 1970er Jahren vom «Weg der Intelligenz zur Klassenmacht» redeten, kann man feststellen, dass die Intelligenz – vielleicht zu ihrem Glück – niemals in den Besitz der Klassenmacht
gelangen konnte.

Die liberale Systemkritik, wie sie ab 2010 formuliert wurde, enthielt scharfsinnige analytische Bemerkungen ohne Anspruch auf eine komplette Theorie – auch ihr Gegenstand war ja noch unvollkommen. Zwei Aspekte blieben jedoch von den Autoren der Analyse unzureichend reflektiert. Der eine ist die Tatsache, dass es zwischen der Ära Orbán und deren Vorgeschichte bei aller Rigidität des Bruches auch kontinuierliche Momente gab. So war Korruption keine spezifische Eigenart des «Systems nationaler Zusammenarbeit», sondern eine fast unvermeidliche Begleiterscheinung des Transformationsprozesses, wie er in allen ehemaligen Ostblockstaaten verlief. Die Veränderungen des Jahres 1989 mochten noch so friedlich, singend oder samten, die Verhandlungstische zwischen der alten und neuen Elite noch so rund sein, ein Moment blieb unbedingt revolutionär: der Umsturz der Eigentumsverhältnisse. Die Entstaatlichung und damit die Neuverteilung des «Volkseigentums» hatte keineswegs die Gestalt der unbefleckten Empfängnis. Im Chaos der 1990er Jahre gehörte Korruption für die einen zur Bereicherung und für die anderen zur Strategie des Überlebens.

Wie weit verbreitet der private Sektor in Ungarns Wirtschaftsleben auch war, so hörte der Staat doch niemals auf, als Akteur auf dem Kapitalmarkt zu erscheinen. Von ihm hingen enorme öffentliche Aufträge auf dem Gebiet des Autobahnbaus, der Energiewirtschaft, des Tourismus, der Medien und des Sports ab, und in dieser Hinsicht gehörten die Großunternehmen immer mehr oder weniger zur Klientel der jeweiligen Regierung. Es gibt heute fast keinen Krösus im Land, dessen Vermögen nicht wenigstens zum Teil indirekte Steuergelder beinhaltet – die staatlichen Aufträge, die zum Reichtum beitragen, sind schließlich aus Steuergeldern finanziert. Zudem sind viele praktizierende Politiker häufig Geschäftsleute, wenn sie auch diese Tatsache durch Eigentumsübertragungen auf Familienangehörige kaschieren. Die Verwischung der Grenzen zwischen Privatem und Staatlichem produziert automatisch eine korrupte Situation. Gleichzeitig müsste ein demokratischer Staat auch Verpflichtungen gegenüber dem Volk wahrnehmen. Die Erwartungen vor allem «abgehängter» Kategorien korrelieren auch mit den Jahrzehnten des Sozialismus, als ärmere Bevölkerungsgruppen stark auf soziale Almosen als Gewohnheitsrecht angewiesen waren. Insbesondere die ältere und mittlere Generation der Normalbürger misst die Leistung der jeweiligen Regierung am Stand des eigenen «Lebensniveaus». In den drei Jahrzehnten seit der Wende regierten sozialliberale Koalitionen insgesamt zwölf Jahre lang, wobei ausgerechnet ihre Sozialpolitik wenig überzeugend war. Selbstverständlich war diese Schwäche auch den Bedingungen der 1990er Jahre geschuldet. Allerdings konnten auch bei einsetzendem Wachstum wachsende Steuerlasten, Inflation und steigende Arbeitslosigkeit nicht durch Wohltaten ausgeglichen werden. So war es zwischen 2002 und 2006 weder gelungen, das Versprechen der «Schaffung von hunderttausend neuen Arbeitsplätzen» einzulösen (es folgte eine Erhöhung der Arbeitslosenquote), noch, die Zusage der Errichtung von 25 000 staatlichen Sozialwohnungen (realisiert wurden 7000) einzuhalten. Schließlich begann der Untergang der Linksregierungen wegen der Kluft zwischen Wahlversprechen und realen Leistungen.

Der andere Gesichtspunkt, bei dem die liberale Systemkritik zu wünschen übrig lässt, ist der Umstand, dass sie zu wenige Anstrengungen auf sich nimmt, die theoretischen Voraussetzungen eines Gegenprojekts auszuarbeiten. Es müsste sich dabei nicht um ein Drehbuch oder eine deklarative Vision handeln, aber doch um einen Leitfaden für die Möglichkeiten der ungarischen Gesellschaft in einer hypothetischen postorbánschen Ära. Hierüber scheinen sich die liberalen Parteien keine Gedanken zu machen. Diese Unlust hängt wahrscheinlich mit dem Fiasko der potentiellen Träger einer solchen Alternative zusammen, namentlich mit den zwei massiven Niederlagen der Opposition bei den Wahlen von 2014 und 2018 sowie mit der Angst vor einer Wiederholung dieses Debakels im Frühjahr 2022. Dabei stehen die Chancen zur Ablösung des Systems Orbán heute besser als früher – nicht zuletzt haben die liberalen Parteien bei den Kommunalwahlen vom Herbst 2019 Budapest vom Fidesz «zurückerobert». Sehr schade wäre aber, wenn ein künftiger Wahlerfolg die neue, womöglich dünne Mehrheit unvorbereitet treffen würde – ein solcher Sieg wäre ein Pyrrhussieg.

## Jüdisches Leben

Um annähernd die Zahl der ungarischen bzw. in Ungarn lebenden Juden feststellen zu können, braucht man als Ausgangspunkt eine einigermaßen kohärente Definition des Begriffs. Es gibt kein eindeutiges Kriterium für die Zugehörigkeit einer Person zum Judentum. 1949 fand in Ungarn die letzte Volkszählung statt, bei der «Religion: israelitisch» angegeben werden konnte. 134 000 Staatsbürger der Volksrepublik bekannten sich damals zum Judentum. Allerdings können wir davon ausgehen, dass zahlreiche Jüdinnen und Juden die Frage mit «konfessionslos» beantwortet haben, nicht zuletzt als Schutzreflex auf den Holocaust, dem von den rund 800 000 ungarischen Juden 500 000 zum Opfer fielen. Über eine exakte Zahl verfügt man heute nicht mehr. Die Herkunft im halachischen Sinne, also die Abstammung von einer jüdischen Mutter, lässt eine Schätzung zwischen 60 000 und 110 000 zu (2015). Auffällig ist dabei die Abnahme der Lebensaltersgruppe 50–55 und 20–25, eine tendenzielle Überalterung der jüdischen Bevölkerung. Die durchschnittliche Kinderzahl in jüdischen Familien beträgt mit 1,2 noch weniger als die ebenfalls niedrige Reproduktionszahl von 1,35 der nichtjüdischen Bevölkerung.[7]

Was die aktuellen Zählungen kompliziert macht, ist der drastische Unterschied zwischen den «objektiven» Angaben und der Selbstauskunft. Einen Anhaltspunkt bietet die Möglichkeit der Steuerzahler, ein Prozent ihrer Einkommensteuer einer konkreten Organisation, zum Beispiel einer Konfessionsgemeinschaft, anzubieten. Im Jahre 2017 erhielten jüdisch-konfessionelle Einrich-

tungen eine solche Unterstützung von insgesamt 17 000 Steuer-
zahlern, wobei Rentner nicht steuerpflichtig sind. Konfessionelle
Bindungen können aufgrund der einschätzbaren Beteiligung an
kirchlichen Aktivitäten – Besuche von Gottesdiensten, Zahl der
israelitischen Eheschließungen und Bestattungen – ermittelt werden und ergeben eine recht niedrige Anzahl: 4000 Gläubige sind
gelegentliche, 1000 regelmäßige Synagogengänger. Indessen können in Budapest Juden ihren Glauben in etwa 20 Synagogen und
Gebetshäusern der unterschiedlichen Gemeinden praktizieren.
Die Besucherzahlen konnten jedoch nur durch stichprobenartige
Beobachtungen ermittelt werden. Dementsprechend können wir
annehmen, dass ungefähr 20 000 Juden ihren Glauben aktiv praktizieren.

Viel schwieriger stellt es sich dar, die nicht gemeindegebunde-
nen 40 000 bis 90 000 Menschen jüdischer Abstammung zu cha-
rakterisieren, bei denen nur eine Selbstauskunft über ihre Zugehörigkeit zum Judentum Klarheit verschaffen könnte. Zu ihnen
zählen auch Intellektuelle, teilweise mit Holocaust-Erfahrung, die
wie Imre Kertész, György Konrád oder Ágnes Heller zur geistigen
Elite des Landes gehörten. Vertreter der jüngeren jüdischen Generation spielten während der Wende eine wichtige Rolle beim
sprunghaften Entstehen neuer autonomer Institutionen. Als Erster
meldete sich der Ungarisch-Jüdische Kulturverein im November
1988 zu Wort. Seine vierzehn Sektionen vereinten die mannig-
faltigsten Tätigkeitsfelder: Der «Club Hebraica» diente als Forum der Begegnung von In- und Ausländern, der Chagall-Kreis
wollte jüdische Kunst im historischen Ungarn dokumentieren,
der Ben-Yehuda-Kreis organisierte hebräische Sprachkurse, dem
Yad-Vashem-Kreis gehörten die aus Ungarn stammenden «Ge-
rechten der Welt» an, der Martin-Buber-Kreis beschäftigte sich mit
Glaubensgeschichte. Außerdem entstanden Tanz- und Musikclubs
sowie der Sportverein «Maccabi» zur Förderung der Gymnastik
und des Selbstverteidigungssports, aber auch zur Organisation von
Ausflügen und Gruppentourismus.

Auf konfessioneller Ebene begann die Erneuerung erst später. Aus der vom kommunistischen Staat geschaffenen Dachorganisation «Landesvertretung ungarischer Israeliten» traten die einzelnen religiösen Gemeinschaften hervor und gründeten 1991 den Verband Jüdischer Gemeinden in Ungarn (Mazsihisz). Den größeren Teil dieser Organisation bildeten Neologen (Liberale), den kleineren die Ungarische Autonome Orthodox-Israelitische Gemeinde (MAOIH). Anfänglich deckte Mazsihisz das kirchlich und weltlich ausgerichtete Judentum völlig ab und galt als Partner ausländischer Institutionen wie World Jewish Congress, Jewish Agency for Israel und Joint Distribution Committee. Nicht zuletzt wurde Mazsihisz von den aufeinanderfolgenden ungarischen Regierungen als einzig legitime jüdisch-religiöse Vertretung betrachtet, was etwa bedeutete, dass dem Verband die entsprechenden Steuergelder und andere Formen der staatlichen Subvention zustanden. Die wichtigste war die seit 1998 gezahlte sogenannte ewige Rente (perpetuity), eine Form der Entschädigung für die von den Kommunisten entzogenen Immobilien aller, auch christlicher Kirchen. Auf dieser finanziellen Grundlage sowie mit Hilfe internationaler Spenden konnte Mazsihisz seine religiösen, kulturellen und sozialen Einrichtungen sowie Mittel- und Hochschulen weiterführen. So wurden von ihm nicht nur die meisten Synagogen, koscheren Läden und Friedhöfe verwaltet, sondern auch die zweiwöchentlich erscheinende Zeitung «Új élet» (Neues Leben) herausgegeben.[8]

Die faktische Monopolstellung des von dem Ingenieur und Ökonomen András Heisler geleiteten Mazsihisz wurde 2004 durch die Entstehung einer völlig neuen Institution gebrochen. Die «Einheitliche Israelitische Gemeinde Ungarns» (EMIH) unter der Führung des Rabbiners Slomó Köves verstand sich als Nachfolgerin der Richtung «Status quo ante», einer Reihe von Gemeinden, die nach dem Schisma zwischen Neologen und Orthodoxen während des Allgemeinen Jüdischen Kongresses 1868 für einen Mittelweg optiert hatten. So ist die Bezeichnung als «Zustand vor dem Kongress» zu verstehen: Die meisten Status-quo-Juden hatten den Holocaust nicht überlebt, die Gemeinde existierte nur noch nominell als Schriftzug am Tor ihrer ehemaligen Synagogen.[9] In Wirklichkeit wurde Emih von der Chabad-Lubawitsch-Bewegung inspiriert und gefördert. Als reale Zielgruppe für sie kam zunächst die weder neologisch noch orthodox engagierte «Grauzone» der Judenheit in Frage, dennoch verdankte die Gemeinde ihren Aufstieg der außergewöhnlichen Aktivität der Mitglieder. Binnen weniger Jahre gelang es Emih, eine Infrastruktur aufzubauen, die auch dem Vergleich zum Mazsihisz standhalten konnte. Zahlreiche Synagogen, das Gymnasium «Maimonides», die Universität «Milton Friedman», ein Altersheim, ein Verlag, die Volksküche «Manfred Weiß» und andere Einrichtungen gehörten in ihre Zuständigkeit. Inhaltlich verkündete Emih das für Chabad typische Ziel, eine «positive Identität», das heißt die Herauslösung des Jüdisch-Seins aus dem Kontext des Antisemitismus und des Holocausts, zu begründen, was in Ungarn ein gewagtes Unterfangen sein dürfte. Juden wollen einfach nur Ungarn sein – das wird vielen nicht gefallen.

Obwohl die Rivalität zwischen Mazsihisz und Emih von Anfang an nicht zu leugnen war, kam es zu einer offenen Konfrontation zwischen den beiden Gemeinden erst nach 2010 mit der Amtseinführung der zweiten Fidesz-Regierung. Im Januar 2012 wurde im Parlament das neue Kirchengesetz verabschiedet, das die drei israelitischen Gemeinschaften – Mazsihisz (Neologen), Emih (Status quo ante) und Maoih (Orthodoxe) – als gleichrangig anerkannte. Diese Gleichberechtigung warf bei sichtbarer Asymmetrie der Gemeinschaften die Frage der «ewigen Rente» auf. Als Kompromisslösung behielt Mazsihisz 80 Prozent des Betrags für sich, während 20 Prozent den beiden anderen Gruppen als zweckgebundene Unterstützung zuerkannt wurden. Diese Vereinbarung wurde auch von der Regierung unterschrieben. Doch blieb der jährliche Zuschlag weiterhin ein Zankapfel, insbesondere als die Orthodoxen 2018 Maszihisz verließen und ihnen die Auszahlung der «ewigen

Rente» verwehrt wurde. Hierdurch entstand eine unsägliche Streiterei über den Anteil, der den jeweiligen Seiten zustehen sollte. Der Rabbiner Slomó Köves argumentierte damit, dass der Beitrag von Mazsihisz zum religiösen Leben in keinem Verhältnis zu 80 Prozent der Entschädigungssumme stehe – angemessen seien höchstens 50 Prozent. Zudem gebe András Heisler zu viel Geld für Verwaltung aus. Bei Mazsihisz handele es sich ohnehin, so Köves, um eine weltliche Organisation mit Atheisten im Vorstand.

András Heisler blieb die Antwort nicht schuldig und bezeichnete Emih als Ableger der Chabad-Bewegung, die über keine Wurzeln in Ungarn verfüge und sich erst 2012 auf Druck der Regierung hin einen Anteil der «ewigen Rente» habe sichern können. Emih sei überdies für die finanziellen Schwierigkeiten der Orthodoxen mitverantwortlich, die mit dem Austritt aus dem Mazsihisz gemäß ihrer geringen Mitgliederzahl zu weniger Förderung berechtigt seien. Gleichzeitig forderte Róbert Deutsch, der Vorsitzende der Gemeinde Maoih (Orthodoxe), Mazsihisz auf, 10 Milliarden Forint als Entschädigung zu zahlen, da die von den Kommunisten konfiszierten 150 Immobilien zu 40 Prozent den Vorgängern der Orthodoxen gehört hätten. Im April 2021 wandten sich die gegen Mazsihisz verbündeten beiden Gemeinschaften an das Oberrabbinat in Jerusalem, um ihrem Anspruch vor einem religiösen Gericht Geltung zu verschaffen. Das Rabbinat beschloss, die ungarische Regierung zu bitten, bis zur endgültigen Klärung alle Zahlungen einzufrieren – eine solche Entscheidung hätte vor allem die Neologen getroffen, deren Einnahmen zu 30 Prozent aus der «ewigen Rente» stammen. 36 Prozent des Budgets, bestimmt für die touristisch bedeutsame monumentale Dohány-Synagoge, waren 2020 und 2021 pandemiebedingt ohnehin schon komplett ausgefallen (2019: 560 000 Besucher). Sicherlich war dieser Schritt von Köves und Deutsch nur ein propagandistischer Schachzug, aber es stellt sich doch die Frage: Kann ein religiöses Gremium in Israel in einen zivilrechtlichen ungarischen Streitfall einbezogen werden?

Die Spaltung des konfessionellen Judentums wirkt seitdem auch

auf dessen Außenkontakte. Während der Friedensnobelpreisträger
Eli Wiesel 2012 auf eine Einladung des Emih hin in Budapest ein-
traf, dort das Parlament und den Regierungschef Orbán besuchte
und Mazsihisz ignorierte, stand Randolph L. Braham, weltbekann-
ter Holocaustforscher ungarisch-jüdischer Abstammung, 2014
eindeutig den Neologen bei. Ronald S. Lauder, Präsident des Jüdischen Weltkongresses, tat seine Sympathien für «meinen Freund
András Heisler» mehrfach kund, versuchte aber immer wieder, ein
gewisses Verständnis für die Regierungsseite aufzubringen. So
würdigte er zuletzt 2020 die finanzielle Hilfe der Regierung für das
Jüdische Krankenhaus sowie die Zusammenarbeit zwischen den
beiden größeren jüdischen Gemeinschaften und den Behörden bei
der Bekämpfung der Pandemie. Auch András Heisler befürwortet
in seinen öffentlichen Erklärungen immer die Zusammenarbeit
mit den offiziellen Stellen und lehnt jede parteipolitische Rolle
ab. Gleichzeitig betont er, dass die einzige Kontroverse zwischen
seiner Gemeinde und der Regierung mit deren «Gedächtnispolitik» zusammenhänge. Immerhin war dieser Konflikt wichtiger als
die Ranküne zwischen den Rivalen. Ursprünglich ging es nur um
die Verteilung der Gelder, jetzt um die geteilte Meinung zur Vergangenheit.

Das Projekt «Haus der Schicksale» beruhte auf einer Idee der
Historikerin Mária Schmidt, Direktorin des Museums «Haus des
Terrors». An der Stelle des seit 2005 stillgelegten «Josephstädter
Bahnhofs», von dem 1944 die Deportationszüge in Richtung
Auschwitz rollten, sollte ursprünglich eine Gedenkstätte für die ge-
töteten Kinder, später ein «Europäisches Bildungszentrum und
Gedenkstätte» errichtet werden. Kontroversen waren von Anfang
an nicht auszuschließen. Vor allem die Initiatorin war umstritten.
Die Dauerausstellung des «Terrorhauses», die vorwiegend kom-
munistischen Verbrechen und erst in zweiter Reihe dem Holocaust
gewidmet ist, löste seinerzeit vehemente Kritik aus der Zunft der
Historiker, sowohl jüdischer Institutionen als auch liberal-intellek-
tueller Kreise, aus. Der Vorbehalt galt nicht zuletzt Mária Schmidts

politischem Engagement als Viktor Orbáns historischer Beraterin zur Zeit der ersten Fidesz-Regierung (1998–2002). Dennoch gelang es ihr, einen Beraterstab mit prominenten Mitgliedern wie der Publizistin Anne Applebaum, dem Historiker Michael Wolffsohn, dem Rabbiner Andrew Baker und von ungarischer Seite András Heisler und György Haraszti, dem Leiter des Lehrstuhls für jüdische Studien an der Jüdischen Universität (Rabbinerseminar), ins Leben zu rufen. Doch die Beteiligten konnten keine Übereinstimmung zum «Haus der Schicksale» erzielen. Die Hauptursache war der Zeitpunkt: 2014 war der 70. Jahrestag des ungarischen Holocausts, ein Datum, das alte Wunden aufriss und sich gut für neue Verletzungen eignete.

In der Innenstadt von Budapest, auf dem Szabadság-tér (Platz der Freiheit), sollte 2014 ein Mahnmal für die «Opfer der deutschen Besatzung» aufgestellt werden. Es zeigt den Erzengel Gabriel, der Ungarn versinnbildlichen soll, mit dem Reichsapfel in der Hand, wie er von dem deutschen Adler bedroht wird. In ungewollter Komik geriet das kitschverdächtige eklektische Denkmal in die Nachbarschaft des sowjetischen Heldenmonuments, das wegen der guten Beziehung zu Russland als unantastbar galt. Bereits Fotos von der geplanten Skulptur, Anfang Januar veröffentlicht, lösten Proteste aus, unter anderem diesmal in beiden jüdischen Gemeinden. Slomó Köves meinte: «Ein solches Mahnmal ist für viele von uns unangenehm, denn es ist missverständlich und kann missdeutet werden.» András Heisler bezeichnete die Skulptur als einen «Versuch, die Geschichte zu verfälschen». Nach dem Protest sowohl der bundesdeutschen als auch der israelischen Botschaft sowie der Rückgabe der hohen ungarischen staatlichen Auszeichnung «Orden der Republik Ungarn» durch den Historiker und Holocaustforscher Randolph Braham begann die Affäre in einen internationalen Skandal auszuarten. Die Regierung versprach Konsultationen zu dem Projekt, hielt jedoch die Zusage nicht ein. Bereits zwei Tage nach den von Fidesz gewonnenen Parlamentswahlen im April 2014 begann die Errichtung des Mahnmals. Wegen monatelanger Flash-

mobs wurde es erst im Juli vor allem in Nachtarbeit fertiggestellt
und ist bis heute nicht eingeweiht worden. Der Protest wurde jedoch fortgesetzt: Die Initiative forderte Besucher dazu auf, Kiesel-
steine, Kerzen, Fotos und Reliquien aus ihrer Familiengeschichte
auszustellen, die zu einem wahrhaftigen Nachdenken über den
ungarischen Holocaust inspirieren sollten. Um dieses kleine Frei-
lichtmuseum, ein «lebendes Denkmal», werden allwöchentlich
weiße Stühle im Kreis aufgestellt, und es finden Gespräche, Kon-
zerte und literarische Lesungen zum Thema statt.

Die Einwände gegen die Skulptur, die von Viktor Orbán als
«makelloses Kunstwerk» bezeichnet wird, bezogen sich selbstverständlich nicht auf die Leugnung der Katastrophe, die der Ein-
marsch der Wehrmacht am 19. März 1944 für Ungarn bedeutete.
Vielmehr ging es um das Wort «Opfer». Schließlich hatte Hitler-
deutschland nach dem Ende der Operation «Margarethe» den
Reichsverweser Horthy an der Macht belassen und dem Königreich Ungarn, anders als anderen okkupierten Staaten wie Däne-
mark, Belgien und den Niederlanden, die Souveränität nicht ent-
zogen. Zwar wurde die massenhafte Deportation einer halben
Million jüdischer Staatsbürger durch die Präsenz der deutschen
Divisionen und den Eichmann-Stab begünstigt, doch durchgeführt wurde sie mit Hilfe der ungarischen Behörden und des Be-
amtentums unter Mitwirkung oder passiver Duldung breiter Be-
völkerungsschichten. Dagegen entsprach die Legende um Gabriel
und den Adler, die in der Skulptur Gestalt angenommen hatte, der
Grunddoktrin des 2010 deklarierten «Systems Nationaler Zusammenarbeit», dass Ungarn am 19. März 1944 seine Souveränität verloren habe. Diese Formulierung ließ die Interpretation zu, das
Horthy-Regime sei für seine Handlungen nicht voll verantwortlich
gewesen.

Obwohl sich beide wichtigen jüdischen Würdenträger von der
«Gedächtnispolitik» des Fidesz distanzierten, ging András Heisler
noch einen Schritt weiter. Als Zeichen des Protestes entschied sich
der Mazsihisz-Vorsitzende, die staatlich organisierten Erinnerun-

gen zum 70. Jahrestag des ungarischen Holocausts zu boykottieren und die zu diesem Zweck angebotenen Sondersubventionen abzulehnen. Diese radikale Haltung verschärfte sich kurz danach aufgrund der Fidesz-Kampagne gegen George Soros, den Milliardär jüdisch-ungarischer Abstammung. Der Konflikt begann während des Flüchtlingsdramas 2015, als die Propagandisten der Regierung den Geschäftsmann als Autor eines angeblichen «Soros-Plans» und als Initiator der Migrationsbewegung anprangerten.

Im Sommer 2017 wurden von der Regierung landesweit und massenhaft Riesenposter aufgestellt, die einen grinsenden George Soros zeigten und mit dem mahnenden Aufruf versehen waren: «Lassen wir nicht zu, dass am Ende Soros lacht!» Viele Beobachter wiesen darauf hin, dass diese Art von Bloßstellung nolens volens antisemitische Züge trug, was Orbáns Medien vehement leugneten. Ganz beruhigend aber klang die Rechtfertigung der Kampagne durch den Regierungschef auch nicht: «In Europa vollzieht sich gerade ein Bevölkerungswechsel. Teilweise deshalb, damit Spekulanten wie Soros (…) viel Geld verdienen können. Sie möchten Europa zerstören, weil sie sich davon große Profite erhoffen. (…) Sie mögen das christliche Europa nicht, sie mögen die christlichen Traditionen Europas nicht, sie mögen Christen nicht.» Die Dimension der Hetze mit dem Shylock-Effekt zeigte sich auch darin, dass unbekannte Personen zahlreiche Poster mit der Aufschrift «dreckiger Jude» versahen. Ein Protestbrief Heislers an Orbán stieß auf taube Ohren. Etwas mehr hätte eine Erklärung des israelischen Botschafters bewirken können, der auf seiner Facebook-Seite postete, die Fotokampagne wecke «traurige Erinnerungen» und schüre «Angst und Hass», weshalb er die Zuständigen darum bitte, «dem Teufelskreis ein Ende zu setzen». Überraschenderweise jedoch desavouierte das israelische Außenministerium den eigenen Botschafter mit der Behauptung: «Die Kritik an Soros kann in keiner Weise als illegitim betrachtet werden.» Offenbar betrachtete man Soros wegen seiner Unterstützung palästinenserfreundlicher NGOs ebenfalls als Feind. Außerdem empfand Jerusalem den Zeitpunkt der Äußerung des Botschafters als diplomatisch verfehlt: In diesen Tagen wurde Benjamin Netanjahu in Budapest erwartet.

Anfang Juli besuchten der israelische und der ungarische Regierungschef, begleitet von András Heisler, die bildschöne Synagoge der Neologen in der Dohány-Straße. Danach gingen sie am Geburtshaus von Theodor Herzl vorbei, dem Begründer des Zionismus. Gemeinsam traten sie vor geladenem Publikum im Kulturzentrum des Mazsihisz auf. Als Erster sprach der Gastgeber Heisler, dessen 92-jährige Mutter, eine Überlebende von Auschwitz, anwesend war, worauf er die beiden Ministerpräsidenten aufmerksam machte. Er sprach vollkommen undiplomatisch und direkt, einen Teil seiner Kritik adressierte er an Viktor Orbán: «In unseren Tagen hat man in Ungarn eine totale Propagandakampagne gestartet, deren sprachliche und bildhafte Mittel bei uns Juden schlimme Erinnerungen hervorrufen. Man kann über die Zielsetzung der Kampagne diskutieren, aber für mich ist sie wegen einer Sache unannehmbar geworden: Die Juden in Ungarn beginnen Angst zu haben. Und dies ist ein Phänomen, das kein verantwortlicher jüdischer Leiter wortlos hinnehmen kann – aber auch kein verantwortlicher Regierungschef.» An Benjamin Netanjahu wandte er sich mit den Worten: «Die Bewertung der ungarischen Plakatkampagne seitens des israelischen Außenministeriums hat unsere Gemeinschaft wie eine kalte Dusche getroffen. Die Erklärung verursachte uns Schmerz, viele hatten das Gefühl, im Stich gelassen zu werden. (…) Herr Ministerpräsident Netanjahu! Ich bitte Sie mit allem Respekt, dazu beizutragen, die Diaspora stärker zu betrachten. Nur eine starke Diaspora ist imstande, Israel zu helfen, und wir ungarischen Juden wollen helfen.»

Wer dieses Ereignis aufmerksam vor Ort oder in Livesendung verfolgte, dem konnte auffallen, dass Heislers Rede mehrfach durch Applaus unterbrochen wurde – die beiden Staatsmänner jedoch klatschten kein einziges Mal, auch nicht am Ende. Weder Orbáns noch Netanjahus Ansprache enthielt auch nur ein Wort der Reaktion auf die kritischen Sätze des Gastgebers. Sie sprachen über ihre eigenen großpolitischen Anliegen. Dem Gast aus Jerusalem ging es hauptsächlich um die Sicherheit seines Staates im Lichte des islamistischen Terrors und wachsenden Antizionismus und Antisemitismus. Sein ungarischer Amtskollege verglich das Recht Israels auf Selbstverteidigung mit dem Recht des ungarischen Staates, die ethnische Zusammensetzung des Landes durch Zuwanderung nicht verändern zu lassen – ein Seitenhieb in Richtung Europäische Union. Gleichzeitig sprach er von «zero tolerance» gegenüber dem Antisemitismus und bestätigte die Mitverantwortung des ungarischen Staates, der 1944 «unfähig war, seine jüdischen Staatsbürger in Schutz zu nehmen». Auch noch nach dieser prekären Episode würdigte Israels Premier in einem Interview für die CNN Orbáns «Kampf gegen den Antisemitismus» in Ungarn.

Der ungarisch-jüdische Normalbürger erlebt Antisemitismus auf verschiedenen Schauplätzen: Ein greiser Rabbi wird am helllichten Tage auf der Straße beschimpft, antisemitische Sätze hört man in öffentlichen Verkehrsmitteln, am Arbeitsplatz, im Streit mit Behörden und sogar in der Nachbarschaft. Zeitungsleser erfahren von Hassdelikten gegen Synagogen und Friedhöfe, Angriffen auf Journalisten und Skandieren judenfeindlicher Losungen auf den Tribünen während der Fußballspiele. Von der zivilen Stiftung «Tat und Schutz» wurden 2018 nur 32 Fälle von antisemitischen Handlungen, darunter drei körperliche Attacken, zehn Sachbeschädigungen und in 19 Fällen verbale Angriffe, registriert. Wahrscheinlich erstatten nur wenige der Betroffenen Anzeige, so dass die Dunkelziffer wesentlich höher liegen kann. Im Internet wird auf von Hunderttausenden besuchten Portalen wie «Kurucinfo» systematisch unter dem Titel «Judenkriminalität» übelste Hetze getrieben, und auch kaum moderierte Facebook-Seiten verbreiten faschistische Botschaften.

Besondere Schärfe erhalten die Konturen des Antisemitismus im politischen Bereich, da hier Judenfeindlichkeit als gezieltes Instrument zur Bekämpfung des jeweiligen Gegners dient. Die altbewährte Formel «Judentum = Bolschewismus» wird immer mehr von einer neuen ersetzt, «Judentum = Liberalismus», oder es werden beide Vorurteile mit verächtlichen Kunstbegriffen wie «Liberalbolschewismus» («liberbolsi») miteinander verbunden. Allein die Tatsache, dass sich die Regierungspartei als «illiberal» definiert, verwandelt den Terminus «liberal» zu einem salonfähigen Schimpfwort, das die rechten Medien, ebenso wie das Wort «Linke», als Antipode des «Ungarischen» benutzen. Synonym gebraucht werden Ausdrücke wie «Ungarnhasser», «Fremdherzige», «Freimaurer» für Kritiker der Regierungspolitik im Ausland, inklusive ungarischer Abgeordneter des Europäischen Parlaments («Landesverräter»). Ihre jüdische Abstammung wird liberalen Personen der Öffentlichkeit ab ovo angekreidet. Tatsächlich weiß man nur annähernd, wie jüdische Wahlbürger parteimäßig zuzuordnen sind. Wahrscheinlich sind sie aufgrund ihrer historischen Erfahrung gegenüber Vereinen wie Jobbik völlig immun und neigen eher dazu, für kleine liberale Parteien zu stimmen. Dabei mangelt es nicht an jüdischen Persönlichkeiten, die im Fidesz gerne eine stabile antikommunistisch-konservative Macht sehen möchten, die rechtsextreme Strömungen aufhalten kann. Dies liegt durchaus an dem traditionellen Hang ungarischer Juden und Nichtjuden, das angeblich sichere «kleinere Übel» zu wählen.

In seiner aufsehenerregenden Ansprache anlässlich des Netanjahu-Besuchs brachte András Heisler in einem Nebensatz die Probleme des ungarischen Judentums auf den Punkt: «Viele sprechen von einer jüdischen Renaissance. In Wirklichkeit führen wir einen furchtbaren Kampf, aber nicht mit der Regierung, nicht mit der Migration, nicht einmal mit den Antisemiten, sondern mit der Assimilation. Langfristig stellt sich die Frage, ob unsere Kinder oder Enkel noch als Juden leben werden.» Die Realität dieser Feststellung besteht nicht allein darin, dass nur ein winziger Teil der Juden sich organisatorisch mit religiösen und säkularen Institutionen des Judentums verbindet. Entscheidend sind die schwache Reproduktionszahl und die Altersstruktur der Gemeindemitglieder.

Die Überlebenden des Holocaust, deren Zahl man auf 4000 Personen schätzt, sind nicht mehr aktiv am religiösen und kulturellen Leben beteiligt. Sie sind Pensionäre, die teilweise auf staatliche Entschädigungszahlungen und Renten der Claims Conference angewiesen sind. Alte und Kranke erhalten häusliche Pflege vom Hilfswerk «Ungarisch-Jüdische Sozialstiftung.» Für einen neuen Aufbruch mangelt es an jungen Kräften, zudem führen Ehen mit nichtjüdischen Partnern fast automatisch zum Verlust der jüdischen Identität. Überdies wandern auch viele ab, wenn auch bei weitem nicht in dem Ausmaß wie aus der ehemaligen Sowjetunion oder aus einigen westeuropäischen Staaten. Jedenfalls sehen vor allem jüngere Juden ihre Chance in der Alija, der Auswanderung.

Beginnend mit der Wiederherstellung der 1967 abgebrochenen diplomatischen Beziehungen zwischen dem Staat Israel und Ungarn, entfaltete sich zunächst eine euphorische Alija-Bewegung. Exakte Zahlen gibt es nur wenige, aber man weiß, dass zwischen 1989 und 2016 etwa 3800 ungarische Juden als Olim, Einwanderer, im jüdischen Staat eintrafen, in dem zuvor bereits 200 000 ungarische Juden ihre neue Heimat gefunden hatten. Erleichtert wurde die Alija durch die Aufnahmebereitschaft Israels, die Aussicht, mit nachgewiesener jüdischer Abstammung die Staatsbürgerschaft relativ leicht zu erlangen und zumindest am Anfang soziale Vorteile zu genießen. Die Motive für die Auswanderung waren mannigfaltig: In vielen Fällen trug das familiär vermittelte jüdische Bewusstsein zur Entscheidung bei, andere Jugendliche waren von den ersten Eindrücken während einer von der Jewish Agency organisierten kostenlosen Reise begeistert und hofften auf einen Neuanfang. Wieder andere folgten ihrer durch die Öffnung des Eisernen Vorhangs beförderten Abenteuerlust und ließen zunächst die Frage offen, ob sie dauerhaft im Gelobten Land bleiben wollten.

Das Ergebnis einer Umfrage der Soziologin Ráchel Surányi, warum heute ungarische Juden nach Israel auswandern wollen, zeigt unterschiedliche Antworten. Vor allem Zionisten und bekennende Juden sehen Israel als einzig möglichen Wunschort und betonen die Wichtigkeit des ungehinderten religiösen Lebens. Ein Befragter erzählt, dass ihn sein Vater als «stolzen Juden» erzogen habe und es nie darum gegangen sei, *ob* er Alija machen würde, sondern nur darum, *wann* er dies tue. Die Interviewerin erhielt aber auch eine verblüffende Auskunft: «Mir erscheint jeder Ort auf der Welt besser als Ungarn.» Mit der Alija kann man zwar nach gelungener Integration eine neue Heimat finden, aber man will auch die alte nicht ganz verlieren, zumal Angehörige und enge Freunde zurückbleiben. Weder das Judentum noch das Magyarentum kann man einfach loswerden.

## Der Untergang der «Meerjungfrau»

Am Mittwoch, dem 29. Mai 2019 fuhren am späten Abend zwei Schiffe gleichzeitig die Donau flussaufwärts und näherten sich der Budapester Margaretenbrücke. Das 135 Meter lange Kreuzfahrtschiff «Viking Sigyn» mit vier Decks und einer Kapazität von 95 Hotelzimmern hatte gerade mit 180 Passagieren und 40 Crewmitgliedern den Hafen am Vigadó-Platz verlassen und startete zu einer neuntägigen Reise, «Danube Waltz», mit Endstation Passau. Der Riese war ganz neu, Baujahr 2018, und fuhr unter Schweizer Fahne. Die «Meerjungfrau», das andere Schiff, war 1949 im sowjetukrainischen Cherson vom Stapel gelaufen und der Motor zuletzt 1980 ausgetauscht worden. Es gehörte der ungarischen «Panorama Deck Schifffahrt GmbH», war 27 Meter lang, besaß zwei Decks und war an jenem Tag für eine Sightseeing-Tour im Auftrag der in Seoul ansässigen «Very Good Tour Ltd» unterwegs. Außer den 35 südkoreanischen Passagieren im Alter von sechs bis 72 Jahren befanden sich der Kapitän und ein Matrose auf dem Schiff. Wegen des unruhig-gewittrigen Wetters hielten sich die meisten Reisenden in den Innenräumen auf.

«Viking Sigyn» verlangsamte vor dem Parlamentsgebäude sein Tempo, damit die Reisenden den Anblick bewundern und Fotos oder Videoaufnahmen machen konnten. Indessen überholte die «Meerjungfrau» das große Schiff und navigierte in Richtung der nächsten Station, des Jászai-Mari-Platzes jenseits der Brücke auf der Pester Seite. Nach dem Verlassen des sehenswürdigen Ortes steigerte das Hotelschiff die Geschwindigkeit und kollidierte um

fünf Minuten nach neun direkt unter der Brücke mit dem kleinen
Schiff, das sofort kenterte und binnen sieben Sekunden versank.
Reisende unter Deck hatten keine Chance, und auch die Zwei-
Mann-Crew konnte sich nicht retten. Als der Rettungsdienst nach
zehn Minuten am Unfallort erschien, rangen noch einige Touristen in den Wellen um ihr Leben. Sieben von ihnen konnten von
kleinen Booten in der Nähe aufgenommen und im Zustand von
Unterkühlung und Schock ins Krankenhaus eingeliefert werden.
Heftiger Regen, ein extrem hoher Pegelstand von 503 Zentimetern
und die starke Strömung erschwerten zunächst die Rettung und
später auch die Suche nach den Opfern. In den darauffolgenden
Wochen wurden 27 Tote aus dem Fluss geborgen – ein koreani-
scher Tourist blieb für immer spurlos verschwunden.

Insgesamt 28 Familienangehörige der koreanischen Reisenden,
18 Schifffahrtspezialisten und 13 Taucher konnten mit Hilfe der
polnischen Fluggesellschaft LOT am 31. Mai in Budapest landen. In
diesen tragischen Tagen hatten die Koreaner mit Sicherheit die Katastrophe vom Frühjahr 2014 im Hinterkopf. Damals war die Fähre
«Sewol» mit 476 Reisenden, mehrheitlich Schülerinnen und Schü-
lern, auf offenem Meer in der Nähe der Insel Jindo gesunken –
290 Jugendliche hatten das erschütternde Unglück nicht überlebt.
Das Ereignis löste in Südkorea eine politische Krise aus. Fahr-
lässigkeit, Navigationsfehler und unterlassene Hilfeleistung durch
das Personal lagen auf der Hand und wurden auch nachgewiesen.
Premierminister Jung Hong-won reichte bei der Staatschefin Park
Geun-hye seinen Rücktritt ein: «Das Weinen der Familienangehörigen der Verschwundenen lässt mich nicht ruhig schlafen», erklärte er im Fernsehen. Die Präsidentin nahm den Rücktritt an,
verpflichtete Jung jedoch, bis zum Abschluss der Bergungsarbeiten
im Amt zu bleiben.

In Ungarn begannen die Ermittlungen gleich nach dem Vorfall.
Die «Viking Sigyn» ließ man nicht weiterfahren, der ukrainische
Kapitän Jurij Tschaplinskij wurde festgenommen und verhört.
Schifffahrtsexperten, Nautiker und Juristen untersuchten acht Stun-

den lang das Schiff und stießen auf keinerlei technische Unzulänglichkeiten – einzig mögliche Unfallursache blieb menschliches Versagen. Tschaplinskij behauptete, wegen der schlechten Sichtverhältnisse nichts bemerkt zu haben. «Mein Seh- und Hörvermögen ist in Ordnung, ich habe nicht telefoniert, war nicht müde, hatte weder Alkohol noch Drogen konsumiert und war einzig und allein mit der Steuerung beschäftigt», behauptete der 64-jährige Mann, und alles klang glaubwürdig. Seit 1975 arbeitete er auf der Donau, seit 2000 als Kapitän des Anbieters Viking River Cruises AG, und auf der «Sigyn» fuhr er seit März 2019. Dennoch konnte sich der erfahrene Seemann nicht zur ganzen Wahrheit durchringen. Bis zuletzt blieb er die Antwort schuldig, warum er kein Radar benutzt und keinerlei Licht- oder Tonsignale gegeben hatte. Eigentlich war er aber keineswegs auf die Technik angewiesen gewesen. Eine Videoaufnahme bewies, dass amerikanische Reisende auf dem Oberdeck die drohende Nähe zu dem kleinen Schiff wahrnahmen und unüberhörbar laut reagierten: «Oh my God, it is a boat! Stop the boat!» Doch selbst wenn der Kapitän das alles gehört und gesehen hätte, wäre es zu spät gewesen, um die Tragödie zu vermeiden. Nun trat er mit der Wasserwacht in Verbindung und meldete das Unglück in einem verwirrten Gemisch von mehreren Sprachen, von dem die Empfänger lediglich das wiederholte russische Wort «Havarija» verstanden.

Am selben Abend war mitten auf der Donau noch ein Langschiff der Viking AG, die «Idun», unterwegs, ebenfalls mit einem ukrainischen Kapitän am Steuer und genauso vielen Touristen. Dem Kapitän fiel das Abbremsen der «Sigyn» auf, und er fragte den Kollegen per Funk: «Was ist los, Jura?» Dieser antwortete: «Ich bin mit einem Schiff kollidiert.» Daraufhin reagierte der Kapitän der «Idun» verblüffend: Er durchfuhr, ohne Alarm zu schlagen oder Hilfe zu leisten, den Unglücksort, wo sich zu dieser Zeit womöglich noch lebende oder tote Opfer befanden. Wahrscheinlich befürchtete er, die neuntägige Kreuzfahrt könnte platzen und somit seinem Auftraggeber gewaltige Verluste verursachen. Die Sperrung

der «Idun» für die Weiterfahrt wurde allerdings am nächsten Tag
ohnehin veranlasst. Der Kapitän war der Devise «Weiterfahrt um
jeden Preis» gefolgt. Diesem nicht eben edlen Beispiel folgte auch
die «Sigyn», die nach dem Abschluss der achtstündigen Untersuchung unter der Führung des rumänischen Zweiten Offiziers die
Weiterreise Richtung Bratislava antrat. In welchem Seelenzustand
sich Mannschaft und Touristen befanden, kann man nur erahnen.
Dass die Behörden beide Schiffe ungehindert weiterfahren ließen,
gehört bis heute zu den umstrittenen Momenten der Katastrophe.
Ein politischer Skandal wie in Südkorea blieb indes aus.

Auf der «Krisenkarte» des Ungarischen Public-Relations-Ver-
bandes, einer Dokumentation der bedeutendsten Unfälle und Pan-
nen, die jährlich publiziert und ausgewertet wird, befindet sich der
Fall «Meerjungfrau» unter den herausragenden Beispielen des
Jahres 2019 – neben dem Ausfall der Klimaanlagen in der Klinik
«Ferenc Jahn» oder dem Absturz der elektronischen Systeme in der
CIB-Bank, dem zweitgrößten Geldinstitut des Landes. Bei Letz-
terem handelte es sich nur um eine indirekte Gefährdung der
Kundensicherheit, da tagelang keine Bankgeschäfte getätigt wer-
den konnten, weder in den Filialen noch online. In der Klinik hin-
gegen bestand für Patienten im Operationssaal Gefahr für Leib
und Leben. Allerdings konnte man diese konkreten technischen
Pannen nach einiger Zeit beheben, während die Kollision an der
Margaretenbrücke als unumkehrbarer Vorgang bleibende Spuren
in der Öffentlichkeit hinterließ. Ähnlich wie die Südkoreaner, die
Ende Mai, die Eilmeldungen auf dem Bildschirm beobachtend,
an die Katastrophe der Fähre «Sewol» zurückdachten, fühlten sich
auch viele Ungarn angesichts der gespenstischen halbdunklen
Videos an eine zeitnah zurückliegende Tragödie, ein Busunglück
in Verona, erinnert, dem im Januar 2017 auf dem Rückweg von
einer Skifreizeit 18 Schüler und Lehrer eines Budapester Gymna-
siums zum Opfer fielen. Das Schicksalhafte und Unglaubliche zog
die Wahrnehmung erneut in seinen Bann.

Im Mittelpunkt der ungarischen Trauer standen zwei Personen

der Besatzung: der 53-jährige Kapitän László Lombos und sein 56-jähriger Kollege, der Matrose János Pethő. Beide Binnenschiffer wurden von Eltern, Kindern und Geschwistern betrauert. Nahe Familienangehörige erzählten in Zeitungsinterviews, wie sie die Katastrophe persönlich erlebt hatten – lakonische Variationen auf ein lebenslanges Trauma.

MARIANN (Lebensgefährtin des Matrosen): Ich habe ihn angerufen, und er versprach, in einer halben Stunde, sobald sie angelegt hätten, zurückzurufen. Er rief nicht an. Von der Tragödie erfuhr ich um vier Uhr morgens aus dem Internet. Zuerst rannte ich zum Hafen, dann rief ich in Spitälern an in der Hoffnung, er hätte überlebt. Dann beobachtete ich die Bergung sechs Tage lang, stand jeden Tag am Ufer und hoffte immer noch darauf, dass Jani lebend erschien. Ich brach erst zusammen, als die Patrouillen mitteilten, dass sein Leichnam geborgen war.

ORSOLYA (Tochter des Kapitäns): Am Donnerstagmorgen klickte ich an meinem Arbeitsplatz, einfach so, Facebook an, zappte mich durch, und plötzlich stieß ich auf die Nachricht, dass am Vorabend ein Unfall auf der Donau passiert war. Ich sagte mir, ich lese das später, dann aber sah ich im zweiten Artikel das Wort «Meerjungfrau». Erst da wurde mir bewusst, dass der Unfall Vater passiert war, weil er am Mittwochabend auf dem Schiff Dienst hatte. (…) Ich hatte also in der Nacht, ohne etwas davon zu wissen, ruhig durchgeschlafen. Vielleicht hatte es Vater selbst so eingerichtet.

Anders als im Fall des Busunglücks von Verona verordnete die Regierung diesmal keine nationale Trauer – ein Zeichen des mangelnden Verständnisses für die Dimension des Geschehens und dessen Wahrnehmung in der koreanischen Trauerkultur. Erst zwei Jahre später kam es zur Einweihung eines puritanisch gestalteten Denkmals am Unglücksort. Zunächst äußerte sich die Pietät eher spontan. Tausende von Menschen strömten bereits am Donners-

tagmorgen mit Blumen und Kränzen zum Donauufer und zur
Margaretenbrücke, am Abend auch mit Kerzen, um ihrem Mitgefühl Ausdruck zu verleihen. Auf Initiative des Passagierschiffver-
bands begann eine Spendensammlung für die beiden ungarischen
Familien, die bis Mitte Juli auf den Betrag von anderthalb Millionen Forint anwuchs. Nach der Bergung des Wracks der «Meerjungfrau» und fast aller Todesopfer am 11. Juni 2019 fand in Anwesenheit von sehr vielen Zuschauern die Trauerfeier statt. Fünfzehn
Schiffe lagen in einer Reihe vor der Brücke und gaben ein Hupsig-
nal, ein Zeichen für das Publikum, das unter dem Glockenschlag
des Schiffs «Fischerbastei» Blumen des Gedenkens in den Fluss
streute. Da der Matrose János Pethő vor dem Beitritt zur zivilen
Schifffahrt beim Militär gedient hatte, verabschiedete sich auch die
Honvéd-Armee von ihm, deren Blasorchester das Trompetensolo
«Il Silenzio» spielte. Diesen Anlass hielt das Großunternehmen
Viking River Cruises für geeignet, über die Nachrichtenagentur
MTI der Trauergemeinde eine etwas verspätete Erklärung zu über-
mitteln: «Wir drücken den Familien, Freunden und Schiffskame-
raden unsere aufrichtige Anteilnahme aus. Wir trauern erschüttert
um die Seeleute.»

Diese prekäre Episode zeigte den weniger erbaulichen Teil der
Nachgeschichte der Katastrophe vom 29. Mai 2019. Während die
Betreiber der «Meerjungfrau» den ungarischen und die Reisege-
sellschaft Very Good Tour Ltd den koreanischen Opfern umge-
hend eine Schnellhilfe gewährten, zeigten die Viking River Cruises
mit Sitz in Basel keine Bereitschaft, auf diesbezügliche Ersuchen
einzugehen. Offenbar befürchtete die Firma, dass jede Großzügig-
keit als Schuldanerkenntnis missverstanden werden könnte. Durch
diese Weigerung entstand eine schwer auflösbare Konstellation,
die sich in den anstehenden parallelen Prozessen manifestierte. Als
Kläger traten hier einerseits die koreanischen Familienangehörigen, andererseits die der ungarischen Crew auf. Die gemeinschaftliche Forderung von Schadensersatz in Milliardenhöhe (Forint)
richtete sich an die beiden Schiffsunternehmen. Gleichzeitig ver-

langte die ungarische Panorama Deck Schifffahrt GmbH eine ähnlich hohe Entschädigung von der Viking AG. Dabei verhielten sich die beiden Firmen in Bezug auf ihre Kapitalstärke genauso zueinander wie die Tonnage der «Viking Sigyn» und der «Meerjungfrau».

Erschwerend für die Sachlage erwies sich der im März 2020 begonnene Strafprozess gegen den ukrainischen Kapitän Tschaplinskij. Nach wiederholten Festnahmen wurde er gegen eine Kaution von 15 Millionen Forint (40 000 Euro) aus dem Gefängnis entlassen und in Budapest mit elektronischen Fußfesseln unter Hausarrest gestellt. Ihm warf der Staatsanwalt fahrlässige Gefährdung und in 35 Fällen unterlassene Hilfeleistung vor – Delikte, für die dem Angeklagten zehn Jahre Freiheitsentzug drohten. Tschaplinskijs Verteidiger waren sich über die Last der Anschuldigungen gegen ihren Mandanten im Klaren und versuchten diese wenn auch nicht direkt abzuweisen, aber doch abzuschwächen. Als handfestes Argument beriefen sie sich darauf, das kleine Schiff sei zwar «fahrtüchtig», also technisch geprüft, aber dennoch «untauglich» gewesen, und zwar deshalb, weil ein Wasserfahrzeug dieser Größe mindestens drei Personen als Crew vorweisen muss. Im Übrigen gewannen Beobachter den Eindruck, dass die Verteidigung mit zahllosen formalen Einwänden eher auf Zeitgewinn als auf schnellen Erfolg spielte. Schließlich wurde das ganze Verfahren durch die beginnende Pandemie gestoppt – ein rechtskräftiges Urteil und ein Abschluss des Zivilprozesses sind damit in die Ferne gerückt.

Die schwere und manchmal lebensgefährliche Arbeit der Helfer und Taucher verdiente höchste Anerkennung. Bereits Ende Juni überreichte der Innenminister Sándor Pintér verschiedene Auszeichnungen an Teams der Rettungs- und Bergungsarbeiten, sowohl an hauptberuflich Engagierte als auch an Freiwillige, insgesamt 46 Personen. Anfang Juli verteilte der Ungarische Taucherverband Urkunden an die Beteiligten. Auf diese feierliche Zeremonie fiel jedoch ein Schatten: Von den 24 Tauchern sahen lediglich 15 auf ihrer Urkunde vier Sterne, die höchste Anerkennung ihres

Bemühens, die anderen mussten sich mit drei Punkten zufrieden-
geben. Dies lag an der verbandsüblichen Hierarchie der Würdi-
gungen: Zu vier Sternen waren nur diejenigen berechtigt, die auf
eine lange Dienstzeit zurückblicken konnten. Offenbar fühlten sich
die weniger Privilegierten beleidigt – schließlich hatten sie im selben eiskalten Fluss getaucht wie ihre Kollegen.

Es gab aber auch tröstliche Ereignisse. Die Kapitänin des kleinen
Ausflugschiffs «Welle», die damals 24-jährige Emőke Raub aus
Újpest, hatte an jenem furchtbaren Abend ausgerechnet ebenfalls
eine koreanische Touristengruppe an Bord. Den Zusammenstoß
sah sie nicht sofort, erfuhr aber davon über den Lautsprecher eines
benachbarten Schiffs. Sie mied mit Absicht die Stelle, damit die
Verunglückten nicht unter ihr Schiff geraten konnten, und berei-
tete mit zwei Kollegen die Rettung vor. «Da sah ich nur noch im
Wasser zappelnde Menschen.» Zuerst warf die kleine Mannschaft
Rettungsringe ins Wasser. Zwei Touristen gelang es, sich an den
Ringen festzuhalten, doch sie konnten den Schiffsrand nicht erreichen. Zwei Matrosen hielten sie an der Hand fest, bis endlich ein
Motorboot erschien und sie aufnahm. Emőke erhob keinen Anspruch auf die von ihrem Bezirksbürgermeister angebotene Auszeichnung. Sie sagte: «Ich habe nur getan, was meine Pflicht war,
ebenso wie die anderen.»

Zum Zeitpunkt der Katastrophe hielt ich mich in Budapest auf
und besuchte am Sonntagabend den Unglücksort. Zwischen Blumen und Kerzen fand ich in einem verglasten Bilderrahmen ein
handgeschriebenes ungarisches Gedicht mit dem Monogramm
«T. A.». Es war keine großartige Poesie, strahlte aber so viel Wärme
und Mitgefühl aus, dass es mir bedeutsam schien, den Text abzu-
schreiben, bevor er vom Brückengeländer und damit aus der täglichen Erinnerung wieder verschwinden würde.[10]

*Budapest*
*Die Stadt leuchtet*
*In Regen und Schlamm*
*Wir wiegen uns auf dem Wasser der Donau*

*Schwarz-grüne Kavalkade*
*Wirbelnde Erde*
*Unsinn*
*Hier seht ihr das Parlament*
*Das kleine Schiff schwimmt*
*Zucken*
*Staunen*
*Platschen*
*Sprengen*
*Es möchte Luft schnappen*
*Und beißt in den Schaum*
*Kaltes Wasser umarmt*
*Die Meerjungfrau stampft*
*Möchte nach oben*
*Es zieht sie nach unten*
*Geht den ewigen Weg*
*Abendtour ist zu Ende*
*7 Menschen weinen*
*7 Menschen dulden*
*Dreimal 7 sind geblieben*
*Man muss nach ihnen suchen*

# Der Türkische Rat

## Viktor Orbáns «Ostpolitik»

Das VII. Gipfeltreffen zur Kooperation türkischsprachiger Staaten fand 2019 im monumentalen Heydar Aliyev Center auf dem Heydar-Aliyev-Prospekt der aserbaidschanischen Hauptstadt Baku statt. Die Eröffnungsrede hielt Ilham Aliyev, Sohn des Staatsgründers und sein Nachfolger als Präsident der Republik. Auf der Bühne des großen Konferenzsaals nahmen die Staatschefs halbkreisförmig Platz, hinter ihnen wehten die Flaggen der Mitgliedstaaten und noch eine weitere Fahne: die Trikolore von «Macaristan», das als Beobachter seit 2018 an der Arbeit der Organisation teilnahm. Sein Status entsprach hier dem des Ehrengastes, und Viktor Orbán gab sein Bestes, um der Rolle gerecht zu werden. Ihm ging es darum, Ungarns Interesse für diese Region stichhaltig darzulegen, indem er betonte: «Die ungarische Sprache ist mit den türkischen Sprachen verwandt.[11] Unter ihnen vertreten wir das östliche Volk, das am weitesten in Richtung Westen angesiedelt ist und auch das Christentum angenommen hat. Wir sind ein im Westen lebendes christliches Volk, das auf der Grundlage der hunnisch-türkischen Provenienz steht. Die Ungarn betrachten sich als späte Nachkommen von Attila. Ungarn reflektiert und pflegt seine türkischen Wurzeln. Unsere Heimat beherbergt seit Jahren Europas größte Traditionsveranstaltung, die ungarische Stammesversammlung Kurultáj,[12] an der auch Türken, Usbeken, Kirgisen, Turkmenen und Azeri teilnehmen.»

Orbán oder sein Redenschreiber wollten offenbar ein Publikum beeindrucken, das eine irgendwie geartete emotionale Einstellung zur Zeit der Völkerwanderung in der zentralasiatischen Steppe hatte. In Wirklichkeit aber gehörten die anwesenden Staatsmänner zur spätsowjetischen Funktionärselite, die vor der Perestrojka öffentlich stets auf Russisch miteinander verkehrt hatten und sich selbst während des Gipfeltreffens gegenseitig auf russische Art mit Namen und Vatersnamen ansprachen: den Kasachen Nasarbajew mit «Nursultan Abischewitsch», den Kirgisen Scheenbekow mit «Soronbaj Scharipowitsch» und den Usbeken Myrsyjojew mit «Sevkat Miromonowitsch». Auch die Pressekonferenz im Heydar Aliyev Center wurde in der Amtssprache der ehemaligen UdSSR abgehalten. Orbáns nächster Anbiederungsversuch, dass in Ungarn angeblich «viele Kiptschaken leben», die sogar über ihre eigene Selbstverwaltung verfügten und Nasarbajew als ihren Präsidenten ehrten, ging völlig ins Leere. Das genannte Nomadenvolk, das seinerzeit vor den Mongolen westwärts flüchtete und in Russland «Polowetz», in Ungarn «Kun» heißt, war mangels Bekanntheitsgrads niemandem geläufig. Die Kuns sind in Ungarn höchstens noch in einigen Dorf- und Städtenamen der östlichen Tiefebene präsent (Kunfehértó, Kiskunhalas) oder in Namen wie «Béla Kun» verewigt und können sich somit auch keiner Selbstverwaltung erfreuen. Wirkliche historische Beziehungen verbanden Ungarn in diesem Konferenzsaal allein mit dem Staat, der auf dem Gipfeltreffen durch Recep Tayyip Erdoğan vertreten war: mit der Türkei, der eigentlichen Hausherrin des Konstrukts «Türkischer Rat».

Die Frage nach der Herkunft der Nation beschäftigte und beschäftigt bis heute Laien und Wissenschaftler und ist Gegenstand aufgeregter Debatten. Um die Mitte der 1850er Jahre zeigte sich in Ungarn, vermutlich auch wegen des Krimkriegs, ein erhöhtes Interesse für den Nahen und Fernen Osten. Orientalisten, Forscher, Archäologen, Ethnologen und Linguisten widmeten sich arabischen, türkischen, indischen, mongolischen und tibetischen Themen, unternahmen Expeditionen nach Ägypten und sogar bis nach China, lernten exotische Sprachen und waren vielfach bereit, auch die Religion der von ihnen erforschten Länder anzunehmen. Einer von diesen Wanderern, Ármin Vámbéry, Turkologe von europäischem Rang, führte ab 1861, als sunnitischer Derwisch verkleidet, Expeditionen in das damalige Turkestan mit dem erklärten Ziel, die Verwandten der Ungarn aufzufinden. Er betrachtete Ungarisch als Turksprache und sich selbst als Gegner der «Finno-Ugristen». Damit stand er in der Tradition vieler Landsleute, die den Begriff «Magyar» gern mit einem pfeilbewehrten nomadisierenden Reitervolk assoziierten und die Finnen als «Sippschaft mit Fischgeruch» ablehnten.

Auf die romantische Verklärung folgten im 20. Jahrhundert die Verschwörungstheorien. Einer zufolge ist die Annahme, dass Ungarisch und Finnisch verwandte Sprachen seien, was angeblich auch ethnische Nähe mit sich bringen sollte, eine reine Erfindung der bösen Habsburger-Kamarilla mit dem Ziel, den Nationalstolz der rebellischen Magyaren zu zügeln. In der Zwischenkriegszeit gehörte «Turanismus», eine Spielart des Panturkismus, ebenso zu den Requisiten radikal-nationalistischer Strömungen wie die Runenschrift, der Árpád-Streifen – die erste rot-weiße «ungarische» Flagge aus dem Mittelalter – oder der legendäre Turul, ein Vogel, der die Urmagyaren auf ihrem Weg von Zentralasien über das Wolgagebiet und Zwischenstromland bis zur ehemaligen römischen Provinz Pannonia begleitet hatte.

Der «Türkische Rat» entstand 2009 in der südaserbaidschanischen Stadt Nachitschewan, als die Türkei und damals drei zentralasiatische Republiken – Aserbaidschan, Kasachstan und Kirgisistan – einen Vertrag miteinander abschlossen. Erst zehn Jahre nach der Gründung schloss sich Usbekistan der Allianz an, während Turkmenistan unter dem Hinweis auf seine international anerkannte Neutralität einen formalen Beitritt zu dem Bündnis ablehnte. Obwohl der Vertrag keine Konföderation vorsah, wird auf einschlägigen Webseiten die Gesamtfläche der türkischsprachigen

Länder mit 4 242 362 Quadratkilometern und die Bevölkerung mit 147 Millionen Einwohnern angegeben. Rein kartographisch gleicht das Territorium dem der Europäischen Union, obwohl die Anzahl der Bürger lediglich ein Drittel davon ausmacht. Allerdings stellt die Türkische Republik mehr als die Hälfte der Population und ist aufgrund ihrer ökonomischen und militärischen Stärke den anderen Staaten des Bündnisses weit überlegen. Alles in allem verkörpert der Rat als verlängerter Arm der Türkei eine bedeutende Regionalmacht in dem geopolitischen Raum, der mit der Europäischen Union, dem Iran, der arabischen Welt, Russland und China gemeinsame Grenzen hat. Erdoğan näherte sich damals dem vorläufigen Zenit seiner persönlichen Macht.

Allerdings erwiesen sich die Jahre nach 2010 für die Türkei als besonders krisenhaft. Die Republik geriet in Konflikte mit Staaten, zu denen sie bislang wenn schon nicht freundschaftliche, doch friedliche Beziehungen gepflegt hatte: Irak, Iran, Russland, Israel, Deutschland und die USA. Zudem löste die Verstrickung in den syrischen Bürgerkrieg den Exodus von 3,5 Millionen Flüchtlingen in die Türkei aus. Im Juli 2016 versuchte eine kleine Gruppe von islamistischen Verschwörern, mit Hilfe von hohen Militärs die Regierung zu stürzen. Obwohl der Putschversuch scheiterte, machte der darauffolgende, nicht enden wollende Rachefeldzug – Massenprozesse mit lebenslänglichen Haftstrafen, Zehntausende von Entlassungen im akademischen Bereich, Auflösung kritischer Medien – die Türkei zur Zielscheibe internationaler Proteste und Erdoğan selbst, nicht zuletzt wegen seiner rabiaten Auftritte, zum Buhmann. Jedenfalls sank das Ansehen der Türkei auf einen absoluten Tiefpunkt.

Dies war der ideale Moment für die ungarische Diplomatie, die bereits gut ausgebauten Beziehungen einerseits zu Erdoğans Staat, andererseits zu den ehemaligen Sowjetrepubliken auf ein höheres Niveau zu heben. Wie Orbán in seiner Ansprache in Baku mitteilte, bestand eine solche Absicht seit seinem Amtsantritt im Frühjahr 2010 und führte ab 2014 zur Mitarbeit in einigen Unterorgani-

sationen des Türkischen Rates im Beobachterstatus. Dieser Status
wurde 2018 auf alle Bereiche ausgeweitet, was Ungarn mit einer
überaus noblen Geste honorierte. Quasi als Gastgeschenk zum
Gipfeltreffen wurde in Anwesenheit von Orbán und fünf Außen-
ministern in Budapest eine Vertretung des Rates feierlich eröffnet.
Die von dem Architekten Miklós Ybl 1847 in einem Park mit alten
Bäumen erbaute dreistöckige Villa, die sich in Privatbesitz befand,
kaufte die Regierung 2016 und stellte sie den türkischsprachigen
Ländern als Regionalbüro zur Verfügung. Instandhaltung, Miet-
kosten und Gehälter der zwei ungarischen Büroleiter wie der vier
Angestellten und vier Diplomaten übernahm der ungarische Staat.

Zusätzlich wurden der Vertretung Immunität sowie Steuer- und
Zollfreiheit, beinahe diplomatische Privilegien, gewährt. Zu diesem Zweck verabschiedete das Parlament sogar ein eigenes Gesetz,
angesichts der Mehrheitsverhältnisse kein Problem. Die Opposition, ohnehin gewohnt, die Nationalversammlung nur als Diskus-
sionsclub wahrzunehmen, komplettierte den Fragenkatalog von
Problemen, die durch diese seltsame Regelung entstehen konnten.
Die für Interpellationen vorgesehenen wenigen Minuten nutzten
die Abgeordneten, um ihren Zweifeln Ausdruck zu verleihen. Zita
Gurmai, Abgeordnete der Sozialisten, stellte die Frage, ob die teure
Instandhaltung eines solchen Büros überhaupt notwendig sei, da
die Budapester Botschaften der türkischen Staaten die Aufgabe
selbst bewältigen könnten. Mária Demeter von der grünen Partei
fragte ironisch, ob das Budapester Büro des Türkischen Rates auch
Geheimdienstmitarbeiter beschäftigen wolle, die dann mit den
ungarischen Sicherheitsbehörden kooperieren würden. Schließlich wies Tamás Mellár (Dialog für Ungarn) darauf hin, dass rein
wirtschaftlich die Einrichtung einer solchen Vertretung so gut wie
unbegründet sei: Der Gesamtumsatz des Handels mit den fünf
Staaten betrage zwei Prozent des ungarischen Außenhandels.

Ohnehin beschränkt sich die reale wirtschaftliche Kooperation
auf die Mitgliedstaaten des Türkischen Rats und nicht auf Ungarn
mit seinem Beobachterstatus. Als einziger dünner Faden der künf-

tigen Zusammenarbeit diente das von Aserbaidschan betriebene Projekt Transadriatic Pipeline, eine Erdgasleitung mit Endstation Italien, für die jedoch kein ungarischer Abschnitt geplant war. Bei einem Besuch in Baku im März 2021 sprach Außenminister Péter Szíjjártó mit seinem aserbaidschanischen Kollegen vordergründig über die eventuelle Beteiligung ungarischer Unternehmen am Wiederaufbau der von der aserbaidschanischen Armee zerstörten Region Berg-Karabach. In Wirklichkeit sondierte er aber immer noch die Chancen des «südlichen Gaskorridors» in der Hoffnung, frühestens 2023 oder 2024 über die serbische Leitung an den lebenswichtigen Rohstoff heranzukommen. Die Hinwendung zum Türkischen Rat war also von keinem hässlichen Materialismus geleitet – vielmehr ging es um die Suche nach einem starken Verbündeten im Hader mit Brüssel. Der Außenminister war befugt, mögliche kleine Vorteile einzusammeln, um die «strategische Partnerschaft» jedoch kümmerte sich der Regierungschef persönlich: Ungarns «Ostpolitik» war und ist Chefsache. Die kleinen Diktaturen im Kaukasus und in Turkestan waren nur Statisten in Orbáns großem Bühnenwerk.

Parallelen zwischen der Türkei und Ungarn beziehungsweise zwischen Erdoğan und Orbán liegen auf der Hand. Beide Akteure vertreten eine nationalistisch-illiberale Politik, die ihnen im eigenen Land zu einer gewissen Popularität verhilft und gleichzeitig eine Konfrontationslinie zur Europäischen Union schafft. Allerdings ist ihre Ausgangsposition sehr unterschiedlich: Während Erdoğan von außen operiert, Beitrittsverhandlungen mit Brüssel führt und gleichzeitig nicht ohne Erfolg den alten Kontinent mit der Drohung erpresst, die Flüchtlinge «loszulassen», agiert Orbán innerhalb der Union und manövriert sich beinahe in die Rolle des korrespondierenden Mitglieds, ohne alle Brücken hinter sich abbrechen zu wollen. Beide Staatsmänner können inzwischen darauf vertrauen, dass die geschwächte und innerlich gespaltene Union einen radikalen Bruch kaum riskieren würde – mit der Türkei nicht aufgrund handfester Geschäftsinteressen und mit Ungarn nicht wegen der Angst, das kleine Land ganz in Wladimir Putins Arme zu treiben. Die «strategische Partnerschaft» erweist sich in diesem Kontext als taktisches Instrument, um den ungarischen Regierungschef als potentiellen Vermittler zwischen dem Morgen- und dem Abendland aufzuwerten. So dient die prächtige Budaer Villa, in der sich die Tätigkeit des Türkischen Rates momentan eher in der Repräsentation darstellt,[13] als symbolischer Vorposten.

Orbáns Ausbau der Sonderbeziehungen zu den ehemaligen Sowjetrepubliken begann mit einem skandalösen Fiasko, dessen Vorgeschichte auf das Jahr 2004 zurückgeht. Zu dieser Zeit wurde in Budapest der armenische Offizier Gurgen Markarjan im Schlaf von Ramil Safarow, Leutnant der aserbaidschanischen Armee, mit einer zu diesem Zweck gekauften Axt ermordet. Die beiden Gleich- altrigen waren Teilnehmer eines Englischsprachkurses im Rahmen des NATO-Projekts «Partnerschaft für den Frieden». Nach seiner Festnahme gab Safarow die grausame Tat zu und sprach von Rache für die Vertreibung seiner Sippe durch Armenier während des ers- ten Karabach-Kriegs. Das ungarische Amtsgericht verurteilte den Täter zu einer lebenslangen Haftstrafe. In Aserbaidschan hingegen wurde er fast allgemein als Held gefeiert, der auf diese Weise den «Schaitan [Satan] Armenistan» bekämpfen wollte. Nach acht Jah- ren Gefängnis fassten die ungarischen Behörden den Entschluss, Safarow an seine Heimat auszuliefern unter der Bedingung, dass er die verbleibende Haftzeit, immerhin noch 25 Jahre, in dortigen Vollzugsanstalten verbringen würde. Es kam aber anders: Gleich nach seiner Ankunft in Baku wurde der Axtmörder vom Präsiden- ten Ilham Aliyev begnadigt, zum Major befördert, bekam eine Wohnung und den ganzen Sold für die Jahre im Gefängnis. Neben der aserbaidschanischen Regierung, die von der internationalen Gemeinschaft verurteilt wurde, geriet aber auch Budapest wegen dieser Affäre in eine äußerst peinliche Situation. Trotz des geäu- ßerten Protests der angeblich von Baku betrogenen ungarischen Regierung konnte sich das Land schwerlich des Vorwurfs erweh- ren, einem eklatanten Rechtsbruch Vorschub geleistet zu haben.

Als direkte Folge der «Auslieferung» brach Armenien die diplomatischen Beziehungen zu Ungarn ab, ein Zustand, der bis heute anhält.

Die Motive der ungarischen Entscheidung waren nicht eindeutig. Vielleicht wollte man nur das Problem Safarow loswerden und gleichzeitig dem Wirtschaftspartner guten Willen signalisieren – ein Deal im Wert von zwei bis drei Milliarden Euro, der Aufkauf ungarischer Staatsanleihen durch Aserbaidschan, lag in der Luft. Als ausschlaggebend für die weitere Entwicklung erwies sich jedoch der Umstand, dass hier zugunsten eines mehrheitlich muslimischen und auf Kosten eines betont christlichen Landes gehandelt wurde. Hier geriet die Fidesz-Führung mit sich selbst in Widerspruch, betrachtet sie sich doch als Beschützerin der verfolgten und bedrängten Christen – hauptsächlich in muslimischen Ländern. Diesem Selbstverständnis entsprechend förderte die Fidesz-Regierung die Errichtung und Renovierung christlicher Kirchen, Krankenhäuser und Schulen in Libanon, Syrien und Jordanien und nahm 2015, auf dem Höhepunkt der Flüchtlingskrise einige Dutzend, koptische Asylsuchende aus Ägypten auf und gewährte ihnen sofort die Staatsbürgerschaft. 2020 schenkte die staatliche Stiftung «Hungary helps» der syrischen orthodoxen Kirche eine Villa am Budaer Rosenhügel. Die Schlüssel wurden dem Patriarchen Ignatius Aphrem II. feierlich vom Regierungschef ausgehändigt.[14]

Die parallele Betonung christlicher Identität und türkischer Wurzeln wurde auch in den zentralasiatischen Republiken reflektiert. In der russischsprachigen, in Almaty erscheinenden «Internet-Gazeta» kommentierte der Kolumnist Alicham Sabirow die Rede Orbáns auf dem Gipfeltreffen recht skeptisch: «Ungarn ist angeblich das islamfeindlichste Land Europas, obwohl dort ganz wenige Muslime leben. Die Regierungspartei Fidesz, vertreten durch den Ministerpräsidenten Viktor Orbán, positioniert sich in letzter Zeit als einzige Beschützerin des Landes vor den äußeren Bedrohungen, dem Zustrom der Muslime. Kasachstan ist, wie bekannt, ein Land mit vorwiegend muslimischer Bevölkerung. Nun bringt es das islamfeindliche Ungarn fertig, mit Kasachstan enge Beziehungen zu pflegen, und begründet dies nebenbei mit der Rhetorik der Gemeinsamkeit historischer Wurzeln.» Auch die Kiptschak-Theorie des ungarischen Ehrengastes schien den Publizisten wenig beeindruckt zu haben. Schließlich kamen die «Kuns» vor 750 Jahren nach Europa. Ihre Nachfahren in der Region Nagykunság oder der Stadt Karcag sind katholisch und sehen wie echte Europäer aus. «Einfache Kasachen würden sie schwerlich als Vertreter des eigenen Geschlechts identifizieren.» Allerdings, fügte Sabirow hinzu, «werden bei der Enträtselung der Legende nicht sie, sondern die Politiker den Ball beherrschen».

Der «Türkische Rat» bildet nur eine Himmelsrichtung auf Orbáns phantasievoller Weltkarte. Russland und China gehören ebenfalls zu den potentiellen Orientierungspunkten, wenn auch ohne verwandtschaftliche Anbiederung. Hier agiert die Diplomatie rationaler, indem sie versucht, auf Empfindlichkeiten der Großen – ob es nun um Weißrussland, die Ukraine oder die Uiguren geht – Rücksicht zu nehmen und Sanktionen der EU durch ihr Veto abzuschwächen. Das eigentliche Steckenpferd bleiben Europa und das Dilemma, wie man die Vorteile der Zugehörigkeit einerseits voll ausnutzen und andererseits die Beziehungen auf ein minimales Niveau reduzieren kann. Oder, wie Attila József seinerzeit die Frage stellte: «Wo gäbe es die Katze, die gleichzeitig drinnen und draußen eine Maus gefangen hätte?»

# 13

## Land im Lockdown

Das Virus aus Wuhan kam im Frühjahr 2020 in Ungarn an. Am 4. März wurde der erste Infizierte registriert, am 15. März – Gedenktag an die Revolution von 1848 – über den ersten Todesfall berichtet. Fast zeitgleich erklärte die Regierung den Notstand, und die Parlamentsmehrheit stimmte über ein Ermächtigungsgesetz ab, das die Krisenverwaltung per Verordnungen ermöglichen sollte. Obwohl dieses Gesetz der Regierung recht großzügige Vollmachten einräumte, die auch auf EU-Kritik stießen, protestierte die Opposition lediglich deshalb, weil keine Befristung der Befugnisse darin vorgesehen war. Ein zweites Gesetz im November desselben Jahres, das eine 90-Tage-Befristung vorsah, wurde fast einstimmig von der Nationalversammlung abgesegnet. Es bestand die abstrakte Möglichkeit, wenigstens in Fragen der Seuchenbekämpfung einen Minimalkonsens zu erreichen. Inzwischen war die Gesellschaft darauf mehr als angewiesen, denn bis August 2021 gab es insgesamt 800 000 Infizierte und fast 30 000 Tote – «an oder mit COVID», so die offizielle Sprachregelung. Die schockierenden täglichen Nachrichten verbreiteten in dem Zehn-Millionen-Land anhaltende Beunruhigung und Trauer. Auch die rasch spürbar werdenden sozialen Folgen und epidemiologisch begründeten Einschränkungen belasteten zunehmend das Allgemeinbefinden.

Leider wurden alle Hoffnungen auf einen einvernehmlichen Umgang mit der Krise schon bald enttäuscht. Die Politik lieferte das, was ihrer Substanz entsprach: Konfrontation, Spaltung und Streitsucht. Im Verlauf der drei Pandemiewellen gab es kaum zur

Debatte stehende Fragen, über die sachbezogen diskutiert und entschieden werden konnte. Nicht die auf ihre Lösung wartenden Probleme, sondern deren Ausnutzung im Streit auf Kosten des Gegners standen im Mittelpunkt. Zwar verhielten sich auch Oppositionelle bzw. deren Medien nicht wie Unschuldslämmer in dieser Auseinandersetzung, aber die Hauptverantwortung lag eindeutig auf der Regierungsseite: einerseits aufgrund ihrer überwältigenden Befugnisse, andererseits wegen ihrer jahrzehntelangen Weigerung, außer in den eigenen Reihen auch mit jemand anderem ein Wort zu wechseln. Als Hauptfeind betrachteten sie den Co-Vorsitzenden der winzigen grünnahen Oppositionspartei «Dialog für Ungarn», Gergely Karácsony, der die Chuzpe besessen hatte, bei den Kommunalwahlen 2019 durch seinen gelungenen persönlichen Auftritt dem Fidesz die Hauptstadt nach neunjähriger Herrschaft zu entreißen und Bürgermeister zu werden. Diese unverzeihliche Sünde schrie nach Bestrafung.

Drei Wochen nach dem Beginn der Pandemie breitete sich das Virus in einem Alten- und Behindertenheim des Budapester Randbezirks Rákoskeresztúr, der in die Zuständigkeit der Hauptstadt gehörte, mit bestürzender Rasanz aus. Der Erreger betraf sowohl Bewohner als auch Personal. Zahlreiche Erkrankte wurden in das Epidemie-Krankenhaus transportiert, doch für viele war es zu spät: Innerhalb weniger Wochen verloren 55 Bewohner der Einrichtung ihr Leben – fast zehn Prozent der Gesamtzahl. Über die Verbreitungsmechanismen war damals noch wenig bekannt, und Impfungen waren Zukunftsmusik. Viele der Senioren litten an chronischen Krankheiten. Die Landeshauptärztin Cecilia Müller, die ansonsten jeden Tag im Fernsehen über die Arbeit des operativen Stabs Bericht erstattete, ordnete eine Untersuchung an. Bevor diese zu einem Ergebnis kommen konnte, begann die konzentrierte Kampagne gegen Bürgermeister Karácsony, den man für die Lage in den hauptstädtischen sozialen Einrichtungen verantwortlich machte.

In der Tat befanden sich Altersheime, Krankenhäuser und Polikliniken in einem kläglichen Zustand, und die Epidemie forderte dort wegen Überfüllung, Personalmangels und stellenweise fehlender Hygiene besonders viele Opfer. Das war jedoch nichts Neues und konnte mit mehr Recht auch dem früheren Fidesz-nahen Bürgermeister vorgeworfen werden. Nun aber war der Bürgermeister der Hauptstadt Tag für Tag mit dem Vorwurf konfrontiert, arbeitsscheu und tatenlos der Katastrophe zuzusehen und seine Mitbürger im Stich gelassen zu haben. Die Ermittlungen, Blitzvisiten und Revisionen enthüllten überdies manche Unregelmäßigkeiten oder Versäumnisse nach dem Prinzip «Wer sucht, der findet». Erst als zunächst wohlgehütete Angaben über die epidemiologische Lage in Gemeinden, die von regierungsnahen Kräften verwaltet wurden, auf Betreiben von Parlamentariern an die Öffentlichkeit gelangten, mäßigte sich die Rufmordkampagne, allerdings nur um ein neues Thema und damit einen neuen Anlass zu finden. Es ging nun um die Impfungen.

Dieser Gegenstand erwies sich als komplexer als das Thema der Altenheime. Im Dezember 2020 erschienen die ersten Vakzine auf dem Markt – Pfizer, Moderna, AstraZeneca, Sputnik, Sinopharm –, und die Regierung schickte Delegationen nach Russland und China. Vermutlich galt das präferierte Reiseziel der Hoffnung, möglichst schnell und in ausreichenden Mengen an Impfstoffe zu gelangen, um den Impfprozess einzuleiten. Der Erwartung entsprach als Erstes China, dessen Lieferungen (600 000 Ampullen) Mitte 2020 eintrafen. Zwar fehlten in dieser Zeit noch konkrete Regeln zur Aufbewahrung und Verteilung der Vakzine, zudem war die Rolle der Hausärzte ungeklärt, doch die Fernsehbilder über die chinesische Erstlieferung mit dem Aufdruck «Hajrá Magyarország!» (Hurra Ungarn!) auf den Kisten wurde positiv aufgenommen. Viktor Orbán erklärte bereits Ende Januar, als das Vakzin in Ungarn amtsärztlich noch nicht genehmigt war, er sei bereit, «wenn ich wählen kann», sich mit Sinopharm impfen zu lassen. Am 16. Februar kam die erste Sinopharm-Lieferung an, und am 22. Februar ließ sich Viktor Orbán damit vor laufenden Kameras impfen. Ihm folgte direkt Staatspräsident János Áder, ebenfalls mit dem chinesischen Vakzin, nur war die Farbe seines T-Shirts hellblau. Die Impfung beider mit demselben Stoff war mehr als eine Ermunterung – sie war ein Statement.

Damit waren Ungarns Staatsmänner jedoch in eine Falle getappt. Denn Sinopharm wie auch Sputnik waren zu dieser Zeit in der Europäischen Union nicht zugelassen, und auch die WHO hielt sich zurück. China mit seiner endlosen Lieferkapazität scherte sich überhaupt nicht um dieses Problem – für die Volksrepublik standen ganze Kontinente offen; Russland bediente, wenn auch weniger erfolgreich, dieselbe Klientel und versucht bis heute auf diplomatischem Wege die Zulassung seines Impfstoffs in allen EU-Ländern zu erreichen. Für Ungarn stellte sich die Frage anders: Man befürchtete, und die Befürchtungen wurden durch die Medien breit gestreut, dass man mit chinesischem und russischem Impfstoff keine Einreise in die EU-Staaten erwirken könnte. Besonders bei der älteren und mittleren Generation erweckte diese Besorgnis Erinnerungen an die unterschiedlichen Reisedokumente vor 1988, von denen der «rote» nur die Einreise in den Warschauer Paktbereich ermöglichte, während der «blaue» für den «nichtsozialistischen Wirtschaftsbereich» gültig war. Die parallele Existenz von Ost- und Westvakzinen barg also das Risiko, dass quer durch den Kontinent ein epidemiologischer Eiserner Vorhang entstehen könnte.

Dabei gab es keinen überzeugenden Beweis dafür, dass zumindest Sputnik ein schlechteres Vakzin wäre als seine westlichen Pendants, von denen auch einige umstritten waren und sind. Vermutlich spielte in der Debatte die geschäftliche Konkurrenz der europäischen und amerikanischen Produzenten ebenso eine nicht geringe Rolle. In Ungarn jedoch verwandelte sich die Polemik um die Beschaffung des «richtigen» Impfstoffs in einen politischen Zwist. Oppositionsparteien warfen der Regierung vor, chinesische und russische Vakzine aufgrund ihrer politischen Sympathien und diplomatischen Präferenzen zu favorisieren. Der Sprecher der

«Demokratischen Koalition» formulierte seine Kritik wie folgt: «Wenn Viktor Orbán russische (...) oder andere östliche Diktatoren hofieren will, dann soll er ihnen Bonbons und Blumen schicken, nicht aber die Ungarn mit Menschenversuchen durch unbekannte Vakzine bedrohen.» Ebenfalls – mit einem deftigen Schuss Rassismus – an den Regierungschef appellierend, der Jobbik-Chef: «Also, glattweg gesagt, wenn es irgendein chinesisches Dingsbums gibt, mit dem eine Million Afrikaner oder eine Million Chinesen geimpft worden sind, soll dann dies etwa auch für Ungarn taugen?» Der Vorsitzende der Partei «Momentum» argumentierte mit Stoßrichtung auf Sputnik: «Viktor Orbán versucht sich auf diese Weise in freundlichen Gesten gegenüber Putin, der vor einigen Tagen seinen politischen Feind [Alexej Navalny] eingesperrt hat.» Mit der Politisierung des Themas erlitt die Opposition eine eindeutige Schlappe. Die wachsende Angst vor einer Ausweitung der Epidemie, gepaart mit Befürchtungen vor den sozialen Folgen, trieb die Bürger geradezu in die Arme von Sinopharm und Sputnik und erlaubte zugleich der Regierung, das Feindbild «Impfgegner = Linke» aufzubauen. Alle diesbezüglichen Dementis trafen ins Leere und klangen nur nach Ausreden. Spektakuläre Erfolge wie das Überschreiten der Fünf-Millionen-Grenze bei den Geimpften Ende Mai 2021 wogen propagandistisch stärker als die im europäischen Vergleich ungewöhnlich hohe Mortalität.

Orbáns Kommunikation war einfach wirksamer. Vor allem sagte er das, was man von ihm hören wollte, bereits in der dramatischen Anfangsphase, darunter zwei völlig absurd erscheinende Versprechungen. In Bezug auf die Heilungschancen von COVID-19: «Alle können sich beruhigen – wer von der Krankheit erwischt wird, den werden wir heilen.» In Bezug auf die Chancen der wegen der Pandemie entlassenen Arbeitskräfte: «Wir werden mehr Arbeitsplätze schaffen, als das Virus zugrunde richtet.»

Je weiter sich die Aufregung steigerte, desto mehr bediente er sich militärischer Rhetorik. Anfang September 2020, nach dem Abklingen der ersten Welle, sagte er: «Wir haben die erste Schlacht

gewonnen.» Am Ende desselben Monats, als sich die Lage verschärfte: «Wir halten die Grenzsperre für wichtig, denn hinter der
Grenze erstrecken sich die Nachschublinien der Epidemie, die
gehören abgeschnitten.» Im Zusammenhang mit der britischen
Mutante im April 2021 konstatierte der Regierungschef, dass «deren Feuerkraft» anders sei. Entsprechend müsse man dieses Virus
«aufs Bajonett spießen und seine Lunge durchschießen» – eine
wahrhaft unnachahmliche Metapher. Ende Mai 2021 mahnte er die
Ärzteschaft: «In einem ungeordneten Hinterland fällt es sehr
schwer, an der Frontlinie standzuhalten.» Schließlich das vorsichtig-optimistische Fazit: «Wir haben die Schlacht gewonnen, obwohl Rückzugsgefechte [des Virus] noch möglich sind.»

Unterdessen hat das Virus, so wie überall, auch in Ungarn die
Lebensgewohnheiten der ganzen Gesellschaft umgestülpt. Hygienemasken waren nur das äußerliche Symbol für den radikalen
Wandel – im öffentlichen Nahverkehr beäugten sich die Fahrgäste,
die Gesichter halb verdeckt. In den Supermärkten drängten sich
die Kunden vor den Regalen, versuchten jedoch wenigstens vor
den Kassen Abstand zu halten. Kinder durften nicht in die Schule,
Großeltern wurde versagt, ihre Enkel zu besuchen. Alte Menschen,
oftmals in Quarantäne, konnten sich kaum versorgen, Kranke zitterten davor, ins Krankenhaus zu kommen, wo Infektionsgefahr
drohte und Besucher verboten waren. Vor den Apotheken bildeten
sich wenig infektionssichere Warteschlangen. Homeoffice und
Kurzarbeit lösten Ängste aus, «überflüssig» zu werden und nicht
mehr in die «echte» Arbeitswelt zurückzufinden. Die Isolierung
von Familien auf wenigen Quadratmetern produzierte häusliche
Konflikte. Abendliche Ausgangssperren führten zu Klaustrophobie und Langeweile mit depressiven Verstimmungen – mentalhygienisch ein Krisentief.

Cafés, Restaurants und Gaststätten waren gezwungen, auf Lieferbetrieb umzustellen – die berühmte ungarische Küche war in
Mitleidenschaft gezogen. Relativ einfach erschien die Selbstabholung, die jedoch wegen der Verpackung mit zusätzlichen Kosten

verbunden war. Wegen ausbleibender Gäste ging der Getränke-
verzehr zurück – man deckte seinen Bedarf nun preisgünstig in
Lebensmittelgeschäften. Insgesamt konnten die neuen Formen der
Bewirtung, bis auf Pizza-Lieferservice und Fast-Food-Läden, bestenfalls ein Nullsaldo erlangen, was das Weiterbestehen des Ge-
schäfts auf niedrigstem Niveau sicherte – von Gewinn konnte
keine Rede sein. Ein Kellner benannte die soziale Seite der Situation: «Wir vermissen den Kontakt zu den Kunden. Der Reiz der
Gastronomie ist uns abhanden gekommen.» Entdeckte man am
Eingang eines Lokals ein Schild mit der Aufschrift: «Werte Kunden, unser Geschäft ist vorübergehend geschlossen. Bleiben Sie
gesund!», so konnte sich die höfliche Botschaft als Abschied für
immer erweisen.

Wichtige Zeremonien wie Taufen, Hochzeiten und Begräbnisse
durften nur im engsten Kreis stattfinden. Zwar blieben die Kirchen
offen, konnten jedoch ihre Funktion nicht vollständig wahrnehmen. Speziell bei den Katholiken verursachte die Pandemie un-
geahnte Schwierigkeiten: Beichte, Kommunion und Letzte Ölung
entsprachen auf keinen Fall den Anforderungen von Distanz. Für
das erste Sakrament versuchte man in einigen Kirchen eine Lösung
zu finden, indem die vergitterte Öffnung in der Trennwand zwischen dem Geistlichen und den Gläubigen mit einer Folie bedeckt
wurde. Anderswo fand die Beichte in einem besonderen Raum,
unter Wahrung der 1,5-Meter-Distanz, ohne Beichtstuhl statt. Bei
der Kommunion verzichteten die Kirchen auf die direkte Verabrei-
chung der Hostie, und für die Letzte Ölung wurde die Nutzung von
Ohrstäbchen zugelassen. Was die Beichte betraf, veränderte Ende
März die ungarische Bischofskonferenz den Ritus, indem sie auch
ein öffentliches Schuldbekenntnis, ohne konkrete Bezeichnung
der einzugestehenden Sünde, nach drei Gebeten erlaubte. In diesem Fall ließ der Pfarrer den Anwesenden eine gemeinschaftliche Absolution zuteilwerden. Schließlich enthielt ein päpstliches
Dekret angesichts der Notlage für alle Corona-Kranken und zur
Quarantäne Verpflichteten einen allgemeinen Ablass ohne Beichte.

Ganz im Sinne des Reformpapstes Franziskus: «Wenn sich in deiner Nähe kein Pfarrer findet, sprich mit dem Gott, der dein Vater
ist, und sage ihm die Wahrheit.»

Zu Zeiten der beginnenden dritten Welle erhielt Ungarn im Juni
2020 das Angebot, den Austragungsort eines der wichtigen Spiele
des UEFA-Supercups, des Finales Bayern München – FC Sevilla, zu
stellen. Dieser sportdiplomatische Spitzenerfolg war wohl auf das
Engagement des Großbankiers und gleichzeitigen Präsidenten des
ungarischen Fußballverbands sowie Vizepräsidenten der UEFA
und der FIFA, Sándor Csányi, zurückzuführen. Am Donnerstag,
dem 24. September 2020 sollte das Spiel in dem erst Mitte November 2019 eröffneten prachtvollen Budapester Puskás-Stadion
stattfinden. Leider stand dieses ruhmreiche Ereignis von Anfang
an unter dem bösen Vorzeichen des Corona-Virus. Drei Wochen
vor dem geplanten Finale sah sich die Regierung wegen steigender
Infektionszahlen gezwungen, eine strenge Grenzsperre zu verord-
nen. Der Regierungssprecher formulierte klar: «Die Herkunft der
Infektionen liegt größtenteils im Ausland.» Touristen wurden ab-
gewiesen, ungarische Heimkehrer fielen automatisch unter die
Quarantänepflicht. «Testergebnisse aus dem Ausland werden nicht
akzeptiert.» Mitte September erklärte das deutsche Auswärtige
Amt Budapest zum Risikogebiet.

Eine solche Entwicklung hatte niemand ausschließen können –
trotzdem stand das geplante Fußballspiel keinen Augenblick in
Frage. Die UEFA war Feuer und Flamme, konkrete Pläne wurden
geschmiedet, selbstverständlich mit entsprechenden Vorgaben:
Die Fans sollten Masken tragen, Distanz halten, Fieber messen lassen, häufig die Hände waschen und desinfizieren. Zudem sollten
die einzelnen Fangruppen voneinander isoliert auf der Tribüne
Platz nehmen. In dem für 67 000 Zuschauer gebauten Stadion
durften höchstens 10 000 Fußballbegeisterte anwesend sein. Die
Fans sollten, mit einem negativen Test versehen, das Land binnen
27 Stunden nach der Einreise wieder verlassen. Und obwohl all
diese Maßnahmen, wie man in Ungarn sagte, nicht besonders

«lebensnah» wirkten, begann man Anfang September mit dem Verkauf der Eintrittskarten. Die Opposition und die liberalen Medien reagierten mit Empörung, sprachen, wie später in Bezug auf die chinesischen und russischen Vakzine, über «Menschenversuche» und verdammten Orbáns legendäre Schwärmerei für den grünen Rasen. Ihre Vorbehalte waren nicht einmal unberechtigt, aber sie blieben damit eine winzige Minderheit. Gegen Fußballfans ist in Puskás' Land kein Kraut gewachsen.

Skeptischer verhielten sich die ausländischen Partner. Die bayerische Fangemeinde wollte die Einladung nicht annehmen, von den 3000 vorgesehenen Eintrittskarten wurden nur einzelne verkauft. Trainer, Sportler und Mediziner warnten vor der Einreise in das Risikogebiet. Der bayerische Ministerpräsident Markus Söder fragte in Bezug auf das Projekt, «ob das eine gute Idee ist», und stellte sowohl Spielern als auch Fans bei ihrer Rückkehr nach München eine Quarantäne in Aussicht. Spanische Fußballfreunde nahmen nur 500 von den angebotenen 3000 Tickets in Anspruch. Spanien gehörte zu den von COVID-19 am stärksten heimgesuchten Ländern und wurde am 8. September 2020 vom Robert Koch-Institut zum Risikogebiet erklärt. Schließlich fand das Finale im fast leeren Stadion statt, Bayern München gewann 2:1. Der mehrfache Deutsche Meister und Pokalträger Thomas Müller sagte erleichtert nach dem Match in einem Blitzinterview: «Wir sind sehr glücklich, aber auch sehr kaputt.»

Die Trennung von Kickern und Fans war von Seiten des Corona-Virus zweifelsohne ein Akt der Gemeinheit, denn Fußballfeld und Tribüne gehörten bis dahin geradezu physisch zusammen, sie lebten voneinander. Stürmer und Torwart brauchten die begeisterten Zurufe, das Publikum den persönlich erlebten Freistoß oder das Elfmeterschießen. Eine vergleichbare Gleichzeitigkeit leistet nur die Bühne. Was Geisterspiele für Stadien bedeuten, war Theater-Streaming auf dem Bildschirm – für die Branche allerdings lebensrettend. Mehrmals während der Pandemie wurden Premieren abgesagt, immer mitten in der Saison. Mitglieder von Ensembles

großer Bühnen waren mit bescheidenen Gagen abgesichert, Free-
lancer dagegen in ihrer materiellen Existenz gefährdet. Einer von
ihnen bilanzierte: «Im Frühjahr [2020] hatte ich monatlich 20 bis
25 Vorstellungen, während des Lockdowns keine, im Sommer ein
paar pro Monat. Ich bin privilegiert, denn ich habe soeben eine
Filmrolle bekommen, aber wenn es mit dem Virus so weitergeht,
kann ich nicht spielen und auch keine Zukunftspläne machen.»
Der Regisseur eines kleinen Theaters ohne eigene Spielstätte ge-
langte am Vorabend der kurzlebigen Herbstsaison zu der Einsicht:
«Die Situation ist noch neu, wir telefonieren wie besessen herum,
versuchen unsere Chancen auszurechnen. Die Truppe lebt von den
Aufführungen, sie müssen stattfinden, und sei es ohne Publikum.
Die einzige Möglichkeit besteht im Streaming, das aber Spielstät-
ten braucht und kostspielig ist.»

Einigen Theatern in Budapest, Miskolc, Szeged und anderen
Städten gelang es ab Herbst 2020, sich einigermaßen auf die neue
Situation einzustellen. Zunächst operierten sie mit Videoaufnahmen aus dem Repertoire, dann aber kamen sie mit neuen Produktionen heraus, um zumindest ihr Stammpublikum zu erreichen.
Mit Hilfe der gestreamten Übertragungen erschienen nun wenigstens auf dem Bildschirm Charaktere von William Shakespeare,
Nikolaj Gogol, Franz Molnár oder Imre Kálmán. Die Akteure trugen bei den ersten Aufführungen noch Hygienemasken, nahmen
sie jedoch bald ab – Distanz auf der Bühne erwies sich als Nonsens,
denn Küsse, Umarmungen, Tanz mussten natürlich wirken. Die
Zuschauer kauften die Theaterkarten im Internet und setzten sich
kurz vor 19 Uhr vor ihren Bildschirm. Bei manchen Vorstellungen
waren auch die ersten leeren Reihen mit den roten Plüschsesseln
sichtbar, und obwohl man am Ende der Aufführung keinen Applaus hörte, bedankten sich die Schauspieler trotzdem mit einer
Verbeugung für die Aufmerksamkeit des unsichtbaren Publikums.
Die mit mehreren Kameras aufgenommenen Vorstellungen konnten auch post festum als Wiederholungen gekauft werden. Es
wirkte alles etwas verfremdet und illusorisch – Brecht hätte daraus

gewiss eine eigenständige Theorie geschöpft und im Theater am Schiffbauerdamm umgesetzt.

Zum virtuellen Angebot gehörten neben wissenschaftlichen Seminaren, Vernissagen und Stadtbesichtigungen auch Gespräche in geschlossenen Gruppen, Freundeskreisen und Clubs. Auch ich war an regelmäßigen Zoom-Meetings drei verschiedener Gruppen aus meiner Generation beteiligt – die Standorte der einzelnen Gesprächspartner waren Los Angeles, London, Stockholm, Berlin und Budapest. Viel wurde zu diesen Anlässen politisiert – die ungarische Form der Rachsucht – und nostalgisch zurückgeblickt. Es kam ein Feeling auf wie in den späten 1970er und frühen 1980er Jahren in der Nischengesellschaft des Dissenses, wo – so István Bibós Ausdruck – «die kleinen Zirkel der Freiheit» aufblühten. Diesmal ging es nicht um Freiheit von der repressiven und einengenden Staatsmacht, sondern von dem Druck der Pandemie. Es ist sehr wahrscheinlich, dass diese Formen der Kommunikation die Zeiten von Corona überleben werden.

Ein Signal gab es, dass sich die Gesellschaft im Wechselbad von Lockdowns und Lockerungen allmählich von dem Bann befreite. Hiervon zeugte die erstaunliche Auferstehung der bereits totgesagten Gattung «Ostblockwitz», diesmal mit dem Virus als Grundthema. Das Phänomen verdient einige Kostproben nicht nur deshalb, weil es die Fähigkeit der Ungarn zum respektlosen Lachen über Trauriges bezeugt, sondern auch, weil es als Zerrspiegel einer absurden Weltkrise und deren Rezeption dienen kann.

Zeitungsannonce zu Zeiten von Corona: «Suche zum Homeoffice Zimmerfahrrad, egal welche Farbe, benötigt nur als Fahrzeug am Arbeitsplatz.»

Liebeserklärung 2020: «Du fehlst mir wie die Maske in der Apotheke.»

Schließlich ein Stück humoriger Völkerkunde: «Wie gehen verschiedene Nationen mit der Pandemie um? Die Deutschen bleiben ruhig zu Hause. Die Italiener machen eine riesengroße Fete. Die Niederländer kaufen vor der Quarantäne den ganzen Vorrat von leichten Drogen auf. Die Rumänen wechseln auf die Seite des Virus. Die Tschechen bleiben verschont, weil das Virus die Ortsnamen nicht aussprechen kann. Die Briten machen es wie immer und treten aus der Pandemie aus.»

Und die Ungarn? «Sie warten ab. Denn was kann man tun außer abwarten? Und worauf warten, wenn nicht auf bessere Zeiten?»

# 14

## Sex, Lügen und Videos

### Ein Sittenbild

Beginnen wir mit etwas scheinbar Harmlosem: G., Parlamentsabgeordneter einer liberalen Oppositionspartei, geschieden, Vater
von zwei Kindern, verschickte vor einigen Jahren per WhatsApp
intime Fotos und Videos von sich selbst an seine Freundin – alles
Geschmackssache, aber eindeutig Privatsache. Der Mann ist durch
seine gewinnenden Auftritte in der Nationalversammlung und den
Medien ziemlich bekannt. Unter anderem liest er ab und zu im
Rahmen eines Wohltätigkeitsprojekts Kindern in Krankenhäusern
Märchen vor. Im Dezember 2019 veröffentlichte plötzlich ein un-
bekannter Blogger auf der Internetseite «Wilde Auswüchse» die
von G. produzierten Selfies: zunächst Fotos, später dann auch Videos. Was für den Urheber als intime Message gedacht war, wirkte
in öffentlicher Form eindeutig pornographisch. Unmittelbar darauf wurde G. von einer Fraktionsmitarbeiterin der rechtsextremis-
tischen Partei Jobbik der sexuellen Belästigung bezichtigt, und dies
in einer Zeit, als Missbrauchsskandale in Sport- und Theaterkrei-
sen die Runde machten. Die Regierungsmedien jubelten, und die
Kommentare im Internet waren vernichtend. Gegen den Vorwurf
der sexuellen Belästigung reichte G. Klage ein und gewann den
Prozess. Allerdings kosteten ihn die selbstgemachten Bilder sein
Renommee. Nach dem Blogger wird bis heute gefahndet – ohne
Erfolg. G. bedauerte öffentlich die Angelegenheit und legte auch
sein Mandat nieder. Der Chef seiner Partei sprach von einer

«Dummheit, aber privaten Dummheit» und beteuerte, den Bloß-
gestellten «anderweitig», etwa als Berater, für die Partei nutzbrin-
gend einsetzen zu wollen.

Fast gleichzeitig veröffentlichte das ebenfalls anonyme Portal
«Anwalt des Teufels» eine Videoaufnahme, auf der B., seit 2006
Bürgermeister einer nordungarischen Großstadt, mit Kumpeln
und Prostituierten auf einer Luxusjacht beim Geschlechtsakt sichtbar war. Zusätzliche Enthüllungen über Drogenmissbrauch und
korrupte Geschäfte wurden angedroht. Der fatale Adria-Ausflug,
wahrscheinlich zu Pfingsten desselben Jahres, sollte aber offensichtlich als Zeitbombe wirken: Kommunalwahlen standen bevor,
und die liberale Opposition verfügte über gute Karten. B. erkannte
die Echtheit der Aufnahme an, entschuldigte sich bei seiner Gattin
und seinen zwei Kindern, leugnete allerdings, mit Drogen und
Korruption etwas zu tun zu haben – und vor allem blieb er dabei,
sich dem Wahlkampf zu stellen. Offenbar hoffte er auf seine Aus-
strahlung als ehemals landesweit bekannter olympischer Spitzen-
sportler. Seltsamerweise gelang es ihm, bei der Wahl die Oppo-
sitionskandidatin zu schlagen, allerdings nur mit einigen hundert
Stimmen. Erst nach dem knappen Sieg erklärte er feierlich seinen
Rücktritt. Offenkundig war es der Regierungspartei nur darum gegangen, die Stadt auf keinen Fall der liberalen Gegnerin zu überlassen, der Mohr hatte seine Schuldigkeit getan.

Heute bewirtschaftet B. sein vier Hektar großes Grundstück und
will von Politik nichts mehr wissen. «Meine Frau und ich mussten
unsere Beziehung neu erfinden, aber Gott sei Dank war sie dazu
bereit», so seine Erklärung. Wer der fotografische Scharfschütze
gewesen ist, der sicher selbst an dem Adria-Abenteuer beteiligt
war, ist bis heute unbekannt.

Trotz gewisser Ähnlichkeiten mit der zeitgleichen Ibiza-Affäre
um den österreichischen Politiker Heinz-Christian Strache kann
man B. immerhin zugutehalten, dass er Sex mit Politik nicht ver-
mischt hat. Er behauptete, den Seitensprung aus eigenen Mitteln
finanziert zu haben. Höchstwahrscheinlich fiel B. dem inneren

Kampf verschiedener regierungsnaher Fraktionen der Wirtschaftselite zum Opfer.

Der Karrierediplomat K. ließ sich politisch weder dem Regierungslager noch der Opposition zuordnen. Nachdem er sein Jurastudium abgeschlossen und weiterführende Studien absolviert
hatte, ging er in den diplomatischen Dienst. Seit 2001 arbeitete er
als Abteilungsleiter, später als Pressechef sowohl für liberale als
auch konservative Regierungen, zuletzt ab Oktober 2017 als Botschafter parallel in zwei südamerikanischen Hauptstädten. Neben
dem Ausbau von Kontakten zu Universitäten und Firmen widmete
er sich konsularisch-humanitären Fragen, nicht zuletzt der Unterstützung von Landsleuten, die mit dem Gesetz in Konflikt geraten
waren. Einige von ihnen saßen im Gefängnis wegen in Südamerika
nicht gerade seltener Drogendelikte. Diesen Delinquenten sollte,
so der neue Botschafter in einem Interview, Hilfe geleistet oder,
«wenn sie den entsprechenden Wunsch haben, eine Rückkehr
nach Ungarn ermöglicht werden», zumal im Gastland weder «die
Länge des Freiheitsentzugs noch die Bedingungen der Platzierung
europäisch sind» – eine recht taktvolle Umschreibung der höllischen Zustände etwa in den Gefängnissen von Peru.

Im April 2019 erschienen im Botschaftsgebäude Mitarbeiter des
Informationsamtes des Budapester Außenministeriums, beschlagnahmten K.s sämtliche Datenträger und schlugen dem Diplomaten eine sofortige diskrete Rückkehr nach Budapest vor. Wie sich
herausstellte, hatte man bei ihm im Rahmen einer vom FBI initiierten Großfahndung nach Cyberkriminalität 19 000 Videoaufnahmen mit Kinderpornos entdeckt. Man handelte so rasch, dass sogar das Außenministerium des Gastlandes über die Aktion nicht
informiert worden war. Geheimhaltung lag auch im Interesse der
US-Vertreter, um die weitere Suche nach dem pädophilen Netzwerk nicht zu gefährden. In Budapest gelandet, wurde der ehemalige Botschafter zunächst inhaftiert, dann aber auf freien Fuß gesetzt und fand Arbeit bei einer Privatfirma. Die früheste Nachricht
über das Geschehen erreichte die Öffentlichkeit erst im Februar

2020, fast ein Jahr nachdem K. aufgeflogen war. Wegen der Pandemie verkündete das Kreisgericht von Buda sein Urteil ohne Verhandlung. Das Urteil stützte sich auf die unzähligen gegenständli-
chen Beweise und auf das Geständnis des Angeklagten. Außer der
kooperativen Haltung und den diplomatischen Verdiensten seines
Mandanten konnte der Verteidiger nur noch dessen angebliche
Tugendhaftigkeit als Milderungsgrund vorbringen: «Er ist ein zutiefst religiöser Mann, der regelmäßig seinen Glauben ausübt.» K.
wurde rechtskräftig zu einem Jahr Freiheitsentzug auf Bewährung
und 540 000 Forint (damals 1500 Euro) Geldstrafe verurteilt – ein
ungewöhnlich mildes Urteil, das über alle politischen Lager hinweg für Entrüstung sorgte.

Neben der moralischen Empörung beschäftigte die Öffentlichkeit die Frage, wie der Diplomat seinem schrecklichen Hobby so
lange ungehindert hatte nachgehen können. Schließlich gehörte er
zu einer Kategorie der Staatsbeamten, die sich regelmäßig einer sogenannten Lustration des Typs C, einer Sicherheitskontrolle, un-
terziehen mussten, die im Zweifelsfall – so bei unwahren Angaben
zum Vermögen – auch durch Einsatz von Lügendetektor und ge-
heimdienstlichen Techniken durchgeführt werden konnte. Der zu
diesem Zweck auszufüllende Fragebogen berührte in seinen Punkten 40 bis 42 heikle Themen: «Konsumieren Sie Alkohol, und wenn
ja, in welchem Maße? Konsumieren Sie Drogen, und wenn ja, in
welchem Maße? Haben Sie außer Ihrer Ehe oder Lebensgemeinschaft eine Partnerbeziehung (auch homosexuelle)?» Weder Ehe-
bruch noch gleichgeschlechtliche Beziehungen galten ab ovo als
Hindernis für die Einstellung in eine sicherheitsrelevante Position – aber Auskünfte über Partner oder Partnerin mussten wahr-
heitsgemäß erteilt werden. Und Punkt 45 lautete: «Ist Ihnen ein
Umstand oder Risikofaktor bekannt, dessen Erwähnung Sie vom
Gesichtspunkt der Sicherheitskontrolle her für wichtig halten?»
Eine solche Frage offen zu beantworten – daran dachte der Kandidat K. nicht im Entferntesten. Sein Weg nach dem Absturz ähnelte
dem des Bürgermeisters B.: Rückzug ins Private zu Ehefrau und

Kindern. Die Wellen des Skandals glätteten sich schnell, der zweite Ansturm des neuen Corona-Virus stand vor der Tür. Aber der nächste Eklat ließ nicht lange auf sich warten.

Der EU-Abgeordnete Sz. war ähnlich wie der Diplomat K. Jurist, profunder Kenner seines Metiers, Autor eines Buches über das Römische Recht, und auch ansonsten gehörte er in eine höhere Kategorie der politischen Elite. Er war Gründungsmitglied der Regierungspartei, und mit Orbán verband ihn eine Freundschaft aus Studententagen. Dem jungen Sympathieträger war es bei den Wahlen 1990 in seiner Geburtsstadt gelungen, im Kampf um ein Direktmandat den damals noch sehr populären reformkommunistischen Politiker Imre Pozsgay zu schlagen. Davor hatte er sich als Stipendiat von George Soros in Oxford, später auch in Michigan weitergebildet. Es folgte eine steile Karriere des Rechtsanwalts, zunächst auf kommunaler, dann auf Landes- und letztendlich auf EU-Ebene als Fraktionssprecher seiner Partei und damit auch als stellvertretender Vorsitzender der Gruppe der Europäischen Volkspartei. Im Sitzungssaal besetzte er den Platz neben dem Fraktionschef, dem CSU-Politiker Manfred Weber. Zu Hause galt er als Mitautor des Grundgesetzes, dessen Text der Vielbeschäftigte, so die Legende, unterwegs auf seinem iPad redigiert haben soll. Im Ausland stand er an der äußersten Frontlinie und verteidigte Ungarns Regierung gegen den Versuch der Europäischen Union, finanzielle Förderungen für Mitgliedstaaten von der Einhaltung der europäischen Normen der Rechtsstaatlichkeit abhängig zu machen. Sz. blieb – bei allen höflichen Umgangsformen – in dieser Frage unnachgiebig, selbst als der Bruch mit den Volksparteien fast unvermeidlich war. In einem Interview beruhigte er ungarische Zeitungsleser im Mai 2019: «Wir sind eine kämpferische Partei und geben das Gefecht nicht leicht auf. Wenn wir eine Schlacht verlieren, können wir deshalb den Krieg noch gewinnen.»

Umso verblüffender wirkte sein Rückzug am 29. November 2020, einem Sonntag. Er benachrichtigte den EU-Parlamentspräsidenten David Sassoli über den Verzicht auf sein Mandat mit Wirkung vom 31. Dezember desselben Jahres. Dabei betonte er, dass dieser Schritt nicht auf Meinungsdifferenzen mit seiner Regierung zurückzuführen sei, sondern auf rein persönliche Motive, und die Entscheidung ein «Ergebnis längerer Überlegungen» sei: «Die Teilnahme an tagespolitischen Kämpfen bedeutet für mich eine immer größer werdende seelische Belastung.» Gleichzeitig äußerte er den Wunsch, statt in der praktischen Politik eher auf dem für ihn «perspektivreicheren geistigen Gebiet zu arbeiten». Kurz gesagt: Burnout, und angesichts der Spannungen der letzten Jahre erschien die Begründung sogar glaubhaft. Die Fidesz-Fraktion reagierte am selben Abend sozusagen postwendend: «Wir haben die Entscheidung unseres Kollegen traurig zur Kenntnis genommen. (…) Er spielte eine entscheidende Rolle darin, dass der ungarische bürgerliche Konservativismus und die christliche Demokratie den ihnen gebührenden Platz auf der europäischen politischen Bühne einnehmen. (…) Für seine weitere Arbeit wünschen wir ihm viel Erfolg.» So weit die Lüge. Ihr folgte die Wahrheit, die in solch verlogenen Situationen nur als Skandal in Erscheinung treten konnte.

Die zweite Welle der Pandemie traf Belgien außerordentlich hart. Mitte Oktober erklärte Gesundheitsminister Frank Vandenbroucke, das Land sei «sehr nahe an einem Tsunami» von COVID-19, die Zahl der täglichen Neuinfektionen liege über 8000, die Sterblichkeit höher als 500, und 60 Prozent aller Intensivbetten seien mit Corona-Kranken belegt. Ende Oktober verordnete die Regierung drastische Regelungen. Kultur, Sport, Freizeit, Shopping, Schönheitspflege – alles wurde in das Prokrustesbett des Lockdowns hineingezwängt. Selbst allein lebende Personen durften nur einen Gast empfangen, in Kirchen waren Gottesdienste untersagt, Geschäfte mit «nicht unbedingt notwendigen Waren» blieben ab 1. Dezember geschlossen. Gemeinschaftliche Treffen waren mit höchstens zehn Teilnehmern erlaubt. Zudem herrschte zwischen 22.00 Uhr abends und 6.00 Uhr morgens eine strikte Ausgangssperre, die auch polizeilich kontrolliert wurde. In erster Linie ging es den Ordnungshütern darum, illegale Corona-Partys zügelloser Jugendlicher aufzulösen.

Brüssel ist einerseits die fünftgrößte Stadt des Königreichs Belgien und hat 185 000 Einwohner, vergleichbar mit Szeged oder Miskolc. Andererseits gilt sie gewissermaßen als Hauptstadt Europas oder, seit dem Brexit, wenigstens der kontinentalen EU. Für nicht Ortsansässige, und dazu gehören etwa 5000 EU-Mitarbeiter, gab es hier auch ohne Lockdown wenig Gelegenheit, Freizeit zu verbringen. Von Freitagmittag bis Montag früh finden weder Plenarsitzungen statt, noch arbeiten die Fraktionen. Während des Ausnahmezustands vom November 2020, als Bars, Casinos und Restaurants dicht waren, hatte man wenig Lust, auf den kalten und wie leer gefegten Straßen spazieren zu gehen. Allerdings eröffneten sich für einen Insiderkreis Möglichkeiten des Amüsements besonderer Art. In der ersten Etage einer ansonsten ordnungsgemäß geschlossenen Gay-Bar erwartete deren Chef seine Stammkunden zur Party – und jeder durfte einen Gast mitbringen. So zählte die geschlossene Herrengesellschaft 25 Personen, mehr als das Doppelte der behördlich zugelassenen Anzahl.

Als die Polizei gegen halb zehn, einem «Hinweis aus der Bevölkerung» folgend, vor Ort erschien, traf sie auf nackte und dürftig bekleidete Männer, die sich rasch anzogen, um ihre Ausweise vorzeigen zu können. Nur einer von ihnen wagte es zu fliehen: Er verließ die Wohnung durch das Badezimmer und kletterte an der Regenrinne, sich mehrmals verletzend und nur halbwegs angezogen, nach unten auf die Straße, wo er jedoch auf patrouillierende Polizisten stieß. Dieser Partygast war der ungarische Europa-Abgeordnete Sz. Einen Diplomatenpass konnte er nicht vorzeigen, dafür fand man in seinem Rucksack eine Ecstasy-Pille, von der er behauptete, sie gehöre nicht ihm. Die Polizisten eskortierten ihn nach Hause, wo er sich mit seinem Diplomatenpass ausweisen konnte. Nach Aufnahme des Protokolls, in dem der Tatbestand einer Verletzung der Corona-Regeln fixiert wurde, verließen die Ordnungshüter die Wohnung. Sz. blieb in seiner elend verzweifelten Lage allein. Erst drei Monate später strahlte ein belgischer Fernsehsender die Videoaufnahme des die Razzia begleitenden Journalistenstabs aus, woraufhin sich die unrühmliche Szene der Festnahme von Sz. in Windeseile auch auf ungarischen Bildschirmen verbreitete.

Das Drehbuch der Rezeption begann ähnlich wie im Fall des unglückseligen liberalen Abgeordneten, der seinen Intimbereich selbst zur Schau gestellt hatte. Jetzt aber frohlockte die Opposition, und Regierungsvertreter wichen Journalistenfragen verlegen aus. Sz. trennte sich in einem erneuten Statement von Rang und Würde und verzichtete auf sein Mandat mit der halbwahren Begründung: «Ich war auf einer Hausparty [házibuli, also auf keiner Orgie].» Jeglichen Drogenbesitz leugnete er konsequent und bat auch mit überlegt gewählten Worten um Entschuldigung: «Ich bedaure tief, dass ich gegen die COVID-Regeln verstoßen habe, es war unverantwortlich. (…) Ich bitte Sie, meinen Fehltritt vor dem Hintergrund von dreißig Jahren harter politischer Arbeit zu bewerten und diesen nicht meinem Land oder meiner Partei zuzurechnen.» Diesmal äußerte sich Regierungschef Orbán persönlich in seinem gewöhnlichen Freitagsinterview zu Sz.s Reue: «Das, was unser alter und großer Kampfgefährte tat, war unvereinbar mit dem Leben unserer Gemeinschaft, es ist weder zu verteidigen noch zu entschuldigen. Deshalb blieb ihm keine andere Wahl als das Terrain der Politik zu verlassen, und das hat er auch getan.» Es klang fast wie ein Nachruf auf den gefallenen Kameraden. Sz. musste geopfert werden aus dem einfachen Grund, weil er – solider Ehemann und Familienvater – mit dem Unwort «Schwuchtel» in Verbindung gebracht worden war.

In Wirklichkeit sah sich die Regierungspartei in einem moralischen Schlamassel, und zwar nicht nur wegen des Rangs von Sz., ihrem «europäischen Gesicht», sondern auch oder noch mehr wegen dessen ungewolltem Outing. Die Entlarvung eines Schwulen aus dem innersten Machtbereich passte nur schlecht in den brandaktuellen Diskurs um die Homosexualität. Ganz konkret handelte es sich um die neunte Novelle des von Sz. mitverfassten Grundgesetzes, um die Definition der Familie: «Ungarn schützt die Institution der Ehe als eine zwischen Mann und Frau aufgrund freiwilliger Entscheidung geschaffene Lebensgemeinschaft sowie die Familie als Grundlage des Bestehens der Nation. Die Grundlage der familiären Beziehung ist die Ehe sowie die Eltern-Kind-Beziehung. Die Mutter ist eine Frau, der Vater ist ein Mann.» Obwohl der letzte Satz als Behauptung laut Statistik für Millionen ungarischer Familien zutrifft, wird er hier als Norm suggeriert, ebenso wie die Ehe als ausschließlich legitime Form der Lebensgemeinschaft. Konkret steckte hinter der Verfassungsänderung die Absicht, gleichgeschlechtliche Paare von der Institution Ehe auszuschließen und deren Anträge auf Adoptionen zu verhindern – ein Vorhaben, das LGBTQ-Gruppen zu Recht als Angriff auf ihre europaweit erworbenen Rechte betrachten.

Was maßgebende Fidesz-Politiker über «abweichende» sexuelle Orientierungen denken, geht aus ihren Redebeiträgen in der Debatte klar hervor. Der Parlamentspräsident László Kövér vertrat anlässlich einer Ansprache in der Bezirksgemeinde Budapest-Zugló den Standpunkt: «Im moralischen Sinne sehe ich keinen Unterschied zwischen dem Benehmen eines Pädophilen und demjenigen, der dieses Recht [als Schwuler Kinder zu adoptieren] für sich einfordert. (…) Ein normaler [sic!] Homosexueller weiß, wie die Ordnung der Welt ist, dass er so geboren ist oder so wurde, und versucht, sich an die Welt so anzupassen, dass er sich nicht unbedingt als gleichrangig betrachtet.» Auch bei dem studierten Juristen Viktor Orbán verwischen sich die Grenzen zwischen sexueller Orientierung und strafbaren Handlungen: «In Ungarn gibt es Rechtsnormen, die sich auf Homosexualität beziehen. Die Ungarn sind geduldig und tolerant gegenüber diesem Phänomen. Selbst die Provokation [gemeint sind wahrscheinlich Pride-Kundgebungen] ertragen wir gut. Aber es gibt eine rote Linie, die man nicht überschreiten darf: Sie sollen unsere Kinder in Ruhe lassen!» Was soll man von solchen Tiraden halten? Politiker müssen keine Kenner der menschlichen Seele sein, müssen nicht einmal zwingend reflektieren, was in ihnen selbst steckt. Sie müssen aber wissen, dass sie selbst auf dem Höhepunkt ihrer Karriere durch einen einzigen Fehltritt in eine Lage kommen können, aus der ihnen lediglich noch eine Regenrinne als Fluchtweg übrig bleibt.

## Zwei Abrechnungen und eine Einladung
### Varianten einer Hochschulpolitik

In der Budapester Innenstadt ließ Antal Graf Festetics de Tolna, Spross einer alten ungarischen Aristokratenfamilie, 1830 ein neues Palais im klassizistischen Stil errichten – das heutige Gebäude Nádorstraße 9–11, ein Eckhaus. Die benachbarten Grundstücke wurden erst danach bebaut und bilden gemeinsam mit dem Palais ein Ensemble. Das Eckhaus Nr. 9 gilt als Architekturdenkmal. Nach 1945 wurde es von den Kommunisten, wie auch der ganze Komplex, verstaatlicht. Hier residierte eine Zeitlang der militärische Geheimdienst samt unterirdischen Gefängniszellen, später das Planungsamt und zuletzt einige staatliche Export- und Importfirmen. Erst 1991 zog in das privatisierte Objekt die von George Soros gegründete, in New York akkreditierte Mitteleuropäische Universität (CEU) mit den Fachrichtungen Human- und Sozialwissenschaften ein. Nach äußerst kostspieligen Umbauten entstand ein Campus mit Auditorien, Seminarräumen, Wohnheimen, Sporteinrichtungen und Bibliothek – die größte englischsprachige Library in Mitteleuropa. Die Unterrichtssprache der postgradualen Ausbildung war Englisch, gut die Hälfte der 1600 Studierenden kam aus dem Ausland, nicht zuletzt aus der ehemaligen UdSSR bzw. Osteuropa. Sie erhielten Stipendien und nach Abschluss des Studiums ein auch in den USA gültiges Diplom.

Das CEU-Projekt stand im Zeichen der Theorie einer «Open Society» – in der Definition des Philosophen János Kis «eine plura-

listische Gesellschaft, welche die Autonomie ihrer Mitglieder respektiert und verteidigt (…). In einer offenen Gesellschaft darf
keine Religion, Weltanschauung, Lebensauffassung oder Kultur
eine Ausschließlichkeit anstreben. In einer offenen Gesellschaft
gibt es keine unbeirrbaren Autoritäten, die für uns entscheiden
können, was wahr, gut und richtig ist. Von jeder Ansicht kann sich
herausstellen, dass sie irrtümlich ist.» Auf den ersten Blick wird
klar, dass dieses Selbstverständnis weder in einen nationalen
Rahmen noch in ein staatspolitisches Credo hineinpasst. Trotzdem wurde anfänglich weder die Theorie noch deren in der CEU
verkörperte praktische Umsetzung von Fidesz in Frage gestellt –
vielmehr hatten auch einige ihrer «Jungdemokraten» ihr Masterdi-
plom in der Nádorstraße erworben. Auch nach 2010 kam niemand
auf die Idee, dass die Mitteleuropäische Universität von dem neuen
ungarischen Kurs gefährdet werden könnte. Mit dieser Zuversicht
verließ der kanadische Historiker Michael Ignatieff im Herbst 2016
die Harvard University, um das Rektorat der CEU in Budapest zu
übernehmen. Im Januar 2017 gab er sich gegenüber der Budapester
Wirtschaftszeitung «HVG» optimistisch: «Meiner Meinung nach
versteht auch die (ungarische) Regierung, dass wir eine Universität
sind, keine Partei, und niemals haben wir eine politische Tätigkeit
ausgeübt.»

Im April 2017 beschloss das Budapester Parlament im Eilverfah-
ren mit einer Zweidrittelmehrheit ein neues Universitätsgesetz,
dem zufolge eine ausländische Hochschule in Ungarn ihre Unter-
richtstätigkeit nur ausüben kann, wenn eine zwischenstaatliche
Vereinbarung getroffen wurde, und dies auch nur dann, wenn sie in
dem als Hauptsitz angegebenen Land über einen Campus verfügt.
Das Gesetz war einzig und allein auf die Zentraleuropäische Universität zugeschnitten, weshalb es allgemein als «Lex CEU» wahrgenommen wurde. Bereits im Vorfeld der Abstimmung lieferte
Viktor Orbán in seinem üblichen Freitagsinterview in der Rund-
funksendung «Guten Morgen, Ungarn» Argumentationshilfe für
die Sonderbehandlung der CEU: «Ungarn ist ein Land, welches das

Wissen unterstützt, nicht aber den Betrug. In Ungarn geben die Universitäten nur ein Diplom aus, dagegen gibt es eine Universität, die zweierlei Diplome ausgibt: Das eine ist für Ungarn, das andere für Amerika gültig. Das ist unfair gegenüber den anderen Universitäten (…). Wir müssen uns nicht mit der CEU, sondern mit der amerikanischen Regierung verständigen. Mit der CEU müssen wir nicht verhandeln, denn sie sind noch nicht die amerikanische Regierung, obwohl sie es vielleicht gerne sein möchten.»

Diese Diktion versprach nichts Gutes und klang absurd. Viele meinten sogar, dass der Regierungschef auf diese Weise eine Begegnung mit US-Präsident Donald Trump erreichen wollte – eine ungeheure Aufwertung seiner Wichtigkeit. Wenn diese Absicht tatsächlich bestand, dann wurde sie rasch abgewehrt: Das State Departement erklärte sofort, dass für die CEU der Staat New York zuständig sei, wo Ignatieff inzwischen nach einem geeigneten Campus suchte, um die ungarische Akkreditierung zu bewirken. Angesichts der heftigen Reaktionen in Ungarn – unter anderem eine Demonstration «Freies Land – freie Uni!» mit 60 000 Teilnehmern – und deutlicher Proteste von ausländischen Regierungen, zudem eines drohenden EU-Vertragsverletzungsverfahrens zeigte sich das Regime zunächst gesprächsbereit. Der Rektor wies Orbáns bizarre Betrugsthese entschlossen zurück und erklärte, dass die CEU in Budapest bleiben werde, denn noch hoffte er auf eine moderate Lösung des Konflikts. Vielleicht wäre im Jahre 2017 auch ein Kompromiss möglich gewesen. Doch am Ende wurde die «Soros-Universität» von der verhängnisvollen Kampagne gegen den Milliardär mitgerissen, die für Fidesz unverzichtbarer Bestandteil des Wahlkampfs 2018 war.

Das Fanal setzte wieder Viktor Orbán auf seiner Facebook-Seite am 22. März 2018: «In Ungarn arbeiten zweitausend Söldner, ein ganzes Söldnerheer für George Soros gegen die ungarische Regierung (…) Ihr Ziel besteht darin, Ungarn zum Einwanderungsland zu machen, den Grenzzaun abzuschaffen und die Migranten reinzulassen.» Diese Tirade – ein zweiter Aufguss der Rhetorik vom

Herbst 2015, als die Fluchtbewegung das Transitland Ungarn erreichte – hatte ursächlich nichts mit der CEU zu tun. Wie so oft überließ auch jetzt der Regierungschef das Gros der Arbeit seinen Vasallen. Drei Wochen nach seiner Facebook-Äußerung publizierte die regierungsnahe Zeitschrift «Figyelő» eine mit dem Pseudonym «András Csanády» gezeichnete Liste unter dem Titel: «Die Menschen des Spekulanten». Die einleitenden Worte waren: «Mindestens zweitausend Menschen arbeiten in Ungarn daran, dem Willen von George Soros Geltung zu verschaffen. Er hat zu diesem Zweck bereits mehrere Milliarden Dollar ausgegeben.» Hierauf folgte der kryptische Satz: «Man kann nicht mit Gewissheit sagen, ob sich jemand dessen bewusst ist, für wen er arbeitet oder wessen Sendung er erfüllt» – eine Formulierung, für die sich selbst Stalins Staatsanwälte nicht schämen würden. Der Artikel in «Figyelő» machte darauf aufmerksam, dass auf der Liste «die Professoren der CEU einen vornehmen Platz einnehmen». Als Beweis werden Namen von Personen und Organisationen der Zivilgesellschaft aufgeführt – keine zweitausend, aber immerhin ein paar hundert.

«Csanádys» Verzeichnis entpuppte sich rasch als ein aus Wikipedia zusammengeklaubtes Flickwerk: Unter den angeblichen Soros-Söldnern befanden sich längst verstorbene Prominente wie der Anthropologe Ernest Gellner († 1995), die Historiker Yehuda Elkana († 2012) und Péter Hanák († 1997) sowie György Boytha († 2010), international bekannter Experte für Urheberrechte, übrigens eindeutiger Anhänger des Fidesz. Sie alle hatten einmal in der Nádorstraße unterrichtet. Dieser Fauxpas führte zu zahlreichen Zivilprozessen zwischen der Zeitschrift und den Familienangehörigen der Verblichenen sowie daraus folgenden Geldstrafen und Richtigstellungen. All dies änderte jedoch nichts mehr an der Situation der aufgelisteten Personen und noch weniger der NGOs, darunter das Helsinki-Komitee, Transparency International, Migration Aid, die Gesellschaft für Freiheitsrechte und nicht zuletzt die von Soros gegründete «Stiftung Offene Gesellschaft», deren Team direkte Konsequenzen aus dieser Affäre zog und ihren Sitz bereits

Mitte Mai 2018 nach Berlin verlegte. Dazu wurde erklärt: «Wir können die Sicherheit unserer Arbeit und unserer Mitarbeiter in Ungarn nicht mehr garantieren und können ihnen keinen Schutz gegen willkürliche Einmischung der Regierung gewähren.»

Damit hatte auch die Stunde der «Soros-Universität» geschlagen. Nachdem die Verhandlungen mit dem Staat New York in die Länge gezogen worden waren, lehnte die Regierung die grundsätzlich erzielte Vereinbarung ab. Daraufhin erklärte Michael Ignatieff den Umzug der CEU nach Wien in den Bezirk Favoriten, wo sie sich provisorisch, bis zur Errichtung eines neuen Campus, auf dem Gelände des Otto-Wagner-Spitals einrichtete. Professoren und Studierende pendeln seitdem zwischen Wien und Budapest, wo in dem alten Gebäude Forschung und Bibliotheksbenutzung erlaubt wird – «nur» der Unterricht und die Ausgabe von Diplomen bleiben ausgelagert. Als bittersüßes Happy End zwang drei Jahre später der Europäische Gerichtshof die Regierung Orbán dazu, das «Lex CEU» aufzuheben. Im Prinzip könnte also die in Wien herzlich willkommene Universität nach Budapest zurückkehren, aber das Rektorat wollte von dieser Chance keinen Gebrauch machen: «Die Stadt werden wir niemals ganz verlassen, wollen uns aber auch nicht wieder den politischen Capricen eines Mannes und dessen Regime ausliefern.»

Eines muss man der Regierung Orbán lassen: Keine ihrer Maßnahmen entbehrt der juristischen Begründung. Falls sie ein Ziel erreichen will, gräbt sie das passende Gesetz dazu aus, und wenn ein solches fehlt, schafft sie die benötigten Paragraphen über ihre bequeme parlamentarische Mehrheit im Eiltempo herbei. Zu diesem Manöver gehören noch ein spektakulärer Anlass und überdies die Medien, um die Maßnahme in populärer Weise an die Konsumenten zu bringen. Im Fall der Budapester Theater- und Filmuniversität (SzFE) war dies die Enthüllung eines sexuellen Übergriffs: Eine junge Schauspielerin wurde von einem Regisseur sexuell belästigt. Da das Theater auf seinen guten Ruf achtete, wurde der mehrfach preisgekrönte Mann Ende 2019 im Rahmen eines Ethikverfahrens entlassen und seine Produktionen aus dem Spielplan genommen. Allerdings arbeitete er auch als Professor an der Theater- und Filmuniversität, und nun forderten die überwiegend systemnahen Medien den Führungswechsel in beiden Institutionen.

Scheinbar unabhängig von diesen Forderungen begann Anfang 2020 das Ministerium mit der leicht nach Orwells «1984» klingenden Bezeichnung «für Innovation und Technologie», das als oberste Behörde unter anderem für das Unterrichtswesen zuständig war, mit der Vorbereitung des sogenannten Modellwechsels der Kunsthochschulen. Dabei ging es darum, Ausbildungsstätten für Tanz, Musik, bildende Kunst und eben Theater und Film unter die Obhut einer speziellen staatlichen Stiftung zu stellen, die angeblich eine bessere Finanzierung, sprich mehr Geld, und mehr Transparenz, gemeint war strengere Kontrolle, ermöglichen würde. Als erster Schritt sollte jeweils ein Kuratorium aus fünf Mitgliedern ernannt werden, von denen die Hochschulen nur eines benennen konnten. Der von der Regierungspartei in einer Nachtsitzung Ende Mai 2020 eingereichte Gesetzentwurf bezog sich aber nur auf die Theater- und Filmuniversität und stand in krassem Gegensatz zu deren autonomer Struktur. Eigentlich leitete der Rektor die Universität und verwaltete sie im Konsens mit dem autonomen Hochschulsenat, dem staatlich beauftragten Kanzler, den Professoren und der studentischen Selbstverwaltung. Der Rektor wurde jedes fünfte Jahr vom Senat gewählt und vom zuständigen Minister dem Staatspräsidenten empfohlen, der ihn daraufhin ernannte. In dem neuen Modell hingegen spielten die inneruniversitären Strukturen so gut wie keine Rolle mehr. Sogar das Kuratorium wurde, anders als versprochen, ohne Vertreter der Universität gebildet, seine Führung wurde Attila Vidnyánszky anvertraut, dem Direktor des Nationaltheaters. Im August entließ das Ministerium den Kanzler und ernannte an seiner Stelle einen Juristen, Gábor Szarka, vormals Oberst der ungarischen Armee. Daraufhin trat der Senat aus Protest zurück. Jede Kommunikation zwischen dem Ministerium und der Universität war damit am Ende. In diesem Interregnum regte sich nun die Studentenschaft.

Die Selbstverwaltung der Studenten («hallgatók» = «Hörer») erklärte das neue System für illegitim. Zu Beginn des Studienjahres am 1. September 2020 verbarrikadierten sich 200 Studierende vor dem Haupteingang und deklarierten die «Freie Schulrepublik». Ihr Ziel bestand zunächst darin, den Neuernannten den Weg in das Gebäude zu versperren, was ihnen bei dem ersten Besuch von Vidnyánszky und Szarka auch gelang. Danach besetzten sie das ganze Gebäude – Unterrichtsräume, den Bühnensaal und Wohnräume. Selbst nachts stellten sie eine Wache vor dem Haus auf. Jeden Tag um 15 Uhr hielten sie eine Pressekonferenz auf der Straße ab, und am Abend verwandelte sich die enge Vas-Straße in einen Pilgerort für Versammlungen, bei denen namhafte Regisseure, Schauspieler und Literaten sowie Vertreter anderer Hochschulen ihre Solidarität mit den jungen Leuten bekundeten, Gedichte vortrugen und Reden hielten. Als Hymne der kleinen Republik diente ein Ohrwurm ad notam eines bekannten ungarischen Volkslieds:

*Ei, die heimliche Uni*
*arbeitet verborgen,*
*doch auch auf die längste Nacht*
*folgt ein klarer Morgen*

Den Höhepunkt der karnevalesken Blockade bildete eine Demonstration samt Fackelzug am 23. Oktober, dem Gedenktag sowohl des Volksaufstands von 1956 als auch der Ausrufung der Republik 1989. Etwa zehntausend Demonstranten trafen sich vor der Technischen Universität zur Erinnerung an die Studenten von 1956, marschierten über die Freiheitsbrücke und versammelten sich dann vor dem Lichtspielhaus «Uránia», nur ein paar Minuten von der Universität entfernt. Die darauffolgende zweistündige Veranstaltung wurde vom Sinfonieorchester der «Freien Musikakademisten» mit Beethovens Egmont-Ouvertüre eröffnet. Die Demonstranten konnten das berühmte Musikstück auf einer großen Leinwand hören und sehen. Erinnerungen an den Aufstand wechselten sich ab mit Gedichten, kurzen Reden, dem Skandieren von Losungen wie «Freies Land, freie Uni!» und immer wieder ihrer eigenen Hymne, diesmal in der Version der FreeRomaGroup, einer Band, die eigens zu diesem Zweck formiert worden war. Es war eine ausdrücklich fröhliche Kundgebung, an der, dem Wunsch der Organisatoren entsprechend, Parteien der politischen Opposition nicht beteiligt waren.

Der imposante Aufmarsch fand jedoch zu einem Zeitpunkt statt, als die Regierung bereits mit der Niederschlagung des Protestes begonnen hatte. Als Erstes wurden die Internetverbindungen auf Veranlassung des Oberst Szarka gekappt, dann wurden die Prüfungsnoten der beteiligten Studenten für ungültig erklärt und allen wurde mit dem Entzug ihrer Stipendien gedroht. Als ausschlaggebend für die Aufgabe der Blockade erwies sich aber letztlich die Pandemie, konkret die Schwierigkeit, sich regelmäßig mit Lebensmitteln und Kleidung zu versorgen. Schließlich verließen die jungen Hausbesetzer am 10. November 2020 den Gebäudekomplex, ohne, wie sie erklärten, den Widerstand aufgegeben zu haben. Danach versuchten sie als Verein «Freeszef», mit Hilfe der suspendierten Professoren den Unterricht fortzusetzen. Wegen des Corona-Lockdowns erfolgte dies über Onlinekonferenzen und im Home-Office. Allerdings galten ihre schulischen Leistungen in den Augen der neuen Führung als nicht existent. Hier aber sprangen schweizerische, österreichische, deutsche und polnische Kunsthochschulen ein, die bereit waren, ganze Klassen des SzFE zu übernehmen, also das Studium in Ungarn als Teil ihres Lehrprogramms anzuerkennen. Gleichzeitig wurde das Studentenheim auf staatliche Anordnung hin, vorgeblich wegen der Pandemie, geschlossen, was vor allem die aus der Provinz stammenden jungen Leute schwer traf. Einige erhielten zunächst preiswerte Studentenzimmer in der Budapester CEU, in der, wie bekannt, kein Unterricht stattfinden konnte, die aber Gäste beherbergen durfte. Es bleibt nur zu hoffen, dass die mutigen Begründer der exilierten Schulrepublik in einer besseren Atmosphäre ihre künstlerische Laufbahn wieder aufnehmen können.

Die Protestaktion der Schüler und Lehrer des SzFE stieß bei radikalen Fidesz-Anhängern auf pure Aggression. Ein Beispiel für viele Wutausbrüche gibt der Kolumnist des rechten Portals «Jungs von Pest», der seinem Ärger im August 2020 Luft machte: «Also, Freundchen, ob ihr wollt oder nicht, ihr seid momentan Studenten, ihr seid nicht die Regierung. Nicht ihr entscheidet, sondern sie. Wenn ihr einmal (in einigen Jahrzehnten) erwachsen werdet, dann könnt ihr einige Sachen entscheiden, aber nicht darüber, wer eine Universität führen soll. Und zwar deshalb, weil das nicht in eure Kompetenz gehört, ihr halbgaren Halbwüchsigen! Die Regierung mischt sich auch nicht ein, welche Grimassen ihr auf der Bühne schneidet.» Der «sicherheitspolitische Experte» László Földi versuchte im April eine «wissenschaftliche» Erklärung für das Phänomen SzFE zu finden: «Der Umbau der Universität war bei einem Teil der Studenten auf Widerstand gestoßen, und sie begannen spontan gegen das neue System zu protestieren. Auf diesen Protest bauten dann die sogenannten Ausbildungsoffiziere aus dem Hintergrund (…). Das Erscheinen der Ausbildungsoffiziere bei der Aktion der Studenten war daran zu erkennen, dass die anfängliche Spontaneität durch einen konzentrierten und konstruierten Handlungsplan ersetzt worden war. Wir wissen auch, dass sie aus dem Berliner Ausbildungslager der Momentum[15] gekommen waren …» Interessant an dieser Verschwörungstheorie ist allein der Autor: László Földi, Oberst des Auslandsnachrichtendienstes der seligen Abteilung III/1 der Ära Kádár, die vom «Informationsamt» der Republik großzügig übernommen worden war – eine merkwürdige Kontinuität.

Doch nicht jede Universität ist den Herrschenden ein Dorn im Auge. Ausgerechnet in den heißen Augusttagen 2020 erschien im offiziellen Mitteilungsblatt «Magyar Közlöny» eine Nachricht über die Absicht der Regierung, einen Campus der chinesischen Universität Fudan in Ungarn zu errichten. Zu diesem Zweck sollte das Land einen Kredit von 450 Milliarden Forint (1,3 Milliarden Euro) bei der Volksrepublik China aufnehmen und die Eröffnung der Elitehochschule im Studienjahr 2024 garantieren. Zweifelsohne besetzt die 1905, zur Zeit der letzten Kaiserdynastie, in Schanghai gegründete Fudan-Universität einen noblen Platz unter den Hochschulen der Welt, und es wäre sogar als Ehre zu begreifen, dass sie ihren ersten ausländischen Campus in Budapest gründen und den Studenten ein in Europa anerkanntes Diplom anbieten würde. Dennoch stieß die im April 2021 unterzeichnete «strategische Vereinbarung» auf einige Vorbehalte, und zwar nicht nur seitens der Opposition, sondern auch in Fachkreisen. In der Debatte, die auch nach dem Fait accompli weiterlief, wurden drei Gegenargumente genannt:

Erstens sei das Projekt ideologisch dadurch belastet, dass die Fudan-Universität in ihrem Statut der Kommunistischen Partei die Treue schwört und in diesem Sinne nichts als eine Kaderschmiede sei. Obwohl der Kommunismus im heutigen China eher als Firmenschild der Machtausübung dient, ist es eine Tatsache, dass im Reich der Mitte eine Diktatur herrscht und Andersdenkende und nationale Minderheiten wie Uiguren und Tibeter brutal unterdrückt werden, was, nebenbei gesagt, auch demokratischen Regierungen beim Geschäftemachen mit China keine allzu schweren Gewissensbisse bereitet.

Ökonomisch bedeute der Aufbau eines Campus in Budapest, so das zweite Argument, mit seinen astronomischen Kosten die Gefahr einer Verschuldung, der die ungarische Wirtschaft kaum gewachsen wäre.

Die überdimensionale künftige Alma Mater stelle drittens eine unfaire Konkurrenz gegenüber anderen öffentlichen und privaten Hochschulen des Landes dar, die außerstande seien, international verwendbare Diplome zu vergeben. Speziell bezieht sich dieser Einwand auf den vom liberalen Budapest geförderten Plan einer

«Studentenstadt» in unmittelbarer Nähe zu dem von Fidesz erträumten chinesischen Campus.

Was Chinas Plan mit der Fudan-Universität angeht, so ist dieser leicht nachvollziehbar: Die Beinahe-Supermacht würde sich gerne eine ihrer geopolitischen Bedeutung entsprechende kulturelle Präsenz in Europa sichern, die mit der westlichen und russischen wetteifern kann. Die Regierung Orbán erhofft sich von dem Riesenprojekt weitere chinesische Investitionen, von denen eine – die gemeinsame Rekonstruktion der Eisenbahnstrecke Budapest–Belgrad mit bis zu 80 Prozent chinesischer Kreditbeteiligung – bereits im Gange ist. Die politische Philosophie oder eher Phantasie, die dahintersteckt, wäre die diskrete Ausübung von Druck auf die Europäische Union, die immer wieder dem «christlich-nationalen» Regime ihr liberales Wertesystem aufnötigen möchte. Eines ist sicher: In diesem «Match» hat die Fudan-Universität die besseren Chancen, da sie dem strikten Regulierungsdrang und auch dem Geschmack der Regierung eher entspricht als die reiche, aber verletzliche «Soros-Universität» oder die arme Theater- und Filmhochschule in der engen Vas-Straße.

## Schlachtengemälde aus dem Kulturkampf

Mór Jókai (1825–1904) war der produktivste und erfolgreichste ungarische Autor seiner Zeit. Sein Œuvre, dessen hundertbändige Prachtausgabe in Teilen noch zu Lebzeiten erschien, umfasst eine thematische Spannweite von Epochen und Kontinenten, wie diese sonst nur bei seinem Zeitgenossen Jules Verne (1828–1905) zu finden war. Besonders beliebt in Ungarn waren seine historischen Werke über die Türkenherrschaft und die Revolution von 1848 sowie der 1872 publizierte Gesellschaftsroman «Ein Goldmensch» (dt. 1873). Held dieses Werks ist der steinreiche Kaufmann und Kapitän Mihály Tímár. Dieser lebt in der Stadt Komárom und heiratet das von ihm gerettete türkische Mädchen Timea, das ihn zwar respektiert, aber ihn nicht liebt. Gleichzeitig fühlt sich der Krösus von Noemi angezogen, die mit ihrer Mutter auf einer besitzerlosen Insel des Donaudeltas lebt. So führt Tímár ein riskantes Doppelleben zwischen bürgerlicher Ehe und wahrer Liebe. Dies ist die Hauptlinie der kompliziert gewobenen Geschichte mit vielen guten und bösen Nebengestalten – heute wegen der etwas antiquierten Sprache und des pathetischen Stils keine leichte Kost. Dennoch gehört «Ein Goldmensch» im Rahmen des Nationalen Lehrplans als Klassiker zur Pflichtlektüre für die zweite Klasse der Mittelschulen, also für Jugendliche zwischen 16 und 17 Jahren.

Nun fiel im Februar 2021 einem in Fachkreisen bekannten Bücherjournal ein, Autorinnen und Autoren zu befragen, welche Werke sie nicht mehr unbedingt für Schüler empfehlen würden. Über Lehrpläne wird in Ungarn ständig debattiert. Die Lyrikerin und

Erzählerin Krisztina Tóth, selbst Mitautorin von Schulbüchern, äußerte die Meinung, den «Goldmenschen» müsse man nicht mehr unbedingt in den Kanon aufnehmen. Sie argumentierte inhaltlich unter Hinweis auf Jókais Frauengestalten: «Timea liebt ihren Mann nicht, dient ihm aber gehorsam, hält das Haus in Ordnung und kümmert sich um die Geschäfte ihres Mannes in dessen Abwesenheit. Sie sagt nie ein böses Wort. Noemi liebt den Mann, ist aber bereit, ihn mit der anderen Frau zu teilen. Tímár taucht manchmal bei ihr auf und geht dann wieder weg. Noemi freut sich und stellt niemals eine Frage nach der anderen Frau. Sie rebelliert nie, sondern wartet hübsch angezogen auf Tímár, wenn der gerade Zeit für sie hat.» Und Tóth fügte hinzu: «Unsere Kinder entwickeln aufgrund schulischer Lektüre ihre Vorstellungen über Geschlechterrollen.»

In der Tat erreichte der kultisch verehrte «große Märchenerzähler», was die Schilderung von Frauen betrifft, niemals den Horizont eines Gustave Flaubert, und auch seine Männerfiguren gerieten, nicht zuletzt wegen des gigantischen Umfangs seines Schaffens, oft oberflächlich und klischeehaft, was auch schon sein strenger Kritiker Pál Gyulai (1826–1909) bemängelte. Gleichzeitig fügte dieser hinzu, dass Jókais Rezensenten von der Beliebtheit des Autors geradezu eingeschüchtert seien. «Wer Jókai wirklich kritisiert», schrieb er, «der kommt fast in den Verdacht einer parteiisch-politischen Leidenschaft oder Verschwörung.» So oder so befand sich Jókai mit all seinen Tugenden und Fehlern ein Leben lang auf dem Weg von der Romantik zum Realismus. Seine Feder wurde zwar von einer üppigen Phantasie geleitet, trotzdem hätte er sich wohl kaum vorstellen können, dass sein «Goldmensch» 150 Jahre nach der Entstehung den Gegenstand oder eher Vorwand für eine heftige Hetzkampagne abgeben könnte. Aber genau das geschah. Nachdem Krisztina Tóths kritische Bemerkungen in die Onlineversion einer vielgelesenen Zeitschrift gelangt waren, las die Autorin auf ihrer Facebook-Seite Hunderte von Schmähbriefen mit obszönen Beschimpfungen und massiven Drohungen. Einige Tage später fand sie in ihrem Briefkasten Hundeexkremente. Gleichzeitig erschienen in regierungsnahen Blättern zahlreiche Aufsätze mit der Unterstellung, sie wolle Jókais Werk «verbieten». Als Tóth daraufhin in einem Interview mit der Wiener Zeitschrift «Falter» ihre verzweifelte Situation schilderte, wurden die Injurien um die landesübliche Beschuldigung der «Nestbeschmutzung» ergänzt.

Gerät man in Ungarn als Autorin oder Autor in das Fadenkreuz von Anfeindungen, dann ist man nicht nur mit den Publikationen der Print- oder Onlinemedien, sondern auch mit dem Phänomen der kaum moderierten und meist anonymen Kommentare konfrontiert. Diese werden oft dominiert von purem Hass, gepaart mit Unwissen und Ignoranz – so auch in der «investigativen» Onlinezeitung «Jungs von Pest», die sich ansonsten als «christlich-konservativ» definiert. Ob und inwieweit das Portal Förderung aus Regierungskreisen erhält, wie oft behauptet wird, sei dahingestellt. Jedenfalls kann man ihm eine regierungskritische Haltung schwerlich vorwerfen. Auch in Sachen Jókai sind die «Jungs» stramm auf Linie. Hingegen schlagen die mit Pseudonymen gezeichneten «Leserbriefe» oftmals einen anderen, noch schärferen Ton an.[16] Hier einige Kostproben:

> «Dass man ihr Hundeexkremente in den Briefkasten gelegt hat? Ich weiß nicht, wer das war, aber ich würde ihm voller Begeisterung die Hand drücken.»
>
> «In einem Jahr wird niemand mehr wissen, wer diese Autorin ist. Jókai aber bleibt ewig. Er wird noch leben, wenn die Horde der Liberalkommunisten nur noch eine schlimme Erinnerung ist.»
>
> «Sie ist im Grunde eine frustrierte Frau, ein dummer Blaustrumpf.»
>
> «Ich bedaure ihre Kinder, hoffentlich werden sie ihr weggenommen, bevor die Mutter ihnen einredet, dass sie eigentlich Knaben sind.»
>
> «Besser wäre, sie würde die Moral ihrer Kinder vor der Schwulenlobby verteidigen.»

«Das größte Problem der Feministinnen besteht darin, dass sie der Meinung sind, es sei besser, ein Mann statt eine Frau zu sein. All ihre Frustration folgt aus diesem wahnsinnigen Neid.»

«Mir und meiner Familie gefällt ihre Meinung nicht. Ich habe von ihr noch nichts gelesen, aber ich werde in Zukunft auch ihre Meinungsäußerungen meiden.»

«Typische Liberale. Sie macht eine Erklärung, stößt auf Widerspruch, und dann weint sie sich nicht bei einer ungarischen Zeitung, sondern bei einem österreichischen Blatt aus.»

«Sie soll nach Wien umziehen, in den 10. Bezirk der österreichischen Hauptstadt, in dem mehrheitlich Flüchtlinge leben.»

«Du ungarisch schreibende, Ungarn hassende Schlampe!! (…) Eine von Soros angeworbene und bezahlte Agentin!»

«Die meisten Beteiligten der literarischen Öffentlichkeit sind nicht nur literarisch bedeutungslos, sondern leben als Parasiten vom Geld der Steuerzahler und sind von den linksliberalen Juden herausgehobene und geförderte Proleten.»

Wie wir sehen, spielen in diesen Statements Mór Jókais Roman und Krisztina Tóths kritische Bemerkungen so gut wie keine Rolle. Wahrscheinlich haben die Autoren der Verlautbarungen niemals Tóths Bücher gelesen, und den «Goldmenschen» kennen sie höchstens als Pflichtlektüre aus ihrer Jugend. Vielmehr diente die Auseinandersetzung als Projektionsfläche, um einige der von den Medien aktuell verwendeten diffamierenden Stichworte abzusondern: «linksliberal», «kommunistisch», «jüdisch», «Flüchtlinge», «Schwule», «Soros», «freie Geschlechtswahl», «Feminismus». Tatsächlich fehlt in ihrem Vokabular nur das Wort «COVID-19». Genau dieser Gemischtwarenladen – von Jókai bis Soros – ist im Übrigen die eigentliche Stärke der Fidesz-Propaganda. Viele ahnungslose Rezipienten merken nicht, dass sie Teilnehmer einer zentral gesteuerten Kampagne unter dem Codewort «Kulturkampf» («kulturharc») sind.

Ungarns große literarische Tradition hing stets mit seinem nationalen Selbstverständnis zusammen. Einer der Gründe dafür kann das sprachlich isolierte Magyarische sein, aber maßgeblich hat die Ersatzfunktion des Schrifttums gewirkt, das in besonderem Maße Ausdrucksform des freien Denkens mit einem erhöhten moralisch-politischen Anspruch ist. Die Erwartungen gegenüber der schreibenden Zunft als Wegweiser formte noch fast bis zum Ende der 1980er Jahre das im Kampf gegen die staatliche Zensur gefestigte literarische Bewusstsein, wobei Kultur ohnehin als Hort des Pluralismus galt – Film, Theater, bildende Kunst und Musik vermittelten ein inoffizielles Weltbild. Gleichzeitig trat der Staat als finanzieller Garant für die Existenz der Institutionen auf, die er mehr oder weniger locker zu kontrollieren suchte. Mit der Wende brach dieses System abrupt zusammen: Die «Kulturschaffenden» waren nun den Gesetzen des freien Marktes ausgeliefert und verloren weitgehend ihre frühere Bedeutung als Verkünder der Wahrheit. Hinzu kam der radikale Wandel der Öffentlichkeit durch die Verbreitung des Internets – sehr schnell wurde aus vorgestern gleich übermorgen.

All das, was die Literatur früher spalten konnte – Stilkanon, Generationenkonflikte, Identifikation mit eher künstlich konstruierten Richtungen wie «Populisten», «Urbane» oder «Traditionelle», Moderne versus Postmoderne –, verwandelte sich in eine reine Existenzfrage. Der Büchermarkt des kleinen Landes war ohne staatliche oder private Förderung außerstande, regelmäßig literarische Produktionen an die Leserschaft zu bringen, und als Gönner kamen neben den wenigen Mäzenen wieder die staatlichen Strukturen, hauptsächlich Stiftungen, in Frage. Praktisch lebt die Mehrzahl der aktiven Autorinnen und Autoren des Landes entweder von einem anderen Beruf oder ist auf dürftige Stipendien und miserable Honorare angewiesen. Allein ein paar Bestsellerautorinnen und -autoren oder solche, die regelmäßig im Ausland publizieren, können eine zusätzliche materielle Stabilität erreichen und damit in der Heimat ihre wirtschaftliche Existenzgrundlage sichern, aber reich werden sie damit auch nicht. Unter diesen Bedingungen entsteht ein enormer Konkurrenzdruck, und fieberhaft wird nach dem eigenen Platz an der Sonne gesucht.

Im November 2017 startete der Journalist Árpád Szakács eine Artikelserie in der Regierungszeitung «Magyar Idők» unter dem Titel «Welche kulturelle Diktatur?». Die Frage bezog sich auf die tatsächlich wiederholt öffentlich vorgebrachten Beschwerden einiger zur liberalen Seite gerechneten Autoren über Benachteiligungen seitens der Kulturpolitik. Nun drehte der Verfasser den Spieß um und behauptete das Gegenteil: dass trotz des siegreichen «Systems der nationalen Zusammenarbeit» in der Kultur und speziell auf dem literarischen Terrain nach wie vor eine Hegemonie der Linksliberalen herrsche. Als Beweis führte Szakács zahlreiche Beispiele in Dutzenden von Aufsätzen heran. Obwohl er dabei auch auf historische Themen zurückgriff, waren für ihn Personen wichtig, die seiner Meinung nach direkt oder indirekt protegiert werden und keineswegs zu den Anhängern des Fidesz gehören. Diese griffen die Regierung bei jedem sich ergebenden Anlass an: so der Prosaist Pál Závada, der 2017 die traditionelle Buchwoche eröffnete, oder der deutsche Ehrengast des Budapester Internationalen Buchfestivals, Daniel Kehlmann, der, obwohl von «Ungarn» eingeladen, in einem «ungarischen Luxushotel» wohnend, in seiner Rede «Ungarn» kritisiert habe. Szakács listete auch Namen von literarischen Persönlichkeiten auf, die trotz ihrer kritischen Haltung Auftrittsmöglichkeiten hätten, von ungarischen Auslandsinstituten Einladungen erhielten und sich auch die Übersetzung ihrer Bücher in Fremdsprachen staatlich dotieren ließen. Krisztina Tóth mit ihren im Ausland erschienenen Büchern blieb nicht unerwähnt.

Diese Vorwürfe waren nicht neu: Bereits 1999, im Vorfeld des Schwerpunkts Ungarn auf der Frankfurter Buchmesse, publizierte der Vater des Rechtsradikalismus, der Schriftsteller István Csurka, eine lange Liste von Eingeladenen, die seiner Meinung nach von einem kleinen linksliberalen Kreis bevorzugt worden seien – unter ihnen der Nobelpreisträger Imre Kertész, Péter Nádas, György

Konrád und Péter Esterházy. Bereits damals war klar, dass die Genannten, ohne Frage die zeitgenössische Crème de la Crème der ungarischen Literatur, ihre Bücher im Ausland veröffentlichen konnten und dabei nicht auf Förderung des ungarischen Staates angewiesen waren. Wenn es sich um eine Dominanz dieses Autorenkreises handelte, dann lag dies allein an deren Bevorzugung durch die deutschen Verlage, da sie lange vor 1999 auf dem deutschen Büchermarkt als deren Stammautoren präsent waren. Ähnlich wie István Csurka in seinem damaligen Pamphlet «Die Frankfurter Tyrannei» operierte auch Árpád Szakács 2017 mit ganz einfachen Gefühlen wie verletzter Eitelkeit und dem Neid von Literaten.

Das Neue an Szakács' Philippika bestand darin, dass seine Schärfe eindeutig gegen die Kulturpolitik der Orbán-Regierung gerichtet war. Dieser sagte er nach, dass sie törichterweise die eigenen Todfeinde finanziere. Wichtigste Zielscheibe waren das Petőfi-Literaturmuseum und dessen Filiale, das Museum der ungarischen Avantgarde, das wiederum den Namen von Lajos Kassák trägt (oder, wie ihn Szakács bezeichnete, «dem linken Kassák»). Direktor der beiden Kultureinrichtungen war zu dieser Zeit Gergely Prőhle, ein politisches Schwergewicht – vormals Staatssekretär, später Botschafter in Bern und Berlin. Ihm warf Szakács vor, die Feier zum 85. Geburtstag von György Konrád im Museum organisiert und außerdem László Krasznahorkai und Péter Nádas zu Lesungen eingeladen zu haben. «In der Werkstatt von Herrn Prőhle», so Szakács, «toben sich linksliberale Meinungsmacher aus, die Ungarn und den Ministerpräsidenten Viktor Orbán verunglimpfen. Und Herr Prőhle bezahlt die Zeche aus dem Geld der ungarischen Steuerzahler.»

Eingeschworene Fidesz-Anhänger an der Kulturfront trauten ihren Augen nicht. Auch ein Hardliner konnte mal von der vorgegebenen Linie abweichen, aber die kulturpolitische Linie der Regierung offen anzugreifen, gehörte nicht mehr zum guten Ton. Man fragte vorsichtig den Regierungschef, ob hier alles in Ordnung sei, doch der wich mit der Erklärung aus, dass er weder juristisch noch politisch auf Szakács' Haltung Einfluss habe und außerdem eine Einflussnahme seinen demokratischen Prinzipien nicht entsprechen würde. Bald darauf verabschiedete sich Pröhle «im Einvernehmen mit dem Kulturminister» von seinem Posten als Museumsdirektor. Seinem Rückzug ging das Gerücht voraus, der Kulturminister sei mit der Ausstellung über Kassáks Kunst unzufrieden gewesen. Wie bekannt, fiel die Blüte der ungarischen Avantgarde in die Zeit der beiden Revolutionen von 1918 und 1919, und daher sei eine solche Exposition nichts anderes als eine Verherrlichung des Kommunismus. Man kann sich kaum des Eindrucks erwehren, dass zumindest dieser Teil der Attacken von Árpád Szakács die Entfernung des unbotmäßigen Museumsleiters und die Bedrohung anderer potentiell unzuverlässiger Kulturbeamter zum Ziel hatte. Danach wurde Szakács' Amoklauf gestoppt, jedenfalls was seine Präsenz auf der Meinungsseite der Regierungszeitung betraf. Offenbar war der «Kulturkämpfer» überflüssig geworden, heute verflucht er das System von rechts außen, vor dem Ultranationalisten-Publikum der Partei «Unsere Heimat».

Wie auch andere ideologische Kampagnen des Fidesz ertrank der «Kulturkampf» in der eigenen Rhetorik – es ging nicht um konservative Werte, sondern um Positionen innerhalb des Machtbereichs. Die «illiberalen» Autoren wollten auch befriedigt werden – sie erhielten die Möglichkeit, ihre Arbeiten in der literarischen Wochenendbeilage der zentral gesteuerten Provinzzeitungen zu veröffentlichen, und werden vielleicht aus staatlichen Töpfen etwas besser honoriert als die linksliberalen Rivalen. Der Lehrplan blieb in Sachen Pflichtlektüre unberührt – umstrittene naziverdächtige Autoren wie József Nyírő gehören dazu, während der «Roman eines Schicksallosen» des einzigen ungarischen literarischen Nobelpreisträgers Imre Kertész nur in die Kategorie «empfehlenswert» gehört. Hoffentlich hat das Buch als freiwillige Lektüre bessere Chancen, gelesen zu werden.

Jókai jedenfalls ist «gerettet». Auf dem Höhepunkt des Feldzugs gegen die Autorin Krisztina Tóth erklärte der Staatssekretär für Erziehung, Zoltán Maruzsa, im staatlichen Rundfunk: «Es ist richtig, wenn Fachkreise darüber diskutieren, welche Bücher in den Lehrstoff aufgenommen werden sollten, aber entscheidend ist nicht die Meinung von Schriftstellern. Mór Jókai hat seinen Platz in der ungarischen Literatur, und dies ist kein Gegenstand der Debatte.» Das heißt also, wer in der Literatur einen «Platz hat» und wer darüber mitreden darf, wird auf Ebene des Staatssekretärs bestimmt. Für die zum Opfer der Internethetze gewordene Autorin fand Maruzsa kein Wort – schließlich ist er nicht für Kultur, sondern nur für Erziehung zuständig.

Obwohl einige ungarische und ausländische Institutionen ihre Solidarität mit Krisztina Tóth zum Ausdruck brachten, verhallten diese Stimmen im Wirrwarr des «kalten Bürgerkriegs» und in der Atmosphäre der Pandemie. Die Autorin wird noch lange mit dem Stigma der «Jókai-Verbieterin» zu tun haben. Sie tröstet sich damit, dass die bitteren Erfahrungen für sie auch eine Erweiterung des literarischen Horizonts ermöglichen – schließlich wird für eine Schriftstellerin «alles zum Material». Trotzdem klingt ihr Fazit in dem Interview mit der Zeitschrift «Falter» eher resigniert: «Dieses Land hat schweren mentalen Schaden genommen, die Seelen der Menschen sind in einem unbeschreiblichen Maße vergiftet worden, die Moral und die Lebensqualität sind im Keller, besonders jetzt in dieser Pandemiesituation. Das kommt nicht von einem Moment auf den anderen wieder in Ordnung. Ungarn ist ein toxisches Land.»

## Herrenallüren

Weder die sprungbereite Opposition, die auf jede Regierungsaffäre sofort losgeht, noch die klatschsüchtige Boulevardpresse hatte den ersten Skandal um die Dolce Vita von Repräsentanten der seit 2010 herrschenden politischen Elite ans Tageslicht gebracht. Die Kritik kam diesmal aus dem innersten Kreis. Als Erster meldete sich ein Vertreter der Vorwendeopposition, Zoltán Pokorni, Pädagoge und Gründer der freien Lehrergewerkschaft, Bildungsminister im ersten Fidesz-Kabinett und eine Zeitlang Vorsitzender der Partei. Ende November 2014 erklärte Pokorni in einem Interview für den Sender «Hír TV» unter anderem Folgendes: «Wer welche Uhr trägt, wo er Sommerurlaub macht, wer ein wie großes Haus besitzt, diese Tatsachen waren in den letzten Jahren bekannt, aber sie interessierten niemanden und waren mit keinerlei Korruption verbunden. (…) Nun aber kann sich kein Regierungsmitglied und führender Politiker Herrenallüren leisten, die früher irgendwie noch durchgingen.» Er forderte mehr Zurückhaltung und Selbstbeschränkung von den Parlamentariern. Fast zeitgleich äußerte sich Parlamentspräsident László Kövér zum Thema, gewissermaßen geistiger Vater und Besitzer des Parteibuches Nr. 1 des 1988 gegründeten Fidesz: «Einerseits möchte ich davon ausgehen, dass alle Kollegen Abgeordneten, hauptsächlich von der Regierungspartei, jeden Groschen, der ihnen zur Verfügung steht, mit anständiger Arbeit verdient haben. Andererseits weiß ich, dass der größere Teil der Öffentlichkeit ein unermessliches Misstrauen gegenüber der politischen Elite hegt, und drittens weiß ich, dass dieses Misstrauen nicht jeder Grundlage entbehrt.» Diese beiden Erklärungen erregten ziemliches Aufsehen – Selbstkritik gehört nicht eben zu den stärksten Seiten des Fidesz.

Der Teufel steckte auch diesmal im Detail bzw. in Pokornis Nebensatz über die Herrenallüren, «die früher irgendwie noch durchgingen». Im Oktober 2014 unterrichtete die Budapester US-Botschaft die Orbán-Regierung, dass gegen sechs nicht konkret genannte Personen wegen vermutlicher korrupter Machenschaften ein Einreiseverbot in die USA verfügt wurde. Weder Einzelheiten dazu noch die Namen der Unerwünschten wurden jemals bekannt, man konnte nur rätseln. Angeblich hatte eine Steuerhinterziehung regierungsnaher ungarischer Unternehmer einer amerikanischen Speiseölfirma materiellen Schaden verursacht, und diese hatte den Stein ins Rollen gebracht. Jedenfalls drohte die Affäre einen Schatten auf die Beziehungen zur Supermacht zu werfen – daher die zur Vorsicht mahnende Stimme der Politiker Pokorni und Kövér, die taktvoll genug waren, die der Herrenallüren bezichtigten Personen nicht namentlich zu erwähnen.

Was den sofort zum Modewort avancierenden Begriff «Herrenallüren» betrifft, waren diesbezügliche Laster sowohl der Großunternehmer als auch der politischen Klasse aus den Medien wohlbekannt. Man wusste, dass der eine Spitzenpolitiker mit dem Hubschrauber zu einer Hochzeit geflogen war, der andere für eine Million Forint Schuhe, der Dritte eine ebenso teure Aktentasche gekauft hatte und der Vierte Luxus- und Sportautos fuhr. Das alles fand bereits in der Ära Orbán statt. Anfang 2014 geriet János Lázár, Staatssekretär der Regierungskanzlei, in die Schlagzeilen mit seiner Fasanenjagd in einem Naturschutzgebiet des mittleren Transdanubiens, bei der rund 900 Vögel gemeuchelt wurden. Selbstverständlich hatte er seiner Leidenschaft nicht allein gehuldigt, sondern in nobler Gesellschaft: Ein Erzherzog aus dem Hause Habsburg-Lothringen mit Familienangehörigen, ein Fürst aus Liechtenstein und ein echter ungarischer Graf gehörten dazu sowie weitere geladene Gäste aus Ungarn, unter anderem aus der Schauspiel- und Kunstbranche. Eine Teilnehmerin des Ereignisses war so begeistert, dass sie das Erlebnis auf ihrer Facebook-Seite samt Fotos der erlegten Tiere postete und damit den Skandal mit verursachte.

Auf der Pirsch mit Habsburgern – die Assoziation führt direkt zum Erzherzog und Thronfolger Franz Ferdinand, dem großen Trophäenhelden, der mehr als 270 000 kleine und große Wildtiere massakriert hatte, bevor er selbst dem Pistolenschuss von Gavrilo Princip in Sarajewo erlag. Jagd war immer eine kostspielige aristokratische Leidenschaft, die aber auch bürgerliche oder gar kommunistische Politiker von Franz Josef Strauß bis Leonid Breschnew magnetisch anzog. Selbst der ansonsten proletarisch-puritanische János Kádár war Mitglied der exklusiven Jagdgesellschaft «Eintracht» – seine nach der Wende berühmt gewordene Trophäe war ein 1972 erlegter älterer Damhirsch, ein sogenannter Schaufler, der heute als museales Exponat aufbewahrt wird. 1971 war Kádár auch Initiator der Budapester Internationalen Jagdausstellung. Zeitzeugen hielten ihn für keinen besonders leidenschaftlichen Jäger, sein eigentliches Interesse galt dem Schach und dem Bridgespiel. Offenbar betrachtete er den Aufenthalt in den Jagdrevieren eher als Entspannung – Politik war bei solchen Anlässen tabu. Seine Jagdgenossen waren hohe Funktionäre, Schauspieler und auch Kabarettkünstler, die nach getaner Arbeit während des Abendessens für gute Stimmung sorgten.

Mehr Ehrgeiz als der verblichene KP-Chef zeigte, was die Jagdleidenschaft betraf, der Nachwendepolitiker Zsolt Semjén, seines Zeichens stellvertretender Ministerpräsident und Vorsitzender der Christlich-Demokratischen Volkspartei (KDNP). Wirklich beeindruckend an dieser Formation war allein ihr Edelrost. Die Partei betrachtete sich als Nachfolgerin der «Demokratischen Volkspartei», die bei den letzten freien Nachkriegswahlen 1947 als stärkste Kraft neben den Kommunisten und als deren einzig ernst zu nehmende Opposition im Parlament saß, bis sie von den Kommunisten zwangsweise aufgelöst wurde. Semjéns Neugründung 1989 war nur noch ein müder Abklatsch der Vorgängerin, und bei Wahlen trat die Partei erst ab 1998 auf einer gemeinsamen Liste mit Fidesz auf. Offenbar brauchte Orbán die kleine Partei und ihren Vorsitzenden wegen ihres katholischem Hintergrund.

Nun fand der Parteivorsitzende Semjén neben der parlamentarischen Arbeit und seinen Verpflichtungen als formell zweiter Mann in der Regierung immer noch genügend Zeit und Kraft, um seiner Jagdleidenschaft nachzugehen. Sein Lieblingsrevier mit Elchen und Rentieren lag in Nordschweden. Semjén als geübter Jäger verfolgte und beschoss seine Opfer aus der Luft und band danach das erlegte Tier an den Hubschrauber. Dieser narzisstischen und grausamen Leidenschaft konnte er mit seiner Jagdgesellschaft, für die auch ein exklusives Hotel bezahlt wurde, zunächst ungestört nachgehen. Das Blatt wendete sich im Frühjahr 2018, als ihn ein schwedischer Rentierzüchter anzeigte, der in einer Videoaufnahme der norwegischen Zeitung «Aftonbladet» in einem geschleiften Ren sein Eigentum erkannt hatte – ein unvorstellbares Sakrileg vor allem für die samischen Ureinwohner, deren Existenzgrundlage diese Tiere sind. Spätestens jetzt musste man die Frage stellen: Wer finanzierte den Jagdausflug? Denn allein die Mietkosten eines Hubschraubers beliefen sich auf täglich 750 000 Forint (2100 Euro), und diese Summe stellte nur einen kleinen Anteil der Kosten dar. Semjén erklärte, die Jagd sei von einem befreundeten Geschäftsmann als Geschenk bezahlt worden. Geschenke, die ein Politiker erhält, müssen allerdings offiziell angemeldet und, ebenso wie in diesem Fall die Beute, versteuert werden – einige Fragen schwebten in der Luft, bis die schwedischen Behörden im Mai 2019 die Ermittlungen, da diese zu einem «toten Punkt» gelangt waren, einstellten. Um den Rentierjäger wurde es still, er hatte es nun auch mit zwei wichtigen Projekten zu tun: mit einer von der Regierung unter der Devise «Hand in Hand mit der Natur» finanzierten Jagdausstellung, fünfzig Jahre nach János Kádárs ruhmreicher Exposition, sowie fast zeitgleich mit dem 52. Internationalen Eucharistischen

Kongress, der vom 5. bis 12. September 2020 in Budapest geplant
war und dessen Abschlussmesse Papst Franziskus halten sollte.

Kommen wir aber auf die Debatte um die Herrenallüren zurück.
Obwohl die Luxusreisen nach Marbella und auf die Malediven, der
Besitz von Sportautos, Geländewagen und Villenkomplexen nicht
unbedingt einen direkten Hinweis auf Korruption lieferten, hingen
sie, anders als bei der Wirtschaftselite, mit der privilegierten Lage
von Politikern zwangsweise zusammen und erweckten bei den
«ungarischen Menschen» zumindest Neid und, wie László Kövér
richtig betonte, Misstrauen. Zudem konnte ein sich als christlich
definierendes System die Armut der Nächsten nicht völlig ignorie-
ren. Dies brachte Miklós Beer, bis 2019 Diözesanbischof von Vác,
ein Mann, der auch für Geflüchtete und Roma solidarische Worte
fand, zum Ausdruck, indem er auf die soziale Seite des Problems
aufmerksam machte: «Verantwortliche politische Führer müssen
empfindsam mit den Problemen einfacher Menschen umgehen.
Kardinal József Mindszenty hat gesagt: ‹Solange es in Ungarn hun-
gernde Menschen gibt, will ich auf meinem Tisch keine Gourmet-
speisen sehen.› Ich erwarte von den politischen Führern nicht,
dass sie bescheiden leben, aber krasse Fälle sind unzulässig. Die
Politiker müssen damit rechnen, dass sie in einem Schaukasten sitzen.»

Obwohl Pokorni und Kövér ihre Mahnung betont diskret formuliert hatten, fühlte sich eine Person direkt angesprochen: der
Fasanenjäger János Lázár. Seine Reaktion in der Fidesz-nahen
Wirtschaftszeitung «Figyelő» fiel recht aggressiv aus: «Ich betrachte die Erklärung von Zoltán Pokorni als Attacke von hinten,
als Angriff, den ein politischer Veteran gegen die in der Kampfreihe
vor ihm Stehenden startet. (…) Solche internen Diskussionen
finde ich aus Sicht des Fidesz lebensgefährlich. (…) Ein politischer
Veteran muss genau überlegen – wenn er uns, sei es wegen persönlicher Kränkung oder aus politischen Erwägungen, so schwächt,
dann macht er sich selbst schwach oder richtet sich sogar selbst.»
Pokornis angebliche «Attacke» betraf allerdings auch Fidesz-Politi-

ker jüngerer Jahrgänge, die nichts mehr mit der «Heldenzeit» zu tun hatten. Manche Beobachter sprachen von einem möglichen Generationenkonflikt innerhalb der Partei. In der Tat waren die Jungdemokraten des Gründungsjahres 1988 sichtlich älter als die «in der Kampfreihe vor ihnen Stehenden». László Kövér, Jahrgang 1959, und Zoltán Pokorni, Jahrgang 1962, sind in den Augen des 1975 geborenen János Lázár wirklich Veteranen, die man eines schönen Tages ablösen kann. Selbst Viktor Orbán, der 1963 geboren wurde, muss das heikle Gleichgewicht gespürt haben, baute er doch auch auf die junge Garde, und zwar nicht weniger als auf die «alten Kämpfer», die vielleicht zu rigorose puritanische Sitten pflegten.

«Zoltán irrt sich in der Einschätzung», sagte er in der Diskussion, «das sind keine Herrenallüren.» Und er wendete sich gleich an die ambitionierten Jungkader der Partei, die endlich die Früchte des Sieges genießen wollten: «Wenn du einmal nach Neuseeland reisen möchtest, weil dies die Sehnsucht seit deiner Kindheit ist, und du warst 16 Jahre lang Bürgermeister in Debrecen, dann kannst du das tun – aber dann tue es offen. Ich bin kein Anhänger der Scheinheiligkeit. Niemand soll aus Sucht nach Popularität oder aus einem anderen Grund anders aussehen, als er wirklich ist.» Herrenallüren hätten nicht die Genießer des schönen Lebens, sondern nur diejenigen, die ihre Freude plakativ zur Schau stellten – Orbán nennt sie «Exhibitionisten». Selbstverständlich, fügt er hinzu, müssten die Vermögenserklärungen und Steuerangelegenheiten in Ordnung sein. Es gibt aber auch andere Auffassungen bei Fidesz-Politikern. Der Staatssekretär Balázs Fürjes, in dessen Zuständigkeit das heikle Verhältnis zwischen der illiberalen Regierung und der liberalen Hauptstadt liegt, zeigt sich im Frühjahr 2021 auf seiner Facebook-Seite geradezu unversöhnlich, was politische Moral betrifft: «Es gibt eine Lebensweise, einen Luxus, eine Bereicherung, die sich kein Politiker leisten kann, besonders wenn er sich bereits seit zehn Jahren an der Macht befindet. Herrenallüren ärgern die Menschen zu Recht. Wer nicht auf Luxus, sauteure

Uhren, Sportwagen und Traumreisen verzichten kann, der soll lieber nicht als Politiker antreten.»

Wirklichkeit und Schein sind siamesische Zwillinge. Erwirbt man ein neues Haus am Donauknie oder kauft über gute Beziehungen spottbillig eine Luxuswohnung im Budaer Burgviertel, muss man das neue Zuhause feierlich einweihen. Die Gäste kommen weder zu Fuß noch mit öffentlichen Verkehrsmitteln, sondern mit ihren möglichst der neuesten Generation entstammenden Schlitten von Hyundai, Suzuki, Toyota oder Alfa Romeo – zugegeben, einige sind «nur» Leasingwagen. Luxusreisen und Jagdausflüge sind keine Sache für Eremiten, Reichtum muss nicht nur genossen, sondern auch repräsentiert werden. Hierzu gehören neben Immobilien und Autos neuerdings auch Uhren.

In Ungarn war in den letzten zwanzig Jahren die Geschichte mit den Uhren ähnlich wie anderswo in der Welt: Auf der einen Seite gibt es Millionen batteriegesteuerte Uhren als billige Wegwerfwaren, auf der anderen das schier unübersehbare Angebot des Weltmarktes an Luxusuhren. Hier kam vor allem die Boulevardpresse auf ihre Kosten. Paparazzi machten Schnappschüsse vom zufällig ausgestreckten Arm diverser Parlamentsabgeordneter und Staatsmänner, mehr aber noch von deren Ehefrauen und Töchtern. So entdeckten sie triumphierend, dass der Minister X eine Gucci-Aktentasche trug, seiner zweiten Ehefrau eine mit Brillanten besetzte Uhr geschenkt hatte und nach der Scheidung von ihr der dritten Gattin eine Piguet Royal Oak gekauft hatte. Es konnte auch kein Geheimnis bleiben, dass der Staatssekretär Y eine Rolex Bubble Back besaß.

Aufgrund der vergrößerten Fotos begannen dann die Schätzungen und die üblichen Fragen nach den finanziellen Quellen der «Herrenallüren». Bei einer Party wurde 2018 auch die Tochter des Regierungschefs mit einer Luxusuhr gesehen, deren Kaufpreis mit 12 bis 14 Millionen Forint (4200 bis 4500 Euro) angegeben wurde. Eine Oppositionspolitikerin wies gleich in einer Interpellation darauf hin, dass dieser Betrag 450-mal höher liege als die monatliche

Sozialhilfe für einen armen, alten und kranken Menschen. Ihr Beitrag passte nicht in die Tagesordnung: Hauptthema an jenem Tag war der EU-Bericht über Ungarn und der Schutz der Landesgrenzen vor Flüchtlingen. Außerdem versuchten auch regierungsnahe Medien, bei ihren Gegnern einen Haken zu finden. Sie beobachteten mit Argusaugen der Arm eines sozialistischen Bürgermeisters, der in den Verruf kam geradezu schwärmerisch Armbanduhren zu sammeln, ohne diesen Schatz in seiner Vermögenserklärung publik gemacht zu haben. Schließlich begann man eine Kampagne gegen einen Jobbik-Abgeordneten, der in seiner rabiaten Art die Regierung als «Bande von Kaviarfressern mit Herrenallüren» bezeichnet hatte. Als Corpus Delicti sollte eine Rolex herhalten, die der Mann angeblich bei einem Bankett als Geschenk seiner Parteifreunde zu seinem 40. Geburtstag bekommen hatte. Doch das Geburtstagsgeschenk hatte lumpige 80 000 Forint (220 Euro) gekostet – ein wahrhaft proletarischer Zeitmesser. Hier hatten die Puristen Pech: Der Mann mag ein scharfer Demagoge sein, aber korrupt ist er offenbar nicht.

Während der schier endlosen Debatten mit der nörgelnden Opposition werfen die Herren Abgeordneten manchmal einen gelangweilten Blick auf ihre wundervollen Armbanduhren, die ihnen als Fetisch dienen. Doch gibt es Chronometer, die um Größenordnungen teurer sind als irgendeine Rolex oder Oak – eine Uhr der Marke Patek Philippe Nautilus wird in keinem einschlägigen Geschäft angeboten, sondern muss nach langer Wartezeit für den geschätzten Preis von 150 000 Euro in New York oder Hongkong abgeholt werden. Ein Kunstwerk dieser Art soll das Handgelenk eines der reichsten und einflussreichsten Männer Ungarns schmücken, eines Unternehmers und politischen Strategen. Überhaupt gibt es ein paar Oligarchen im Lande, neben deren wirklicher Macht die Politiker höchstens die Rolle des «Bürgers als Edelmann» à la Molière spielen können. Aber selbst die teuerste Armbanduhr der Welt, egal mit wie vielen Diamanten, zeigt nur, wie die Zeit vergeht.

## 18

## Die große Kürzung der Haushaltsnebenkosten
### Ein sozialpolitischer Coup

Kurz vor den Parlamentswahlen 2006 erklärte der damalige Regierungschef Ferenc Gyurcsány, dass nach dem zu erwartenden Sieg der von ihm geführten sozialliberalen Koalition keine Erhöhung der Haushaltsnebenkosten – in der ungarischen Umgangssprache als «Regiekosten» (rezsi) bezeichnet – zu befürchten sei. Damit sollten Besorgnisse zerstreut werden, die auf der Tatsache gründeten, dass ein durchschnittlicher Privathaushalt etwa 30 Prozent seiner Einkünfte für Betriebskosten entrichtete – deutlich mehr als für Lebensmittel. Während man beim täglichen Einkauf zwischen Wochenmärkten, Supermarktketten und Discountern wählen konnte, schlugen die monatlichen Rechnungen der Stadtwerke wie ein Blitz aus heiterem Himmel ein. Unbezahlte Rechnungen wurden mit Abschaltung der Dienstleitungen drakonisch geahndet. Laut Statistik wurden jährlich Zehntausende Haushalte zum Opfer solch kleiner Tragödien. Viele hatten Angst, dass die monatlichen Betriebskosten noch höher werden könnten.

Die Wahlen von 2006 brachten dem linken Bündnis einen ziemlich knappen Erfolg vor dem Fidesz, 43,2 gegenüber 42,0 Prozent der Stimmen, ein Vorsprung von etwa 130 000 Wählerstimmen. An Versprechungen mangelte es auf keiner der beiden Seiten. Die absurdeste war die von beiden Seiten proklamierte Absicht einer «Einführung des Euro bis 2010». Allerdings verflogen die Hoffnungen auf stabile Haushaltsbetriebskosten schnell. Anfang Juni ver-

kündete die soeben gebildete sozialliberale Regierung, die Gas-
und Strompreise, beginnend mit dem 1. September, von 14 auf
30 Prozent erhöhen zu wollen. Was darauf folgte – das durch
Gyurcsánys «Lügenrede[17]» ausgelöste politische Chaos sowie die
Weltfinanzkrise der Jahre 2008 und 2009 –, verstärkte nur das Be-
dürfnis der tief frustrierten Bevölkerung, endlich außer hohlen
Phrasen etwas Handfestes von der Regierung zu bekommen und
den Staat als Retter in der Not zu erleben. Dieser Wunsch änderte
den Wählerwillen 2010 zugunsten des Fidesz.

Einer der ersten Erfolge der 2010 gebildeten zweiten Orbán-
Regierung bestand in der Sanierung des Staatshaushaltes. Die Regierung lockte die Klientel der privaten Rentenversicherungen mit
dem Argument in die staatliche Sphäre hinüber, dass diese allein
eine sichere Rente garantieren könne. Mit diesem Coup akkumu-
lierte der Staat ein ansehnliches Mehr an Kapital und konnte jetzt
auch gegenüber den Millionen kleiner Haushalte großzügig auftreten. Im Herbst 2012 reichte Szilárd Németh, Abgeordneter der Regierungspartei, eine Gesetzesvorlage ein: Der Staat solle eine zehn-
prozentige Senkung der Betriebskosten (Gas, Strom, Warmwasser,
Fernwärme, Müllabfuhr, Feuerstättenwartung) einheitlich für alle
Kategorien der Endverbraucher garantieren. Erklärtes Ziel war es,
«die Belastungen der Bevölkerung zu verringern und die Freiheit
der Verwendung des Einkommens zu erweitern», also zum Beispiel einen größeren Teil der Einnahmen in Lebensmittel zu inves-
tieren. Das Gesetz wurde beinahe einstimmig angenommen. Um
die Wohltaten der Regierung zu demonstrieren, enthielten und
enthalten bis heute die monatlichen Rechnungen der Stadtbetriebe
einen in orangener Farbe – Kolorierung des Fidesz-Logos – ge-
rahmten Hinweis darauf, wie hoch die «Einsparung» des Verbrau-
chers im Endbetrag ist. Die spektakulären Erleichterungen begünstigten Arm und Reich gleichermaßen.

Die soziale Intention war nicht zu verkennen, noch dazu kam
der Entwurf von einem Politiker, aus dessen Mund die edle Absicht
glaubhaft klang. Der Abgeordnete Németh war vielleicht der ein-

zige Parlamentarier, der aus proletarischem Milieu stammte. Auf der Budapester Donauinsel Csepel in einer katholischen Arbeiterfamilie geboren, wuchs er auf engem Raum und in kleinen Verhältnissen auf und geriet als Selfmademan in die Politik. 2010 war er bereits Bürgermeister seiner Herkunftsgemeinde, die ursprünglich als Zitadelle der Arbeiterbewegung galt – Hanns Eislers Einheitsfront-Lied «Roter Wedding» heißt in der ungarischen Version «Roter Csepel». Nun vertrat Németh genau das Gegenteil dieser Tradition – seine starke antikommunistische Rhetorik, der Phänotyp des Pyknikers und sein derbes Auftreten im Hohen Haus ließen ihn zu einem medialen Phänomen werden.

Die Senkung der Haushaltsnebenkosten blieb ein konstanter Erfolg – jedenfalls gelang es, die Schulden vieler Verbraucher maßgeblich abzubauen. Weitere Senkungen im Vorfeld der Wahlkampagnen 2014 und 2018 wirkten, wie schon in der Vorwendezeit, als Maßnahmen, die geeignet waren, das «allgemeine Wohlbefinden zu fördern». Obwohl die Erhöhung der sonstigen Lebenshaltungskosten und der Steuern die Vorteile der Nebenkostensenkung schon bald übertraf, gelang es Kritikern der Lex Németh niemals, den Normalbürgern zu erklären, dass dadurch ihr Lebensunterhalt nicht wesentlich billiger wurde. Gas-, Warmwasser- und Stromverbrauch sind individuell unterschiedlich: Eine junge Roma-Familie mit fünf Kindern und einer antiquierten WM-45-Waschmaschine «Made in GDR» konsumiert viel mehr Energie als eine Rentnerin in einer gut renovierten Eigentumswohnung. Dabei lagen auch andere Unzulänglichkeiten der Regelung auf der Hand. Am wenigsten begünstigte das Gesetz energiesparende Maßnahmen. Insbesondere vergaß man den technischen Zustand der Wohnsilos aus den 1970er und 1980er Jahren, der sogenannten Kádár-Würfel, mit ihrer maroden Isolierung, die zu enormen Energieverlusten führte. In vielen Budapester Bezirken werden bis heute «die Straßen geheizt». Die Autoren des Gesetzes nahmen auch zu wenig Rücksicht auf Haushalte in der Provinz mit Holz- und Kohleheizungen – diese konnten von den Vorteilen nicht sonderlich profitieren.

Fast gleichzeitig mit der Durchführung der «Regiesenkung» in Ungarn kam es auf dem freien Markt zu einem drastischen Rückgang der Verbraucherpreise. Dies führte dazu – wenn auch nur vorübergehend –, dass einige Privatanbieter, so etwa die E.ON Hungária GmbH, imstande waren, Energie viel billiger zu liefern als der Staat, dem per Gesetz das alleinige Recht auf Preisbildung zustand, was übrigens den EU-Normen widersprach. Die Konkurrenz mit den Privatanbietern löste die Regierung auf einfachstem Wege – durch Geld. Ein Beispiel: Als die E.ON angesichts der eigenwilligen Preisgestaltung des Staates keine Chance mehr für eine profitable Tätigkeit sah, nahm sie das Angebot, besser das Ultimatum, der staatlichen Elektrizitätswerke an und «verkaufte» ihre bisherigen Verbraucher (etwa 600 000 Konsumenten) zu einem hohen Preis an die staatliche Firma. Über diese und ähnliche Transaktionen wurde das Monopol des Staates gesichert. Zwar erhob die Europäische Kommission Einwände, konnte sich aber wegen der Langsamkeit ihrer Bürokratie nicht durchsetzen. Schließlich wurde das Problem der Preisbildung durch eine Kompromisslösung mit dem Europäischen Gerichtshof im September 2020 ad acta gelegt. Der Energiemarkt befindet sich seitdem unter zentraler Kontrolle, was praktisch die Bevorzugung der regierungsnahen Oligarchen ermöglicht.

Trotz der scheinbar reibungslos verlaufenden «Rückverstaatlichung» betrieb die Fidesz-Regierung ungewöhnlich viel Aufwand, was die Sicherung ihres Energiemonopols anging. Auf sämtlichen Werbeflächen propagierte sie den eigenen Erfolg. Fotos von Frauen mit gewinnendem Lächeln stellten die Suggestivfrage: «In welchem Land der EU sinken im Januar dieses Jahres die Betriebskosten um 10 Prozent?» Die Antwort war: «In keinem einzigen. Nur in Ungarn!» Oder: «Ich habe viel gespart mit der Kostensenkung. Ungarns Reformen sind funktionsfähig.» Noch plumper war nur die in der sechsten «Nationalen Konsultation» von 2017 angebotene Wahlmöglichkeit zwischen Richtig und Falsch. Diese bestand aus einem Fragebogen, den die Regierung in Millionen Exemplaren und mit portofreiem, selbstklebendem Rücksendeumschlag an die Bürger verschickte. Der Erfolg der «Meinungsumfrage» wurde an der Anzahl der ausgefüllten Fragebogen gemessen. Die meisten Fragen waren einfach, und als Antwort genügte das Ankreuzen des suggerierten Feldes. Im Falle der Haushalts-Betriebskostensenkung sah dies folgendermaßen aus:

FRAGE Brüssel bereitet sich auf einen gefährlichen Schritt vor – es will uns zur Aufhebung der Senkung der Betriebskosten zwingen. Was soll Ungarn Ihrer Meinung nach tun?
ANTWORT 1 Wir verteidigen die Kostensenkung und bestehen darauf, dass die ungarischen Energiepreise in Ungarn bestimmt werden.
ANTWORT 2 Wir nehmen Brüssels Plan an und überlassen die Preisbildung den Großunternehmen.

Der Fragebogen beinhaltete auch andere Themen, etwa Migration oder die Kontrolle der NGOs, mit ähnlich suggestivem Beantwortungsmodus und löste damit einen synergetischen Effekt aus: Die eingesandten 1 680 000 Rückmeldungen bezeugten eine 99-prozentige Begeisterung für den starken Staat, der den armen Verbrauchern Schutz vor den bösen Multis gewährte. Obwohl die Nachricht über das billigere Angebot der Privatanbieter viele Bürger erreichte, bevorzugten sie den zentral garantierten, berechenbaren Vorteil vor den Capricen der Konjunktur. Der Regierung kam es nunmehr nicht nur darauf an, das seit 2013 laufende Projekt zu popularisieren, sondern zudem den Schwarzen Peter Brüssel zuzuschieben. Als der Anbieter E.ON im Februar 2018 versuchte, mit Preisen, die deutlich unter dem staatlichen Niveau lagen, auf den Markt zurückzukehren, witterte der Regierungsbeauftragte für Haushaltskosten, Szilárd Németh, die Gefahr und mahnte auf einer Pressekonferenz das Unternehmen: «Ein bisschen zurück mit den Windhunden! E.ON will sich mit seinen niedrigen Preisen nur in die Wahlen 2018 einmischen, und zwar auf Seiten Brüssels!»

Obwohl die Rechnungen samt Erfolgsbotschaften über die «Ersparnisse» regelmäßig bei den Kleinverbrauchern eintrafen, merkten diese auf ihrem Bankkonto eher eine Verschlechterung ihrer Finanzlage, und mit der Zeit häuften sich auch wieder die Mahnungen. Nachdem der Regierung dies aufgefallen war, reagierte sie mit einer außerordentlichen Förderung: Ähnlich wie die 2012 eingeführten «Erzsébet-Bons», die den Einkauf von Grundnahrungsmitteln für Rentner als Einmalzahlung von 9000 Forint (25 Euro) ermöglicht hatten, wurden 2019 drei «Regie-Bons» pro Rentnerhaushalt in Höhe von dreimal 3000 Forint gedruckt und per Post versandt. Während jedoch mit «Erzsébet-Bons» Rentnerinnen und Rentner ihre bescheidenen Anschaffungen im nahe gelegenen Supermarkt unter Beachtung der aktuellen Preislage tätigten, konnte der «Regie-Bon» nur per Überweisung an die Stadtwerke eingelöst werden, was für ältere und kranke Klienten mühsam und für Bewohner von Altenheimen gar nicht zu bewältigen war. Jüngere Verwandte versuchten daher, die Bons im Internet für weniger Geld zu veräußern – eine Art Schwarzmarkt der Energiearmut. Schließlich ersetzte die Regierung die Förderung mit Coupons durch eine dem Betrag entsprechende Rentenerhöhung.

Ein wenig anders gestaltete sich die Entwicklung im Bereich der Abfallwirtschaft. In den 2000er Jahren lag diese Aufgabe bei den Städten und Gemeinden. Bei der Müllabfuhr und der Aufarbeitung bzw. dem Recycling des Abfalls halfen österreichische und deutsche Firmen («Saubermacher», «ASA», «Remondis»). Sie brachten einerseits das westliche Know-How der selektiven Deponien, andererseits EU-Gelder für die Transformation der Abfallwirtschaft nach europäischem Standard mit. Inzwischen erhöhten sich mit der schleichenden Teuerung die Transportkosten um das Zehnfache, und der Staat war nicht mehr bereit, den Profit irgendwelchen privaten Firmen zu überlassen. Ab 2011, also noch vor der Einführung des Gesetzes über die Haushaltsbetriebskosten, beauftragte die Regierung die staatliche «Nationale Treuhand GmbH zur Koordinierung der Abfallwirtschaft», in der Volkssprache «Mülleimerholding» genannt, mit dem enormen Tätigkeitsfeld und entließ die ausländischen Investoren ohne Schadensersatz aus dem Wirtschaftszweig. Vor Ort waren nun wieder die Gemeinden mit dem Einsammeln des Abfalls beauftragt, aber nur auf der Nonprofit-Ebene. Ihre Einnahmen waren somit zum Sterben zu viel, zum Leben zu wenig. Daran scheiterte auch die Aufklärungsarbeit über die Notwendigkeit der Mülltrennung – in dieser Hinsicht ist Ungarn ohnehin auf einem sehr niedrigen Niveau. Vielerorts herrscht auch ein Mangel an Mülltonnen und anderen Behältern. Die Sache mit dem Recycling ist – um es stilecht auszudrücken – im Eimer.

Gleichzeitig hatte sich die Verstaatlichung als Flop erwiesen: Die Mülleimerholding war nicht imstande, ihre eigene Existenz durch Einnahmen zu decken. Das Großunternehmen hing am Tropf staatlicher Subventionen, die Müllabfuhr stockte, und am Ende des ersten Jahrzehnts kam die Abfallwirtschaft an den Rand des Zusammenbruchs – vor allem in Budapest befürchtete man Zustände «wie in Neapel». Hinzu kam eine extreme Belastung von außen: Aus Rumänien und der Ukraine strömten in jedem Frühling Abwässer in die Theiß, nicht zuletzt eine wahre Invasion von weggeworfenen PET-Flaschen. Angesichts des drohenden Müllchaos überlegte man, die gesamte Abfallwirtschaft der Landesdirektion für Katastrophenschutz unterzuordnen. In der aktuellen Konstellation betätigt sich die Holding nur noch als «Koordinator», und die Regierung bemüht sich, ein Unternehmen zu finden, das den bankrotten Wirtschaftszweig auf Konzessionsbasis sanieren kann – angeblich soll die ungarische Filiale der Erdölgruppe NOL hier gute Karten haben. Als höhere Zielsetzung spricht man über die Einführung eines Pfandgelds für PET-Flaschen, freilich erst ab 2023.

Was sich in der Misere der Abfallwirtschaft manifestiert, ist das beinahe organische Unvermögen des Systems, Probleme unter Berücksichtigung der unterschiedlichen Interessen und deren Ausgleich zu lösen. Bei allen vordergründigen Konsultationen mit den «ungarischen Menschen» (oder, wie die Kommunisten sie nannten, dem «werktätigen Volk») scheinen die zuständigen Behörden erst dann Themen ernst zu nehmen, wenn diese in Gestalt von «Sein oder Nichtsein» sichtbar werden. Ansonsten handeln sie bis dato nach dem altbewährten Rezept, alles, was sie an Kapital auf dem freien Markt oder von den ohnehin armen Gemeinden ergattern, gleich mit dem Adjektiv «national» zu versehen, als könne unsere schöne Trikolore fachgemäße Bewirtschaftung per se garantieren. Was sie dabei in Form von «Regiekürzungen» den Staatsbürgern links in die Tasche stecken, ziehen sie ihnen in Gestalt von Preis- und Steuererhöhungen rechts wieder heraus.

Was die Einordnung in die bereits erwähnte Landesdirektion zum Katastrophenschutz betrifft, wurde diese Maßnahme einer der betroffenen Sparten zum Verhängnis. Sie stürzte die uralte Zunft der Schornsteinfeger mit dem Schutzheiligen Sankt Florian, die seit dem Mittelalter über bestimmte Privilegien verfügte, in eine tiefe Krise. Einen empfindlichen Verlust für die noch verbleibenden privaten Schornstein-Kleinunternehmer bedeutete die Einschränkung der alljährlichen Pflichtkontrollen von Feuerstätten. Als wahre Katastrophe für sie erwies sich aber die stufenweise Abwicklung der Berufsgruppe insgesamt. Bereits 2017 wurden von den 9000 ausgebildeten Schornsteinfegern der Stadtwerke 400 entlassen, und jedes Jahr werden weiterhin Hunderte in diesem Beruf erwerbslos. Gleichzeitig bildet der Katastrophenschutz junge Leute in Schnellkursen aus, die für niedrigen Lohn den Job übernehmen. «Schornsteinfegen ist nicht gleich Schornsteinputzen», schimpft der Leiter der Berufsgewerkschaft, «dazu muss man auch von Gebäudetechnik einiges wissen, und das kann man sich nicht in drei Monaten aneignen. Wollen Sie etwa auch den Mangel an Ärzten und Lehrern in ähnlicher Weise lösen? Kann jemand nach drei Monaten Ausbildung als Chirurg eingestellt werden?»

Abgesehen von den sozioökonomischen Folgen wird hier auch eine langjährige Tradition angetastet: der Mann in der pechschwarzen Uniform, kein Soldat und doch Beschützer mit dem uralten Wissen, dass «Feuer droht, wo Rauch ist», oder sein ins Volksbe-

wusstsein eingeprägtes Bild, wie Gyula Krudy es in seinem «Traum-
buch» schildert: «Schornsteinfeger = Freude, Ankunft unterhaltsa-
mer Freunde, Einladung zur Belustigung.»

Was aber geschieht, wenn einem Schornsteinfeger der Katastrophenschutz zum Albtraum gereicht?

## Fünf Tafeln am Dorfrand

Fährt man mit dem Auto durch Transdanubien und verlässt die Autobahn, kann man schon sehr bald am Rand der ersten Siedlung ein Ortsschild mit dem Hinweis «Europäisches Dorf» (Európai Falu) entdecken. Das von der EU 1991 initiierte Projekt «Europäisches Dorf» hat sogenannte «Leader-Aktionsgruppen zur Entwicklung der ländlichen Wirtschaft» geschaffen. Die Gruppen sollten innovative Projekte im Bereich Ökologie, Landschaftspflege und Tourismus durchführen. Eine andere Ortstafel, «Ungarisches Dorf» (Magyar Falu), kündet von einem 2019 gestarteten Projekt zur Förderung kleiner Siedlungen. Hierbei geht es um Dörfer mit einer Bevölkerungszahl unter 5000 Einwohnern. Das Vorhaben besteht darin, die chronische Abwanderung zu stoppen. Zu diesem Zweck werden Bewerbungen für den Ausbau des Busnetzes, für die Reparatur von Straßen, Gehsteigen und Brücken, die Instandhaltung von Arztpraxen, die Errichtung von Dienstwohnungen für Ärzte und Lehrer sowie lokalen kleinen Läden, für Kindergärten, Spielplätze, Schul- und Kirchengebäude, für die Beschaffung von Transportmitteln, die Einstellung eines hauptberuflichen Kulturverantwortlichen etc. entgegengenommen. Durch die Teilnahme an den Ausschreibungen sind die Gelder bei der Staatskasse abrufbar, sie stammen teilweise aus EU-Quellen und sind im Fall von sozial wichtigen Leistungen (z. B. Erwerb medizinischer Technik) an keinen Eigenanteil gebunden.

Erhält eine Selbstverwaltung die angefragten Mittel, so ist sie verpflichtet, an beiden Seiten des Gemeindegebiets das Schild

«Magyar Falu» aufzustellen. Die Förderung soll auf der Website des Dorfes angegeben werden, und die unterstützte Einrichtung ist gehalten, am Eingang unter dem Firmenschild einen Hinweis anzubringen, auf dem das Logo des Projekts und die Höhe des Betrags sichtbar wird, etwa so: «Kindergarten Zwitscher (Csicsergő), Gemeinde Petőfiszállás, Summe der Förderung: 3,9 Millionen Forint». Der Kleinbus, mit dem die Kinder eines Dorfes in die Schulen der Nachbargemeinde befördert werden, soll ebenfalls die Aufschrift «Magyar Falu» tragen, und ebenso müssen geförderte Veranstaltungen wie die Einweihung eines Denkmals oder ein Dorffest mit dem Auftritt einer Volkstanzgruppe durch das Logo kenntlich gemacht werden. Die Aufstellung der Schilder erfolgt mancherorts im Rahmen einer feierlichen Zeremonie. Wichtiger aber ist ihr einheitliches Erscheinungsbild: weißer Hintergrund und ein Logo mit dem Umriss eines Kirchturms, zwei kleinen Dorfhäusern und einem Baum, darunter ein Band in der Farbe der nationalen Trikolore.

Die feine Anspielung auf den Unterschied zwischen dem «europäischen» und dem «ungarischen» Dorf soll den begünstigten Gemeinden die Botschaft vermitteln, sie könnten sich in ihrem Eifer nach besserem Leben auf den ungarischen Staat verlassen, dem es sowohl um das Wohlergehen als auch das Gefühl der Zusammengehörigkeit seiner Bürger gehe. Diese mit einem kleinen Tropfen Ideologie gepaarte Botschaft wirkt deshalb positiv, weil viele von der Metropole weit entfernte Dörfer und Gehöfte durch die Finanzkrise 2008/09 in Mitleidenschaft gezogen waren und sich von den sozialliberalen Regierungen im Stich gelassen fühlten. Mit den ersten Agrarprojekten wie dem «Ignác-Darányi-Plan» reagierte die Orbán-Regierung auf diese Situation und versuchte hauptsächlich Kleinproduzenten, Familienunternehmen und junge Landwirte zu fördern; diese waren aber noch nicht so umfassend wie «Magyar Falu». Inzwischen ist das Förderwerk ein wichtiger Baustein bei der Orientierung des Systems Orbán auf die ungarische Provinz.

Zweifelsohne schufen das schwungvolle Wirtschaftswachstum

(2017: 4 Prozent, 2018: 4,9 Prozent) sowie die Reformen ab 2010 für das System der nationalen Zusammenarbeit einen verhältnismäßig großen sozialen Spielraum. Die Entwicklung animierte die Investitionsbereitschaft und verbesserte die finanzielle Lage der Haushalte. Spektakulär sank die Arbeitslosenrate zwischen 2010 (11,2 Prozent) und 2019 (3,4 Prozent), und auch das Armutsrisiko verringerte sich drastisch (2015: 26 Prozent, 2019: 18,9 Prozent). Obwohl solche Angaben bei den sogenannten abgehängten Gruppen wie zum Beispiel Roma oder Menschen mit Behinderung längst nicht so gut aussehen, ist zumindest bei Gruppen in relativ stabilen Verhältnissen eine Verbesserungstendenz signifikant. Diese war allerdings in den kleinen Dörfern noch am wenigsten sichtbar: Die Beschäftigungsquote dort war seit 1990 unvermindert gesunken, was unter anderem zur Abwanderung vor allem von Jugendlichen und zu einer Überalterung der Dörfer führte. Mit Hilfe von Arbeitsbeschaffungsmaßnahmen konnte man dieses Problem kaum überbrücken, weil auch schlecht bezahlte kommunale Jobs nur begrenzt zur Verfügung standen. Vor allem aber ging es der Regierung nicht um Arbeitsbeschaffung, sondern um die Erhöhung der in Ungarn chronisch rückläufigen Geburtenrate.

Als Wunderheilmittel wurde ab 2015 die sogenannte «Vergünstigung zur Schaffung von Familie und Zuhause», in der ungarischen Abkürzung «Csok» (sprich Tschok), eingesetzt – die ländliche Variante heißt «Dorf-Csok». Damit verbindet sich ein durchaus lukrativer Anreiz: Jede Familie, die das erste Kind plant oder bereits hat, kann 10 Millionen Forint (28 000 Euro) unverzinsten Kredit für Wohnungsbau oder -kauf in Anspruch nehmen. Nach der Geburt des zweiten, dritten oder gar vierten Kindes werden die Schulden in Teilen erlassen. Mit einem ähnlichen Konstrukt hatte man bereits in der Ära Kádár die Geburtenrate zu fördern versucht. Das kooperative Wohnkreditprogramm des Kommunistischen Jugendverbands (KISZ-lakás) versprach den Bewohnern, bei jedem neuen Kind Teile der Anleihe zu erlassen, was allerdings an dem negativen Trend nichts änderte.

2019 lief das Projekt «Baby-Ankunfts-Kredit» an, ebenso wie das Erziehungsgeld (auch für arbeitende Mütter) und das «Kindergeld», das es allerdings auch schon im Sozialismus als automatischen Lohnzuschuss gegeben hatte. Alle Konstrukte wurden an Bedingungen geknüpft wie etwa nicht vorhandene Vorstrafen (wer im Gefängnis war, muss einen Sonderantrag stellen), Schuldenfreiheit bei der Bank, mindestens zwei Jahre Arbeitsverhältnis – und Ehepartnerschaft. Obwohl dieses familienpolitische Angebot auf eine starke positive Resonanz stieß, wiesen Kritiker wie die Sozialpolitikerin Dorottya Szikra zu Recht darauf hin, dass die zwei lukrativen Projekte «Dorf-Csok» und «Baby-Ankunfts-Kredit» für zahlreiche potentielle oder bereits existierende Familien wegen des fehlenden Eigenanteils so gut wie nichts bringen und eher der Mittelschicht zugutekommen. Weder eine arbeitslose – auch nicht eine an einem kommunalen Job (vergleichbar mit einem Ein-Euro-Job) beteiligte Person – noch eine unter schlechten Wohnbedingungen lebende Familie, und sei es eine mit fünf Kindern, kann von diesen Wohltaten profitieren. Für diese Gruppen kommt eher Sozialhilfe in Höhe von maximal 46 000 Forint (128 Euro) pro Person und Monat in Frage. Es kann also sein, dass das Verarmungsrisiko deutlich gesunken ist, aber die Chancen, aus der Armut auszubrechen, sind mehr als gering. Wer einmal in der Armutsfalle ist, kommt nicht wieder heraus. Einen traurigen Beweis dafür liefert die chronische generationsübergreifende Armut der Roma-Bevölkerung – 2018 waren 63 Prozent von Armut bedroht, das Dreifache der Nicht-Roma-Mehrheit.

Ein stabiler Staat braucht die Mittelschichten, und diese brauchen Sicherheit. Das dritte Schild am Ortsrand von mehreren tausend Dörfern heißt: «Eine von der Bürgerwehr geschützte Gemeinde». Diese Organisationen entstanden in den frühen 1990er Jahren, als der Zusammenbruch des alten Systems mit einem Kollaps der öffentlichen Ordnung einherzugehen drohte: Eine hohe Kriminalitätsrate und ethnische Spannungen vor allem in den Gemeinden mit einer Roma-Minderheit sorgten für Unsicherheit in den kleinen Siedlungen. In der verschärften Atmosphäre der späten 2000er Jahre wurden diese soziokulturellen Auseinandersetzungen von den Neuen Rechten, vor allem der Partei Jobbik, noch geschürt. Mit den Morden an Roma in Nagycsécse (2008) und Tatárszentgyörgy (2009), den demonstrativen Aufmärschen der paramilitärischen «Ungarischen Garde» und den Patrouillen des sich als uniformierte Bürgerwehr tarnenden «Bürgerlichen Vereins für eine bessere Zukunft» wurden die «Zigeunermeilen» in winzigen Dörfern terrorisiert – Zustände, die auch für die Nicht-Roma-Mehrheit unerträglich waren. Die Fidesz-Regierung löste sowohl die Garde als auch den «Verein für eine bessere Zukunft» auf[8] – ein Schritt in die richtige Richtung, der das Konfliktpotential verringerte, obwohl der Konflikt selbst nicht so leicht aus der Welt zu schaffen war. So ist immer noch die Segregation im schulischen Bereich ein großes Problem: In vielen Dörfern schicken Nicht-Roma-Eltern ihre Kinder lieber in den Nachbarorten zur Schule, damit sie nicht mit Roma-Kindern den Klassenraum teilen müssen.

Die Bürgerwehr war und blieb eine Erfolgsgeschichte. Im Normalfall besteht sie aus einer Gruppe von 20 bis 30 Personen, die freiwillig und unentgeltlich in Zusammenarbeit mit der Polizei Ordnungsaufgaben versehen und Patrouillendienste wahrnehmen, wobei ihre Ortskenntnis bei der Aufklärung von Delikten oder der Fahndung nach gestohlenen Pkws sicherlich nützlich ist. Während der Pandemie arbeiteten sie in den Test- und Impfzentren mit. Schusswaffen dürfen sie nicht tragen, die Verwendung von Tränengas ist nur zum Selbstschutz zugelassen. Der wichtigste Teil ihrer Uniform ist eine gelbe Weste mit dem Aufdruck «Bürgerwehr» (polgárőrség) und dem Wappen der Gemeinde. Die Polizei stellt gebrauchte Mofas oder Suzukis zur Verfügung, wobei in einigen Dörfern auch Privatautos in den Dienst einbezogen werden. Schließlich werden auch Fahrräder und Pferde als Vehikel benutzt. Die Dachorganisation «Landesverband der Bürgerwehren» zählt heute 65 000 Mitglieder, 1700 davon in Budapest. Was ihre Existenzberechtigung betrifft, gibt es einen wohlwollenden Konsens, und sie haben, was für Ungarn erstaunlich ist, eine ausgesprochen positive Resonanz – selbst oppositionelle Medien erheben keine Einwände.

Was die Bürgerwehr für die Regierung wichtig sein lässt und auch ihre besondere Förderung erklärt, ist wahrscheinlich ihre Funktion als integrative Kraft. Jugendliche werden schon ab dem 14. Lebensjahr aufgenommen, und der Initiationsritus ist mit einem Gelöbnis verbunden, das patriotisches Pathos vermittelt: «Ich bleibe der Mission und den Idealen der Bürgerwehr treu, führe ein vorbildliches Leben und halte mich an die geltenden Gesetze. Den freiwilligen zivilen Dienst erfülle ich nach bestem Wissen und Gewissen zum Wohle meiner Heimat Ungarn. So wahr mir Gott helfe!» Den letzten Satz darf der Kandidat gemäß seiner Überzeugung aussprechen oder weglassen, es ist aber wenig wahrscheinlich, dass jemand sich ausgerechnet bei einer solchen Zeremonie als Atheist outet. Offenbar finden junge Männer und Frauen die Zugehörigkeit zur Bürgerwehr prestigeträchtig und attraktiv. Das Angebot enthält neben Verpflichtungen auch Freizeitprogramme, Ausflüge, Tanzabende sowie Bildungskurse und vermittelt das Gefühl einer lockeren Kollektivität – in der Provinz, anders als in den atomisierten Großstädten, immer noch ein geschätzter Wert.

Das vierte Schild, das den Rand vieler Dörfer schmückt, ist die in Szekler Runenschrift angegebene Bezeichnung der Gemeinde. Die Aufstellung dieser Sichtelemente als eine Form der Traditionspflege ist nach 2010 in Mode gekommen. Bereits 2011 machten mehr als hundert Dörfer und Städte von dem exotischen Symbol Gebrauch, und die Zahl ist weiter steigend. Populär sind die Runen auch in den von Ungarn bewohnten Gemeinden in den Nachbarstaaten Rumänien, der Ukraine und der Slowakei – offenbar soll die von rechts nach links zu lesende angebliche Urschrift der Magyaren identitätsstiftend gegenüber der jeweiligen Mehrheitsnation wirken. In Ungarn selbst werden die Schriftzeichen durch eine Stiftung propagiert und auch in manchen Schulen fakultativ unterrichtet. So werden nicht nur das Neue Testament sowie Landkarten von Ungarn vor Trianon, dem Friedensvertrag von 1920, als das Land zwei Drittel seines Vorkriegsterritoriums verlor, in Szekler-Schrift gesetzt, sondern auch klassische Werke mit Runen neu gedruckt. Der Versuch, eine offizielle Akzeptanz der «Einheitlichen Runenschrift» durchzusetzen, scheitert indes an der Weigerung der Ämter. Die Verkehrsbehörden zum Beispiel sind nicht bereit, solche Schilder als Verkehrszeichen zu akzeptieren, und definieren ihren Status lediglich als «Werbung». Auch der Vorstoß, die Runenschrift in Personalausweisen einzuführen, stieß auf Widerstand. Zum Glück ist der Regierungspartei bisher nicht eingefallen, das Parlament über die Runenschrift abstimmen zu lassen.

Das fünfte Schild weist darauf hin, dass es in dem Dorf eine «Minderheitenverwaltung» gibt. Ein Gesetz von 1993 und seine Novellierungen 2011 bzw. 2020 regeln die Ausübung der Autonomie von insgesamt 13 Ethnien, so der Roma, Deutschen, Slowenen, Kroaten, Rumänen oder auch kleinerer Gruppen wie der Bulgaren, Griechen und Armenier. Verständlicherweise thematisiert Ungarn die Rechte der Minderheiten so konsequent, denn außer dem Wunsch, den europäischen Normen zu entsprechen, gibt es das Anliegen, auf die Situation der ungarischen Minderheit in den Nachbarstaaten mit positivem Beispiel Einfluss zu nehmen. Gleichzeitig kann man im Falle der 13 als «Nationalität» in Ungarn anerkannten Volksgruppen immer weniger von einer Erfüllung der Kriterien bisheriger Rechtsnormen sprechen. So ist der Gebrauch der Muttersprache zunehmend nur noch ein abstraktes Recht, was leicht am Sprachverlust der jüngeren Generation vor Ort zu erkennen ist. In zahlreichen ungarischen Gemeinden erinnert nur noch der deutsche Ortsname an die früheren schwäbischen oder sächsischen Ansiedlungen – zum Beispiel Deutschdorf, Deutschhütten, Deutschmarkt, Schwabendorf oder Sachsenfeld. Zwar gibt es auch Lehrer, Geistliche und Rentner, die ihr altes Idiom beibehalten haben, aber ein deutsches Dorfleben ist nur in Spuren aufzufinden, etwa in Gestalt von Stammtischen, Heimatmuseen oder deutschen

Namen an Haustüren. Gleichzeitig bekennen sich offiziell 180 000 ungarische Staatsbürger zu ihren deutschen Wurzeln – sie stellen die zweitgrößte Minderheit. Die größte sind die Roma, deren amtliche Zahl mit 315 000 angegeben wird. Sie bilden eine ethnische Minorität fast ohne eigene Sprache, denn nur 10 Prozent sprechen Romanes.

Allerdings sind die Angaben der Volkszählung in den kleinen Gemeinden irreführend. Die reale Zahl der Roma macht schätzungsweise das Doppelte des statistisch Erfassten aus, und auch die Bürger deutscher Abstammung haben vermutlich einen höheren Anteil. Dies hängt mit den unpräzisen oder mehrdeutigen Antworten auf die Fragen der Volkszählung zusammen. Einige Deutsche und Roma beharren aus Gründen der Opportunität auf dem Wort «ungarisch», während andere sich parallel als «német» und «magyar» oder «cigány» und «magyar» bezeichnen. Deshalb führen manche lokale Befragungen zu dem seltsamen Ergebnis, dass die Gesamtzahl der Einwohnerschaft über 100 Prozent liegt. Doch in manchen Kommunen funktionieren neben den Lokalverwaltungen auch parallel Minderheitenverwaltungen. Im Komitat Vas an der Westgrenze Ungarns sind es burgenländische Kroaten und Raab-Slowenen, und hierfür gibt es handfeste Gründe: Das staatliche Förderungssystem erlaubt ihnen als juristischen Personen die Antragstellung für verschiedene Ausschreibungen, selbst wenn in ihren Vorständen die Ungarn bereits die Mehrheit bilden. Beantragt eine Nationalität aus dem speziell für sie vorgesehenen Fördertopf den Neubau eines Fußballplatzes für ihre Mannschaft, kann dieser von allen Jungs im Dorf mit goldenen Füßen «transnational» genutzt werden. Parteien spielen in Dörfern unter 5000 Einwohnern kaum eine sichtbare Rolle – die meisten Bürgermeister deklarieren sich als «unabhängig», und selten treten sie in den Farben von Fidesz oder der Opposition in Erscheinung.

Wenn man als auswärtiger Besucher in eines der langgestreckten Dörfer kommt, sieht man hübsche, gepflegte Häuser und Gärten, kleine Dorfläden, katholische oder protestantische Kirchen,

das Bürgermeisteramt und in der Mitte das Kulturhaus, Erbe aus
sozialistischen Zeiten. Auf dem zentralen Platz steht ein obligatorischer Obelisk zum Gedenken an die Gefallenen des Dorfes
aus dem Ersten und Zweiten Weltkrieg, ein nach 1990 errichtetes
Trianon-Mahnmal oder auch die Büste einer lokalen Berühmtheit.
Holocaust-Mahnmale sind eher eine Seltenheit. Hier und da sieht
man am Dorfrand wackelige Lehmhäuser oder besitzerlos gewordene Bruchbuden. Bittere Armut wie in Großstädten trifft man
hier nicht an, der Alltag scheint seinen gewöhnlichen Gang zu gehen. Hilfsbereitschaft ist selbstverständlicher als in der Metropole – die Menschen kennen sich ja untereinander.

Die Sommersaison bringt meistens frischen Wind in die Provinz. Man besucht Veranstaltungen, etwa ein Freiluftkonzert in der
nächstliegenden größeren Gemeinde, bei dem auch bekannte
hauptstädtische Solisten auftreten. Laientheater, oftmals auf höchs-
tem Niveau, ziehen durch die Dörfer, zudem finden manchmal internationale Folklorefestivals statt, durchaus auch mit Sensationen:
Eine baskische Artistengruppe etwa zeigt atemberaubende Akro-
batik, am Bühnenrand schwenkt eine junge Frau die Fahne des
Baskenlandes – solche Gesten kommen in Ungarn garantiert gut
an. Veranstaltungen dieser Art übersteigen selbstverständlich die
finanziellen Möglichkeiten sehr kleiner Ortschaften. Deren Sensation bleibt der alljährliche «Dorftag», und wenn das Budget dazu
nicht ausreicht, dann muss eben staatliche Förderung beantragt
werden.

Der Dorftag ist in Ungarn eine neue Tradition, der erste fand
1997 im nordostungarischen Komitat Bihar statt. Die Idee ist, dass
alle Einwohner einen Tag an ihrem Ort gemeinsam verbringen.
Nach der offiziellen Eröffnung durch den Bürgermeister finden
Kultur- und Sportereignisse, Wettkämpfe und gemeinsame Spiele
statt. Mancherorts werden Kochwettbewerbe organisiert, die Jury
nimmt feierlich Kostproben von Gulasch und süßen Leckereien.
Besonders ehrgeizig präsentierte sich 2018 – ich befand mich gerade dort – das Dorf Lukácsháza mit seinen 1080 Einwohnern in

der Nähe von Szombathely. Am Eröffnungsabend, Freitag, dem 13. Juli, veranstaltete die Gemeinde ein Fußballspiel der zwei Dorfmannschaften. Am nächsten Tag begann eine Schacholympiade, auf das Mittagessen mit musikalischer Untermalung folgte eine Weinprobe, und auf einer kleinen Bühne traten der Kindergarten und die Dorfschule mit eigenen Produktionen auf. Danach zeigten zwei Volkstanzgruppen ihr Programm, ein Puppentheater spielte für die Kinder, und ein Blasorchester aus der Stadt gab ein Gastkonzert. Im Anschluss daran verlieh der Bürgermeister verschiedene Auszeichnungen und Urkunden an die Bewohner. Die Abendstunden waren gefüllt mit einer Tombola, mit Zaubertricks, Schminkangeboten für Kinder, Nostalgieschnulzen, einem Feuerwerk und selbstverständlich Tanz bis drei Uhr morgens.

Das üppige Festival wurde über die Projekte «Ungarisches Dorf», «Darányi-Plan» und den Leader-Verein «Utiro» gesponsert. «Utiro» steht für eine Bürgerinitiative zur Landschaftsentwicklung mit dem Namen «Wege entlang des Írottkő», mit 882 Metern Transdanubiens höchster Berggipfel. Utiro ist ein Teil des Netzwerks der Leader-Vereinigungen, die seinerzeit das Projekt «Europäisches Dorf» nach Ungarn brachten – hoffentlich gerät dieses einst vielbeachtete Programm, das an die guten alten Freundschaftsbeziehungen mit der EU erinnert, nicht ganz in Vergessenheit.

# Viktor Orbán – eine Vorgeschichte

Wenn jemand 1963 in Ungarn das Licht der Welt erblickt hat, wurde sein Lebenslauf nachhaltig von einer Gesellschaft geprägt, die sich von den Erschütterungen der 1950er Jahre – stalinistische Diktatur, Volksaufstand und dessen blutiger Unterdrückung – allmählich erholte. Im Zeichen der Kádár'schen Maxime «Wer nicht gegen uns ist, ist mit uns» versuchte die Staatsmacht einen berechenbaren Sozialismus zu etablieren. Dies bedeutete: Verbesserung der Konsummöglichkeiten, Gewährung von kleinen Freiheiten wie zum Beispiel erweiterter Möglichkeiten des Auslandstourismus, stärkere Wahrung der Privatsphäre, Angebot von mehr Pluralismus für die Kulturschaffenden, ohne auf die Kontrolle und ideologische Oberhoheit der Partei zu verzichten. Das Land war souverän, aber dennoch über den Warschauer Vertrag in den Ostblock fest eingebunden, was auch die Präsenz eines beachtlichen Kontingents der sowjetischen Armeegruppe Süd mit sich brachte, und dies ausgerechnet in Orbáns Geburtsstadt Székesfehérvár. Hier residierte die Kommandantur der – so die offizielle Sprachregelung – «provisorisch in Ungarn stationierten sowjetischen Truppen», hier befand sich auch die Wohnsiedlung der Offiziersfamilien. Heute sind beide Baukomplexe verlassene Ruinen.

Die Stadt, Verwaltungssitz des Komitats Fejér, blickt auf eine reiche Tradition zurück. In römischer Zeit lag hier die ehemalige Siedlung «Gorsium», im Mittelalter war Székesfehérvár Krönungsstadt und beherbergte zudem die Ruhestätten ungarischer Herrscher. In der Sankt-Stephans-Basilika wurde eine Zeitlang die

Heilige Krone aufbewahrt. Die letzten Wochen des Zweiten Weltkriegs hatten die Stadt aufgrund ihrer Lage als Verkehrsknotenpunkt stark in Mitleidenschaft gezogen. So wurde sie teilweise neu aufgebaut, und zwar im Stil der «sozialistischen Moderne», was zum Beispiel sichtbar wird in der «Lenin-Wohnsiedlung». Gleichzeitig erlebte der Komitatssitz zwischen den 1950er und 1970er Jahren einen rasanten Bevölkerungsanstieg (1945: 30 000, 1980: 100 000 Einwohner), was auf die Erweiterung von zwei Großbetrieben zurückzuführen war: der Fabrik Videoton mit Schwerpunkt Nachrichtentechnik und Unterhaltungselektronik, vor allem Fernsehgeräte, und des Betriebs Ikarus, dessen Busse zur Weltmarke wurden und das Image des Landes mitgeprägt haben.

Viktor Orbáns Eltern waren weder in Székesfehérvár noch im Komitat Fejér verwurzelt. Der Vater Győző Orbán, Jahrgang 1940, wurde in Budapest geboren und erhielt eine Ausbildung als Agraringenieur, die Mutter Erzsébet Sípos,[19] Heilpädagogin, kam aus dem ostungarischen Mezőtúr. Beide suchten, frisch verheiratet, eine Anstellung in der aufstrebenden Region, in der sie ihr künftiges Leben zu verbringen gedachten. Ihr weiterer beruflicher Werdegang verlief in der 30-Kilometer-Zone um die Kreisstadt, in kleineren Siedlungen wie Felcsút, Csákvár, Gánt oder Seregélyes, je nachdem, wo sie einen Arbeitsplatz und Wohnraum fanden. Győző (lateinisch Viktor, also «Sieger») begann als Praktikant des Reparaturdienstes für landwirtschaftliche Geräte in Csákvár, danach arbeitete er als Technologe, brachte es zum Vorarbeiter, Chefmechaniker und in den späten 1970er Jahren zum Leiter des Steinbruchs Gánti. Für seine Arbeitsleistung als Mitglied einer sozialistischen Brigade wurde er mit der Auszeichnung «Hervorragender Werktätiger» honoriert, und 1966 trat er der Partei bei. Ein fanatischer Kommunist wird er vermutlich nicht gewesen sein, schon allein deshalb nicht, weil er seinen Erstgeborenen in zeittypisch diskreter Weise in einer reformierten Kirche taufen ließ. Wahrscheinlich betrachtete er, wie viele von den damals 500 000 Genossinnen und Genossen, die Mitgliedschaft in der USAP als naturgegebene Form der Sozialisierung. Als sich die Orbáns 1977 mit ihren drei Söhnen in Székesfehérvár niederließen, verkörperten sie mit ihrer Mietwohnung und dem Besitz eines «Trabant» das, was die Soziologen heute als «Kádár'sche kleine Leute» bezeichnen. Einer der beiden Söhne, Győző junior, arbeitet heute in den Fußstapfen des Vaters als Ingenieur-Ökonom, sein Bruder Áron war in der Jugend ein erfolgreicher Ringer und ist jetzt Unternehmer. Der Vater Győző Orbán ist ebenfalls Unternehmer und einer der reichsten Männer des Landes.

Der gestrenge, laut Orbáns Erinnerungen oft auch rabiate Vater, der unerbittliche Disziplin einforderte, erzog ihn als Aufsteiger im Rahmen des Systems. Der 15-Jährige wurde im Gymnasium – neben dem obligatorischen Russisch hatte er als Wahlfach Englisch – zum Sekretär der Grundorganisation des Kommunistischen Jugendverbands (KISZ). Damals war Viktor Orbán, wie er später bekannte, ein «naiver Anhänger des Sozialismus». Zeitzeugen beschreiben ihn in diesen Jahren als fleißigen, intelligenten, viel lesenden, wissbegierigen Jungen mit einer ausgesprochenen Vorliebe für Fußball. Eine kritische Haltung zeigte sich bei ihm erst nach dem Abitur während des einjährigen Dienstes in der Ungarischen Volksarmee. Diese Institution verkörperte das Repressive und Dumm-Ideologische des Regimes, was im zivilen Leben einer Provinzstadt oder eines Dorfs sonst weniger auffällig war. Zudem fiel die Dienstzeit in einer südungarischen Kaserne ausgerechnet in den Sommer 1981, die Aufstiegsphase der Solidarność, als man eine militärische Intervention des Warschauer Paktes à la Prag 1968 nicht ganz ausschließen konnte und in der Kaserne Alarmzustand herrschte. Offenbar geriet damals Polen in das Blickfeld von Viktor Orbán, ein Thema, dem er einige Jahre später seine Masterarbeit «Soziale Selbstorganisation und Bewegung im politischen System am Beispiel Polen» an der Budapester Universität ELTE widmete.

Die Studentenjahre in der Hauptstadt wirkten auf den jungen Ungarn aus der Kreisstadt beinahe revolutionierend. Außerhalb der gewählten Fächer Jura und Soziologie, von denen das erste wegen des Doktortitels wichtig, das zweite sehr beliebt war, stieß er auf Lesestoff ganz anderer Natur. In der Spätphase der Ära Kádár wirkte in Budapest eine zahlenmäßig nicht sehr starke, aber überaus aktive illegale Opposition mit Vordenkern wie den Philosophen János Kis und György Bence, und dem Redakteur der im Siebdruckverfahren produzierten Zeitschrift «Beszélő» («Sprecher»), Gábor Demszky, hatte den Samisdat[20]-Verlag gegründet. Außerdem fanden Geschichtsseminare nach dem polnischen Muster der «fliegenden Universitäten» statt – an geistigen Impulsen mangelte es nicht. Hinzu kam ein existenziell wichtiges Erlebnis: das Leben und Studium im Rahmen der Kollegien «László Rajk» und «István Bibó». Diese staatlichen Einrichtungen förderten reformorientierte Funktionäre zu dem Zweck, eine Elite auszubilden, die mit ihrem überdurchschnittlichen Wissen bei der Lösung der anstehenden Probleme des Systems – Modernisierung, behutsame Pluralisierung – mithelfen sollten. Die jungen Leute aus der Provinz wohnten im Studentenheim, erhielten bescheidene Stipendien und durften in freimütiger Atmosphäre ihren Interessen nachgehen. Ihnen wurde sogar erlaubt, Diskussionen unter Beteiligung der Vertreter der demokratischen Opposition durchzuführen. Das Budapest der 1980er Jahre bedeutete aber auch die Chance, sich mit Hilfe eines Stipendiums von George Soros im westlichen Ausland weiterzubilden. Junge, ehrgeizige Menschen mit Englischkenntnissen, auch aus dem späteren Fidesz-Umfeld, fanden den Weg zur Budapester Jury der Foundation und erhielten mit einem formlosen Antrag die Förderung. So konnte auch Viktor Orbán 1988 eine Studienreise nach Oxford antreten, um im Pembroke College politische Philosophie zu lernen. Über seine wissenschaftlichen Ambitionen ist nichts bekannt, aber sicher schwebte ihm eine ruhige, ausgewogene Laufbahn vor. 1986 heiratete er seine Kommilitonin, die Juristin Anikó Lévai, und 1989 wurde als erstes von fünf Kindern Ráhel Orbán geboren. Mutter und Tochter sind heute Unternehmerinnen – die Erste als Besitzerin von Immobilien, die Zweite in der Tourismusbranche.

Die Geburtsstunde des Politikers Orbán[21] war eine Pressekonferenz in dem Budaer Café «Ma chérie», wo er am 31. März 1988 in Anwesenheit von etwa siebzig eingeladenen Journalisten die Gründungserklärung des Fidesz vorlas. Nach langen Diskussionen war das Dokument am Vorabend fertiggestellt worden. In dem Streit war es darum gegangen, ob man der neuen Organisation eventuell den Beinamen «sozialistisch» geben sollte – manche meinten das ehrlich, anderen erschien das opportun. Schließlich votierte die Mehrheit dagegen. Die Gründung selbst wurde damit begründet, dass der Kommunistische Jugendverband (KISZ) die Jugend nicht ausreichend vertrete. Als politisches Programm verkündete man Forderungen nach einem «neuen, demokratischen Ungarn», einer «gemischten (staatlichen und privaten) Wirtschaft», nach «Solidarität mit osteuropäischen demokratischen Bewegungen» und einem «blockfreien Europa».

Politische Neugründungen waren zu dieser Zeit keine Sensation mehr. Im Amtsungarisch wurden sie als «die neuen Organisationen» bezeichnet und galten weder als genehmigt noch als verboten. Im Fall von Fidesz versuchte die Polizei mit einer Verwarnung, die Gründer von ihrem Anliegen abzuhalten, was diese in aller Seelenruhe ignorierten. Ohnehin war die Parteiführung mit Problemen anderer Dimension beschäftigt. Moskau wollte die ungarische Krise durch eine Wachablösung entschärfen – KGB-Chef Wladimir Krjutschkow flog persönlich nach Budapest, um János Kádár die Notwendigkeit seiner Abdankung nahezulegen. Offenbar rechnete man nicht mit dem Dammbrucheffekt: Der Parteichef und Führer des Landes, 32 Jahre lang von niemandem in Zweifel gezogen, wurde zum Freiwild, während die prominentesten Opfer seines Terrors, der 1958 hingerichtete ehemalige Ministerpräsident Imre Nagy und seine Kampfgefährten, der Öffentlichkeit als Märtyrer am Horizont erschienen. Nachdem Minister Imre Pozsgay in einem Rundfunkinterview die Oktoberereignisse von 1956 nicht als Konterrevolution, sondern als Volksaufstand neu eingeordnet hatte, stand der Rehabilitierung der damals Verurteilten nichts

mehr im Wege. Die Art und Weise ähnelte gespenstisch der Rehabilitierung von László Rajk, dem kommunistischen Innenminister,
den seine Genossen nach einem Schauprozess im Oktober 1949
hatten hinrichten lassen. Rajks Neubestattung 1956 war die Ouver-
türe zum Volksaufstand gewesen.

Insgesamt sah es danach aus, als wäre die bevorstehende Wende
1988 eine Rückkehr zu den Idealen der 56er und Imre Nagy der
Vorkämpfer einer neuen Demokratie. In dieser Annahme verhan-
delten die Mitglieder des damals gegründeten «Komitees für historische Gerechtigkeit» – überwiegend Überlebende des Terrors der
Jahre 1957/58, unter ihnen Árpád Göncz, der spätere Präsident der
Republik, und Sándor Rácz, der Vorsitzende der Arbeiterräte von
1956 – mit Regierungsstellen über die Modalitäten der Neubestattung. Das System war durch Kádárs Sturz enorm geschwächt und
gegenüber der Entfaltung pluralistischer Strukturen praktisch
machtlos, aber, wie János Kis anmerkte, «immer noch ein Koloss»,
hinter dem Armee, Polizei und Geheimdienste standen. Unter diesen Bedingungen neigten die Veteranen dazu, entsprechend dem
Wunsch der Partei die Zeremonie als «normales Begräbnis» stattfinden zu lassen, als einfachen Akt der Pietät ohne politischen Ak-
zent. Während sich die meisten Redner bei der Trauerzeremonie
vom 16. Juni 1989 auf dem Budapester Heldenplatz an den Kompromiss hielten, erwies sich als einziger Störenfried Viktor Orbán,
der in seiner siebenminütigen Ansprache die Verdienste von Imre
Nagy und dessen Kampfgefährten würdigte, aber nicht umhin-
konnte, folgendes Statement abzugeben: «Wenn wir die Ideen von
1956 nicht aus den Augen verlieren wollen, dann wählen wir eine
Regierung, die sofortige Verhandlungen über den Beginn des Ab-
zugs der russischen Truppen aufnimmt.» Dieser Satz löste damals
großen Streit aus und ist bis heute Gegenstand einander widerspre-
chender Beurteilungen.

Die 56er, vor allem die Imre-Nagy-Gefährten, sahen in den
Worten des Fidesz-Führers eine unnötige und gefährliche Provokation, während Orbáns Anhänger, unter ihnen ebenfalls viele

56er, dem jungen, vor Aufregung stotternden Redner mit frisch ge-
bügeltem Hemd und schwarzem Bart zujubelten und im Nachhinein behaupteten, er habe mit seiner Redekunst die Sowjettruppen
zum Verlassen des Landes gezwungen. Was die Verfänglichkeit des
berüchtigten Satzes betrifft, waren die Ängste der anwesenden Veteranen verständlich, wenn auch nicht ganz begründet. In der Tat
war die Zeremonie auf dem Heldenplatz von einem riesigen, sozusagen letzten Aufgebot von Polizeikräften und dem Einsatz zahlreicher Geheimagenten begleitet. Deren Ziel bestand indes lediglich in der Sicherung des ruhigen Verlaufs der Demonstration, an
der laut damaligen Berichten 250 000 Menschen teilnahmen. Auf
dem Bildschirm wurde die Livesendung von Millionen verfolgt.
Was aber Orbáns direkten Einfluss auf den sowjetischen Truppen-
rückzug anbelangt, so kann man diese Vorstellung getrost als naiv
betrachten. Der Truppenabbau war bereits in Moskau auf der Tagesordnung. Eines scheint aber sicher zu sein: Mit der siebenminütigen Rede erreichte Viktor Orbán ein größeres Publikum als
selbst heute, auf dem Höhepunkt seiner Macht. Man kann sich des
Eindrucks nicht erwehren, dass dies zumindest teilweise sein Ziel
war. Árpád Göncz erzählte später in einem Interview, dass fast alle
an der Revolution beteiligten Redner ihre Ansprache mit Tränen
in den Augen, oft schluchzend vorgetragen hätten – bis auf den
Vertreter der jungen Generation. «Viktor Orbán hat 1956 nicht
erlebt, ihn hat die Sache emotional nicht berührt. Ich glaube, der
einzige Mensch von uns, der voll bewusst auftrat, der ganz genau
wusste, was er wollte und wie er wirken wollte, der war Viktor Orbán. Er allein war unter uns der Politiker und wir die erschütterten
Teilnehmer.»

Bereits in dieser frühen Phase gab es gewisse, nur für Insider
wahrnehmbare Reibereien zwischen den Jungdemokraten und der
Menschenrechtsopposition der Vorwendejahre, die sich relativ
spät, im November 1988, zum Bund Freier Demokraten (SZDSZ)
deklarierte. Die Jungdemokraten witterten schon in der Namens-
wahl der neuen Partei die Gefahr, wegen der Ähnlichkeit in den

Verruf kommen zu können, die Jugendorganisation der liberalen SZDSZ zu sein. Einig waren sie sich allerdings mit den ehemaligen Oppositionellen in ihrer Gegnerschaft zur ersten größeren «neuen Organisation», dem im Umfeld der «Volksschriftsteller» im Herbst 1987 gegründeten Ungarischen Demokratischen Forum (MDF). Diesem gehörten Intellektuelle an, die vorrangig Interesse an nationalen Themen zeigten, wie etwa der Situation der ungarischen Minderheiten in den Nachbarstaaten und den Ereignissen von 1956, die sie vorwiegend als nationalen Aufstand betrachteten. Teile des Forums neigten zur Zusammenarbeit mit den Reformkommunisten um Imre Pozsgay, Zentristen wie József Antall vertraten ein nationalliberales Konzept, und am rechten Rand standen Nationalradikale wie István Csurka mit antiliberalen und antisemitischen Statements. Die Freien Demokraten hingegen propagierten ein starkes Engagement für Europa und überhaupt für den Westen. Mit dem nationalen und christlichen Pathos des MDF konnten die jungen Fidesz-Gründer wenig anfangen, eher imponierte ihnen der liberale Antikommunismus des SZDSZ. Dennoch gab es soziologische und generationenbedingte Dissonanzen, die später in offene Gegnerschaft umschlugen. Den harten Kern des Fidesz stellten aus der ungarischen Provinz stammende Mittzwanziger, die nicht den Wunsch hatten, als Gefolgschaft einer hauptstädtischen Partei von Mittvierzigern zu erscheinen. Ebenso wenig sehnte sich Viktor Orbán danach, im Schatten von János Kis die zweite Geige zu spielen. Die Haltung der Jugendpartei glich, wie das SZDSZ-Vorstandsmitglied Tamás Deutsch damals sagte, derjenigen von «Kindern geschiedener Eltern».

Die Wahlen 1990 gewann mit 24 Prozent der Stimmen das Demokratische Forum (MDF), dessen Vorsitzender József Antall die Regierung bilden konnte, allerdings nur mit Hilfe der damals noch bedeutenden Partei der Kleinen Landwirte (FKGP, 10 Prozent). Während die zweitstärkste Kraft der SZDSZ (21 Prozent) war, erreichte die postkommunistische USP nur 10 Prozent. Die kleinste Fraktion bildeten die Jungdemokraten von Fidesz (8,9 Prozent).

Die Verteilung der Mandate gemäß der Stärke der Wahlkreise gestaltete sich noch mehr zugunsten des Demokratischen Forums.
Nach einem heftigen, aggressiv geführten Wahlkampf sahen sich
beide große Parteien veranlasst, einen Modus Vivendi zu finden,
um die Regierbarkeit des Landes angesichts der für den ehemaligen Ostblock typischen schweren Transformationskrise zu sichern.
Den entsprechenden Geheimpakt vom Mai 1990 handelten zwei
Parteiführer miteinander aus, ohne die anderen Parteien in Details
einzuweihen: vom MDF József Antall und vom SZDSZ der Vorsitzende Miklós Tölgyessy. Die oppositionellen Liberalen bewilligten
eine Senkung der Anzahl der sogenannten Eckgesetze, etwa Anträge zur Änderung der Verfassung oder nationaler Symbole, für
die eine Zweidrittelmehrheit der Stimmen benötigt wurde. Damit
konnten die beiden Regierungsparteien ihre Gesetzesvorlagen
leichter durch das Parlament bringen. Antall goutierte diese Geste,
indem er die Wahl des Liberalen Árpád Göncz zum Präsidenten
der Republik akzeptierte. Der feierlich verkündete Frieden entpuppte sich allerdings schon bald als ein eilends zusammenge-
pfuschter Waffenstillstand. Wenig später brach ein nicht enden
wollender Krieg um die Verteilung der Medien aus, und Ende Oktober lähmte ein Streik der Taxifahrer, die wegen nicht angekün-
digter Benzinpreiserhöhungen in den Ausstand traten, für drei
Tage das ganze Land. Der «kalte Bürgerkrieg» zwischen Liberalen
und Konservativen dauerte bis zu den nächsten Parlamentswahlen
1994 und endete mit der fast vollständigen Zerstörung des MDF.
Ohnehin wurde die Siegerpartei nicht nur von den großen wirt-
schaftlichen Problemen des Landes, sondern auch noch von József
Antalls Krankheit und Tod heimgesucht. In diesen vier Jahren des
Kampfes «aller gegen alle» entstand die im ungarischen Leben bis
heute dominierende Hasskultur.

Die Ausgrenzung aus den so wichtig erscheinenden Verhandlungen zu Beginn der Legislaturperiode blieb ein Stachel im Fleisch
des Fidesz. Obwohl Viktor Orbán während des Taxistreiks die liberale Opposition noch unterstützte und seine Partei auch ansonsten

in der parlamentarischen Rhetorik dem SZDSZ folgte, war es nur noch eine Frage der Zeit, wann die Jungdemokraten ihre Rolle als Doppelgänger abschütteln würden. Sie versuchten sich aus den Kämpfen der großen Parteien möglichst herauszuhalten, umso mehr, weil ihnen die neutrale Position zwischen den beiden Lagern große Vorteile brachte – Meinungsforscher schätzten ihre Akzeptanz auf 40 Prozent. Kein Wunder: Die an die Kádár'sche Ruhe gewöhnte, von der sozialen Misere und instabilen Demokratie verunsicherte Gesellschaft war von den Rankünen der großen «Parteien des Systemwechsels» sowie deren klandestiner Geschäftemacherei zunehmend angeödet. Dies zeigte sich in der extrem niedrigen Beteiligung an den Munizipalwahlen im Herbst 1990 (erster Durchgang 40, zweiter Durchgang 25 Prozent). Viktor Orbáns Partei erschien in den Augen vieler Wähler als die mit der Gnade der späten Geburt gesegnete «saubere Kraft», für die sich der Urnengang lohnen würde. Das positive Image wurde jedoch, wie das in den 1990er Jahren noch möglich war, über Nacht zerstört.

Fidesz stolperte über die sogenannte «Affäre um die Parteizentrale». Es handelte sich um die Immobilien, welche die neuen Parteien 1990 aus dem ehemaligen KP-Vermögen je nach Anzahl ihrer Abgeordnetenmandate von der Treuhand als Eigentum erhielten. Fidesz richtete sich zunächst im Diplomatenviertel ein, in einem Gebäude, das ursprünglich der Evangelischen Theologischen Akademie gehört hatte, seit den 1960er Jahren jedoch Sitz des Staatlichen Kirchenamts gewesen war. Neben weiteren Objekten besaß Fidesz aber noch ein Haus gemeinsam mit dem MDF in der Váci utca 38. Dieses war vor dem Krieg Offizierskasino gewesen, nach 1949 Zentraler Klub der Ungarischen Volksarmee. So arbeiteten die in der Öffentlichkeit als Erzfeinde geltenden Eigentümer unter einem Dach und waren, wie alle Parteien, die auf großem Fuß lebten, hoffnungslos verschuldet. Ende 1992 kamen sie auf die Idee, das unfassbar wertvolle Gebäude an die Ungarische Handelsbank (MKB) zu veräußern, um von dem Verkaufserlös ihre Finanzen zu sanieren. Ähnliche Transaktionen tätigten nach und nach alle Parteien, aber erst dieses Geschäft löste einen landesweiten Skandal aus, der sich vor allem gegen den Fidesz richtete. Dessen Akzeptanz driftete nun in den Meinungsumfragen von 40 Prozent auf 6 Prozent ab. Zur finanziellen Seite – der undurchschaubaren Weiterverwendung des Gewinns, von dem nicht zuletzt Viktor Orbáns Vater Győző als Leiter des von ihm gekauften Steinbruchs Gánti profitiert haben soll – kam die wirkliche Peinlichkeit: Die Kungelei mit der Regierungspartei hatte einen In-flagranti-Effekt, denn Fidesz hatte die Treue gegenüber dem SZDSZ gebrochen.

Allerdings hatte die Beziehung der beiden liberalen Parteien den Charakter einer offenen Ehe. Der Rechtsruck des verbündeten Fidesz mit seinem immer offensiver an den Tag gelegten Antikommunismus trieb den von inneren Machtkämpfen zermürbten SZDSZ beinahe automatisch nach links. Hinzu kam die Zunahme der rechtsradikal-autoritären Tendenzen bei der Regierungspartei – die beginnende Horthy-Nostalgie, die ihren vorläufigen Höhepunkt mit der Neubestattung des Reichsverwesers im September 1993 auf seinem Stammsitz Kenderes erreichte, sowie der mehr oder weniger indirekte Antisemitismus der rechten Medien. Obwohl József Antall die Judenfeindlichkeit keineswegs teilte, hatte er allzu lange das Wirken des Rechtsaußen István Csurka im Rahmen der Regierungspartei MDF geduldet. Auf Initiative von György Konrád, damals Präsident des Internationalen PEN-Clubs, entstand die Sammlungsbewegung «Demokratische Charta», eine antifaschistische Frontorganisation mit Tausenden von Anhängern, die wiederum den weit abgeschlagenen Sozialisten die Chance gab, aus der Versenkung in das normale politische Leben zurückzukehren. Das Revival der Vorwendeeliten war, ähnlich wie in Polen oder Litauen, eine Rache der Wähler angesichts der miserablen Lebensverhältnisse. Linkssein zählte nicht mehr als Schande, wenn es gemeinsam gegen die Faschisten ging.

1 066 000 Wählerstimmen für den SZDSZ – weder davor noch

danach hatte der ungarische Liberalismus eine derart große Unterstützung in der Gesellschaft. Gleichzeitig stand die Partei vor dem schwierigsten Dilemma ihrer Geschichte. Sollte sie wegen ihres prinzipiellen Antikommunismus auf die Früchte des Sieges verzichten, den sie durch die Schaffung der «Demokratischen Charta» mit geschmiedet hatte? Eine solche Zurückhaltung hätte die Wählerschaft der Partei kaum verzeihen können. Andererseits: In der Partei der gewendeten Kommunisten hatten es die Liberalen mit Gyula Horn (1932–2013), einer markanten Persönlichkeit, zu tun. Als junger Mann war Horn an der brutalen Niederwerfung des Volksaufstands von 1956 beteiligt gewesen und hatte keine Angst vor dem eigenen Schatten. Selbst 1994 dachte er nicht daran, sich von seiner früheren Rolle zu distanzieren. Ohnehin galt er im Westen, vor allem in der Bundesrepublik Deutschland, als «der Grenzöffner» des Jahres 1989, der den verrosteten Drahtverhau des Eisernen Vorhangs zerschnitten hatte, ein Freund von Helmut Kohl und 1990 Träger des Karlspreises, für den Hans-Dietrich Genscher die Laudatio hielt. Nach einigen Wochen des Schwankens knickten die Liberalen ein und schlossen als Juniorpartner ein Regierungsbündnis mit den Sozialisten, ein Schritt, den selbst in den eigenen Reihen viele als Sündenfall verurteilten.

Die neue Mannschaft musste dem Land eine noch härtere wirtschaftliche Rosskur auferlegen als die, an der József Antalls «Kamikaze-Regierung» gescheitert war. Immerhin gelang es dank der Reformen des Ökonomen und Wirtschaftsministers Lajos Bokros (SZDSZ), die ungarische Wirtschaft auf Wachstumskurs zu bringen – um den Preis enormer Restriktionen, zweistelliger Inflationsraten und weiterer Verelendung der abgehängten sozialen Gruppen. Minister Bokros musste allerdings den Hut nehmen, er wurde um der Beliebtheit der Regierung willen geopfert. Korruptionsskandale im Dunstkreis des SZDSZ, die Gefährdung der öffentlichen Sicherheit – etwa Mafiamorde auf offener Straße – machten diese Jahre zu einem dunklen Kapitel in der Geschichte des Systemwechsels. Der aus dem Demokratischen Forum entfernte rechtsradikale Flügel gründete unter der Führung von István Csurka eine «Partei des Ungarischen Lebens und der Gerechtigkeit» (MIÉP) mit offen rassistischer Programmatik. In anderen ehemaligen Ostblockstaaten gab es ähnliche Neubildungen: die slowakische «Národná strana», die rumänische «România Mare» und die bulgarische «Ataka».

Das Jahr 1994 war auch für den Fidesz schicksalhaft. Obwohl der Sündenfall, das geheime Geschäft mit dem Quartier in der Váci utca, der Parteikasse guttat, löste es eine elementare Empörung an der Basis aus: Hunderte, unter ihnen Gründungsmitglieder, verließen Fidesz und schlossen sich dem SZDSZ an. Die Erfolgschancen bei den Wahlen sanken mit jedem Tag. Trotzdem hoffte Orbán, vielleicht aus Zweckoptimismus, auf den Durchbruch, zumindest auf die Verdoppelung der Fidesz-Mandate in der neuen Wahlperiode. Doch es folgte eine herbe Enttäuschung, nicht nur, weil die Jungdemokraten 1994 immer noch die kleinste Partei in der Nationalversammlung waren, sondern auch wegen des beispiellosen Triumphs der Sozialisten, die nach dem zweiten Wahlgang mit 54 Prozent der Stimmen imstande waren, allein die Regierung zu bilden. «Wegen unserer mangelnden Weisheit haben die Liberalen die Konservativen nicht abgelöst», konstatierte Orbán und reichte im Namen des ganzen Parteivorstands eine kollektive Abdankung ein, die jedoch der Parteikongress mit großer Mehrheit ablehnte.

Nun saß Viktor Orbáns Partei mit 20 von den insgesamt 386 Sitzen als kleinste Fraktion in der Nationalversammlung, und die jungen Politiker zerbrachen sich den Kopf, wie sie aus diesem Abgrund wieder herauskommen konnten. Links von der Partei waren die aus den Ruinen auferstandenen Sozialisten und der zum Erzfeind gewordene, aber geschwächte SZDSZ, rechts die geschlagenen konservativen Parteien: Kleine Landwirte, MDF und Christdemokraten. Diesen fehlten allerdings Dynamik, Phantasie und charismatische Führungspersönlichkeiten. Interessant für Orbán waren aber ihre Wähler, und zwar nicht nur die aktuellen, sondern auch diejenigen, die ihnen aufgrund des Fiaskos der Antall-Regierung schon vorher den Rücken gekehrt hatten. Wie aber sollte er sich als ehemaliger Stipendiat von George Soros und Vizevorsitzender der Liberalen Internationale als konservativer Staatsmann gebärden, in dem die Wähler eine jüngere Inkarnation von József Antall erkennen würden? Er begann dem Antikommunismus eine nationale Färbung zu verleihen. Auf einer Konferenz der Auslandsungarn in Deutschland im Frühjahr 1997 warnte er davor, der Europäischen Union beizutreten, ohne vorher das Problem der sinkenden Geburtenraten gelöst zu haben. Im Sommer desselben Jahres erklärte Orbán in einer siebenbürgischen Zeitung die Autonomiebestrebungen der ungarischen Minderheit in Rumänien für legitim – eine Geste, die SZDSZ-Parlamentsabgeordnete als riskant kritisierten. Gleichzeitig warnte er vor einem nochmaligen Sieg der Linkskoalition, die Ungarn, so sagte er, in eine «Bananenrepublik» verwandeln würde.

Den politologischen Hintergrund des konservativen Wandels von Viktor Orbán bildete das von seinem Team erarbeitete Konzept des «bürgerlichen Ungarn», das bereits in der 1995 angenommenen neuen Bezeichnung «Fidesz – Bürgerliche Partei» seinen Ausdruck fand. Hauptsächlich richtete sich das Konzept gegen die Sozialisten, ganz nach der These Machiavellis, dass der gute Fürst sich selber den Feind aussucht. Angestrebt werden sollte ein «bipolares System», in dem nur zwei Parteien – etwas vereinfacht die Guten und die Bösen – einander gegenüberstünden. In diesem Konstrukt waren nicht nur der Erzrivale SZDSZ überflüssig, sondern auch die drei rechten Parteien, die mit dem Motto «Ein Lager – eine Fahne» zur Mitarbeit angelockt werden konnten. Angesichts der sichtbaren Schwächung der MSZP-SZDSZ-Koalition und in der Hoffnung auf einen bevorstehenden Wahlerfolg begann Fidesz, der nur über ein mäßiges intellektuelles Umfeld verfügte, im Vorfeld der Parlamentswahlen 1998 in den entsprechenden Milieus um konservative Künstler und Wissenschaftler zu werben mit dem Angebot von Posten und Arbeitsbereichen.

Wesentliche ideologische Elemente der heutigen Fidesz-Politik waren bereits in dieser Phase erkennbar. Der Schriftsteller Sándor Lezsák, Mitbegründer und zwischen 1996 und 1999 Vorsitzender des MDF, prägte die These, dass die Ursache des linken Wahlsiegs 1994 eigentlich im falschen Wahlverhalten des Stimmvolks gelegen habe. Pathetisch formuliert, sei es «Kádárs Volk» gelungen, einen Sieg über das «Volk von Stephan dem Heiligen» zu erringen. In solchen romantischen Konstrukten dachte Viktor Orbán sicherlich nicht – ihm war allein der politische Sieg wichtig, und diesen erreichte Fidesz 1998 im Zweikampf mit den Sozialisten tatsächlich, wenn auch sehr knapp. Gyula Horns Partei hatte zwar 150 000 Stimmen mehr als Fidesz, aber entscheidend waren in der zweiten Runde die nach dem Wahlkreisprinzip verteilten Mandate von der Landesliste, und hier hatten die Sozialisten nun 14 Sitze weniger.

Dieses heikle Gleichgewicht bestand noch über zwei Legislaturperioden hinweg: 1998 bis 2002 und 2002 bis 2006. Im ersten Zyklus brachte Fidesz es fertig, seine Verbündeten, die Kleinen Landwirte, die damals immerhin noch die drittstärkste Partei bildeten, durch Erpressung mit Korruptionsvorwürfen und auf Spaltung gezielte Intrigen zu zerschlagen. Dennoch kamen mit den Wahlen 2002 wieder die Sozialisten und Liberalen an die Regierung, allerdings ohne ihren charismatischen Führer Gyula Horn, der sich aus der Politik zurückgezogen hatte. Mit diesem Wahlsieg begann der allmählich unaufhaltsame Abstieg der linken Koalition. Die beiden Partner, Sozialisten und Liberale, fühlten sich in einem Schutz- und Trutzbündnis aneinandergekettet, litten unter Identitätsverlust und konnten keine selbstsicheren führenden Gestalten aufweisen, die dem aufstrebenden Viktor Orbán die Stirn hätten bieten können. So entstand die von Orbáns Team erwünschte Bipolarität, und obwohl rein rechnerisch die Chancen bei den Wahlen 2006 immer noch fifty-fifty standen, war die Linke moralisch abgenutzt, die beiden «Parteien des Systemwechsels» SZDSZ und MDF somit von der politischen Landkarte verschwunden. Auf den Wahlsieg folgte eine Regierungskrise, die beinahe bürgerkriegsähnliche Szenen auslöste: Krawalle vor dem Hauptsitz des staat-

lichen Fernsehsenders, Randale auf dem Parlamentsplatz. Nun
konnte Viktor Orbán ungehindert als Retter in der Not und als
Monopolist der nationalen Werte auftreten. Er bekam, was er
wollte: eine tief gespaltene Opposition, eine treue, ihm persönlich
ergebene Mannschaft und nach den entscheidenden Wahlen von
2010 Machtbefugnisse, die ihn in die Lage eines Systemveränderers
katapultierten.

Man kann mit einem gewissen Recht die Frage stellen, ob Viktor
Orbán bei allen Winkelzügen seiner Laufbahn «mit sich selbst im
Reinen war», wie man in Ungarn zu sagen pflegt, oder ob er ledig-
lich das jeweils zu erreichende Ziel im Auge hatte. Anders gefragt:
Wendet er Doktrinen, Ideologien, Rhetorik, Wortwahl, Ton, Mi-
mik, Gestik sowie seinen obligatorischen Handkuss rein pragma-
tisch als wertfreie Techniken an? Natürlich gilt diese Frage für alle
Politiker, die sich über den Schauspielcharakter ihrer öffentlichen
Auftritte im Klaren sind. Politik ist heutzutage eine große Maschinerie, Wahlkampagnen werden in Planungs-Laboratorien auf dem
Computer modelliert, persönliche Eigenschaften medienwirksam
kreiert, und der Eigenbeitrag von Kandidaten besteht häufig im
bloßen Willen zur Macht – im Fall von Viktor Orbán in der uner-
schütterlichen Zuversicht, die er ausstrahlt, und seinem Sendungs-
bewusstsein. Was Einzelheiten betrifft, scheint ein durch Wikileaks
bekannt gewordenes Dokument aus dem Jahre 2008 weiterhelfen
zu können. Damals hatte sich der Oppositionsführer Orbán im
Gespräch mit der US-Botschafterin April H. Foley im Vorfeld des
Wahlkampfs 2010 über die Taktik seiner Partei, die, wie bekannt,
dieser den historischen Sieg brachte, wie folgt geäußert: «Es ist
nicht kompliziert. Den Menschen sagen wir, dass wir die Größe
der Nation wiederherstellen, und den Wirtschaftsbeteiligten das,
was sie von einer Fidesz-Regierung erwarten können.»

Die Authentizität des von der Botschafterin mit der Signatur
«confidential» nach Washington geschickten, an die Öffentlichkeit
durchgesickerten Telegramms leugnete Viktor Orbán gar nicht
und fügte nur als Kommentar hinzu: «Ich sage den ausländischen

Diplomaten immer, dass sie nicht das beachten sollen, was ich sage, sondern das, was ich tue.» Nur ältere Menschen assoziierten diese Äußerung mit dem sprichwörtlich gewordenen Bonmot des umschwärmten ungarischen Zauberkünstlers Rodolfo (1911–1987), Beherrscher zahlloser Tricks: «Achten Sie nicht auf meinen Mund, sondern auf die Hand. Ich betrüge!» Eine weniger bekannte Aussage von ihm, die Viktor Orbán vielleicht nicht kennt, lautete: «Ein Künstler, der mit sich selbst zufrieden ist, ist kein Künstler mehr.»

Berlin/Budapest, im Juli 2021

# Anmerkungen

1 Diese Stadt mit 50 000 Einwohnern erlangte in Deutschland Bekanntheit durch den Spielfilm «Ich denke oft an Piroschka» (1954), allerdings ergänzt um die fiktive Ortsbezeichnung «Kutasipuszta» – ein populärer Zungenbrecher der 1950er Jahre.

2 Bevor man das Journal im Netz öffnet, wird der Leser ganz so wie bei manchen Sexseiten befragt, ob er/sie schon 18 ist.

3 Alle Beteiligten an der Diskussion nutzten Pseudonyme.

4 Die Verfassung von 1989 als Ergebnis der Verhandlungen am Runden Tisch zwischen demokratischer Opposition und der letzten sozialistischen Regierung. Formal stellte sie eine Modifizierung der kommunistischen Verfassung von 1949 dar, da zu einem Grundgesetz ein Referendum notwendig gewesen wäre. Inhaltlich übernahm sie in Reinform von ihrer Vorgängerin, wie damals ein Rechtswissenschaftler sagte, nur den Satz: «Die Hauptstadt des Landes ist Budapest.»

5 Allerdings spiegelt Mária Vásárhelyis Bericht den Zustand von 2013 wider. Im Januar 2019 wurde Music FM vom Medienrat die Frequenz verweigert. Der Sender war offenbar in Ungnade gefallen, weil er ursprünglich dem Oligarchen Lajos Simicska nahestand, der 2015 über Nacht von Orbáns Intimfreund zu seinem Intimfeind wurde.

6 Im Januar 2021 verlor Klubrádió endgültig seine Frequenz und ist nur noch im Internet erreichbar.

7 Alle Angaben sind der Monographie «Zsidók és zsidóság Magyarországon 2017-ben egy szociológiai kutatás eredményei» entnommen (Juden und Judentum in Ungarn 2017. Ergebnisse einer soziologischen Forschung, Szombat, 2018. Hrsg: Kovács András und Barna Ildikó).

8 Die zahlenmäßigen Angaben werden in allen jüdischen Medien taktvoll behandelt: Die jährlich zehnmal erscheinende Kulturzeitschrift «Szombat» (Sabbat) umfasst ungefähr 1000 gedruckte Exemplare, während die Onlineversion nach eigenen Angaben über 30 000 Leser verfügt. Das Journal «Múlt és Jövő» (Vergangenheit und Zukunft) erscheint viermal jährlich, die Onlineversion starteten die Redakteure erst im Jahre 2020.

9 Es sei erlaubt, ein persönliches Beispiel zu erwähnen: Die Synagoge Status quo ante in Pest, in der 1942 die Eheschließung meiner Eltern stattfand, gehört heute den Neologen, während der Tempel in Alt-Buda mit derselben Bezeichnung, den ich als Zögling des jüdischen Waisenhauses besuchte, als Zentrum des Emih gilt.

10  Offenbar gab es noch andere «Abschreiber»: Zwei Jahre nach dem Un-
    glück fand ich die Moritat auf die Meerjungfrau auf einer Facebook-Seite
    wieder.
11  Viktor Orbáns Linguistik wird diplomatisch gesteuert. Bei seinem Be-
    such in Finnland 2013 äußerte er gegenüber dem Premier Jyrki Katainen:
    «Die finnougrische Sprachverwandtschaft ist keine Frage von Meinun-
    gen, sie ist eine historische Tatsache.»
12  Kurultaj – ursprünglich mongolisch-türkische Bezeichnung für Stam-
    mesversammlung – ist ein in der südungarischen Puszta alljährlich statt-
    findendes Sommerfestival mit Heeresschau, Kampfspielen, Reitturnie-
    ren, Bogenschießen unter Beteiligung von «26 Stämmen», die angeblich
    als Verwandte der Urmagyaren gelten – ein Tourismusmagnet.
13  Immerhin wartete laut Website des Büros im Oktober 2020 – leider zur
    Zeit des Lockdowns – Kirgisien mit einer Ausstellung zum Gedenken an
    den auch in Ungarn populären Schriftsteller Tschingis Ajtmatow (1928–
    2008) auf.
14  Die spezielle Pikanterie des Akts bestand darin, dass das weihrauchge-
    schwängerte Objekt vor der Wende als Dienstwohnsitz von János Kádár
    gedient hatte.
15  Tatsächlich existiert in Berlin ein Freundeskreis der dort lebenden jun-
    gen Ungarn, Sympathisanten der Oppositionspartei Momentum. Ihr
    «Ausbildungslager», wenn man es so nennen möchte, befindet sich in
    der Friedrichshainer Kneipe «Szimpla». Hoffentlich verrate ich damit
    kein Militärgeheimnis.
16  Obszöne Zitate verbreite ich nicht weiter.
17  Ein im September 2006 an die Öffentlichkeit gelangter Mitschnitt von
    Ferenc Gyurcsány vor der internen Fraktionsversammlung seiner Partei
    (USP), in dem er gestand, den Wahlerfolg durch falsche Wahlverspre-
    chungen erreicht zu haben.
18  Die «Garde» funktioniert heute als «Traditionsverein» weiter, während
    die «Bessere Zukunft» nach dem Gerichtsurteil von 2014 zur «Bewegung
    Ungarischer Selbstschutz» mutierte und weiterhin den «Kampf gegen
    Zigeunerkriminalität» auf ihre Fahnen geschrieben hat.
19  Heute lebt sie als Rentnerin in Székesfehérvár – die Gratulation ihres äl-
    testen Sohnes zum Muttertag 2021 wurde von Viktor Orbán öffentlich
    per Video verbreitet.
20  Samisdat (Russisch= «Selbstverlag») – illegal verbreitete Literatur in
    Ländern des «realen Sozialismus»
21  Zu Viktor Orbáns politischer Persönlichkeit siehe Lendvai, Paul: Orbáns
    Ungarn, Kremayr & Scheriau, Wien 2021.

# Register